虚实之间

工业互联网平台兴起

○ 李 颖 尹丽波 主编

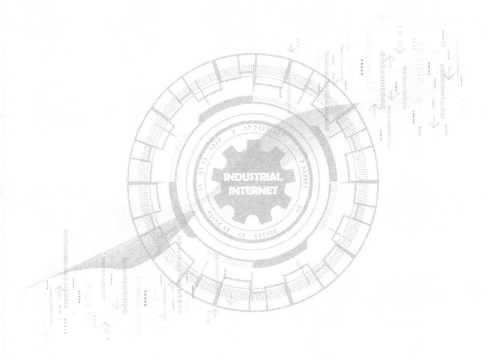

INDUSTRIAL INTERNET

電子工業出版社·

Publishing House of Electronics Industry

北京 · BEIJING

图书在版编目（CIP）数据

虚实之间：工业互联网平台兴起 / 李颖，尹丽波主编. —北京：电子工业出版社，2019.5

ISBN 978-7-121-36304-7

Ⅰ. ①虚… Ⅱ. ①李… ②尹… Ⅲ. ①互联网络－应用－工业发展－研究

Ⅳ. ①F403-39

中国版本图书馆 CIP 数据核字（2019）第 068278 号

总　策　划：刘九如

策划编辑：董亚峰

责任编辑：刘小琳　　文字编辑　邓茗幻

印　　　刷：北京虎彩文化传播有限公司

装　　　订：北京虎彩文化传播有限公司

出版发行：电子工业出版社

　　　　　北京市海淀区万寿路 173 信箱　邮编　100036

开　　本：900×1 280　1/32　印张：24.75　字数：238 千字

版　　次：2019 年 5 月第 1 版

印　　次：2023 年 1 月第 6 次印刷

定　　价：86.00 元

凡所购买电子工业出版社图书有缺损问题，请向购买书店调换。若书店售缺，请与本社发行部联系，联系及邮购电话：（010）88254888，88258888。

质量投诉请发邮件至 zlts@phei.com.cn，盗版侵权举报请发邮件至 dbqq@phei.com.cn。

本书咨询联系方式：liuxl@phei.com.cn，（010）88254538。

推荐序

　　工业互联网是信息物理系统（CPS）的核心，是 IT 与 OT 融合的平台。本书解读作为信息与物理世界虚实之间纽带的工业互联网，透析工业互联网细分的技术层面、多样的应用场景、不同的企业类型、各异的优化目标和有效的解决方案。本书的特点是案例鲜活、数据翔实，引导读者近距离、接地气地探秘工业互联网。

——中国工程院院士　邬贺铨

　　加速发展工业互联网是我国迈向制造强国的重大战略部署。平台是工业互联网的核心。本书较系统地论述了工业互联网平台的发展战略、技术、产业、应用及发展趋势，对我国工业互联网平台的发展具有重要的参考价值。

——中国工程院院士　李伯虎

工业互联网平台是工业化和信息化深度融合进程中的新生事物，也是新一轮工业变革的重要支撑，我们一直在寻找引领和协调虚拟经济与实体经济之间关系的有效途径，这本书既是对现实发展的记录，也是对未来发展的探索。

——中国科学院院士 房建成

本书对于工业互联网平台这个新生事物，不回避挑战、不降低要求、不局限当下、不闭门造车。从国家和产业拓展"智能+"的战略高度审视平台，从物联接入、边缘计算、数字孪生、人工智能等技术核心竞争力打造的角度要求平台，再从平台生态到应用创新，自上而下，学贯中西，值得推荐！

——全国工商业联合会副主席 三一集团董事长 梁稳根

一代人有一代人的长征路，一个时代有一个时代的发展主旋律。我们生活的这个时代之发展主旋律，是实体世界与数字世界的深度融合。这种融合已经显著改变了我们的生活方式，正在显著改变社会的治理方式和企业的生产方式。工业互联网平台的兴起，是这个时代发展主旋律中的一个重要音符，记录和理解这个音符，不仅具有现实意义，而且也便于将来回味这段激动人心而又痛苦的经历。

——中国航天科工集团董事长 高红卫

这本书的主题——"虚实之间"切中了工业互联网模式的要害，因工业互联网对传统模式颠覆的是线性体系，而自组织可自适应非线性网络，在创新用户体验升级中自我进化、虚实相生，成为生生不息的生态系统。

——海尔集团董事局主席 首席执行官 张瑞敏

从线上到线下，从终端到云端，从服务业到工业和农业，从下游延伸至上游，从需求侧贯通至供给侧，互联网行业的发展正从消费互联网转向产业互联网，数字技术正在不断融入社会资源配置的神经中枢与角角落落。站在一个新时代的门槛，让我们共同瞻望远超人类想象力的美好未来！

——腾讯公司董事会主席 首席执行官 马化腾

以先进信息技术和制造技术深度融合为特征的新一轮工业技术变革正在全球拉开帷幕，中国制造业正迎来历史机遇期。工业互联网将重构制造业原有的生产模式、经营管理模式和商业模式，为制造业带来质量变革、效率变革、动力变革。《虚实之间——工业互联网平台兴起》一书从产业趋势、技术融合、生态建设、数据驱动、商业模式等不同视角系统地为工业互联网产业勾画蓝图、指明方向、厘清思路，阐述了工业互联网发展的关键路径。

——徐工集团董事长 王民

中国工业互联网建设还处于初级阶段，发展工业互联网，需要此书中谈到的工业互联网平台"样板企业"发挥标杆作用，也需要这样一本全面系统分析工业互联网战略和路径的参考书。

——浪潮集团董事长 孙丕恕

发展综合型、融合化、生态式的工业互联网平台，跨行业、跨领域、跨区域服务工业企业数字化和智能化转型，帮助企业增长收入、降低成本、提高效率和控制风险，赋能中国工业升级，助力中国制造强国建设。

——用友网络科技股份有限公司董事长 王文京

工业互联网借助 IT 与 OT 技术的融合优势，帮助工业企业提高效率、降低成本、扩大收益，这是趋势和未来的发展方向。很高兴看到我国工业互联网产业已形成基础研究、前沿技术、应用开发等全方位布局和快速发展的态势。在推进工业互联网高速发展的过程中，要保持理性和清醒的自我认知，在加强自主创新的同时，还要注重全球的共享与合作，根据中国国情和企业特点，扎扎实实做好探索与落地，不急不躁，打造具有全球竞争力的中国工业互联网平台，树立中国工业互联网的品牌形象。

——紫光股份有限公司董事长 于英涛

自序

新一轮工业革命浪潮袭来，推动全球产业数字化、网络化、智能化变革，为世界经济打造新动能、开辟新道路、拓展新边界。全球各国日益重视数字经济和实体经济的协调发展，纷纷推出新型工业战略，争夺制造业竞争新优势。工业互联网平台应运而生，以制造业为经，以物联网、云计算、大数据、人工智能等新一代信息技术为纬，正在编制产业格局新篇章，在全球经济低迷之际带起了一股创新发展的热潮。

工业互联网平台是沟通物理世界和虚拟数字世界的桥梁，带来一场生产力的变革。随着工业数字化转型的深入，人们逐渐探索和构建了一个虚拟的数字工业世界，工业互联网平台的出现促进了信息逻辑和工业逻辑的相互融合，以数字孪生的形式让真实世界的设备映射到数字世界，汇聚了分散在各个封闭组织内的数据，利用人工智能技术从历史数据中发掘从未被观测过的机理和规律。工业互联网平台在虚拟数字空间中描绘出了现实世界的工业图景，改写了工业数据、经验、知识传递、创新、发展的路径，促使虚实之间的交互越来越频繁，工业现实世界正在因此而发生巨大的变化。虚实之间的有效协同使研发设计周期大大缩短，生产制造流程得以优化重构，设备维护效率大大提升，组织内外的协同合作更加顺畅，虚实交替创造的新价值日益丰富，工业互联网平台正在打通通往工业新格局的大道。

工业互联网平台是构筑各类主体合作生态的载体，引领生产关系的变革。平台的间接推动者和直接参与者众多，孕育出工业技术、信息技术、管理理念、平台经济、系统工程等交融汇聚形成的复杂知识体系。在这样的信息交互、数据驱动体系下，跨界、融合、交互、沟通的范围和频率都在以指数级的速度增长，工业互联网平台各类参与者都建立了比以往更加紧密的关系。发展势必要合作共享，开放变革又会影响到已有格局，在这种错综复杂的网络关系中，呈现出风险与收益同高、机遇与挑战并存、竞争与合作共生的缤纷生态，各方都在探索发展路径，谋求在未来工业新格局中领先一步占据有利地位。

近两年，我们从实践的角度出发，围绕全球工业互联网平台开展了广泛调研和大量研究，厘清产业发展脉络，形成了对全球工业互联网平台的初步认识和判断，围绕战略、技术、产业、应用、趋势五个方面，希望回答现阶段各界关注的主要问题。在战略上，全球各国为什么共同关注工业互联网平台？政府层面都做了什么？在技术上，新一代信息技术如何与工业相结合？创新是如何推动工业互联网平台发展的？在产业中，谁在参与工业互联网平台？他们都做了什么？在应用中，哪些工业领域开展了应用？工业企业能够通过工业互联网平台应用获得什么收益？在未来，还需要跨越什么障碍？平台发展呈现出什么样的趋势？

工业互联网平台的发展离不开两股重要的推动力量。一方面，政府通过政策支持、优化环境等举措加强引导，推动工业互联网平台快速发展。在全球，各个工业国家竞相发布相关政策，从科技创新、标准引领、企业数字化转型等方面着力，促进工业互联网平台发展。在我国，国家顶层设计、提前布局，各地贯彻落实、务实推动，在上下协调一致、诸方同心协力的作用下，产业凝聚力不断提升，业界信心不断增强。另一方面，技术创新为产业界发现新模式、探索新业态带来了新思路、新方法，是推动市场繁荣、促进产业升级的重要驱动，也是工业互联网平台快速发展的加速器。边缘计算、数字孪生、人工智能、区块链等新技术与工业领域的实际需求相结合，在工业领域落地开花，为平台注入了创新活力。

在工业互联网平台生态中，供给和需求都在不断增长。在供给侧，制造企业、自动化企业、ICT 企业、互联网企业及初创企业凭借各自已有优势，突破原有组织界限，积极开展合作，通过强强联合、兼并收购、垂直深耕、区域合作、开放社区等方式，投身工业互联网平台建设热潮，探索自上而下的通用平台、工业细分领域平台、专业技术服务平台等不同发展路径，形成了国内外一大批优势不同、能力各异、模式创新的工业互联网平台。在需求侧，工业企业数字化转型需求迫切，工业行业众多、分布复杂，流程行业与离散行业、重工业与轻工业、劳动密集与知识密集的差异也使行业发展各有侧重，工业企业基于自身需求应用数据驱动的工业互联网平台解决方案，基于研发设计、生产制造、设备维护、供应链管理等各环节的差异化需求形成了一批典型的应用场景，探索部署价格更低廉、应用实效更显著的应用模式，推动工业各行业向数字化阶段不断迈进。

在挑战与机遇并存的发展初期阶段，工业互联网平台发展还需要务求实效，迭代创新。工业互联网平台是新生事物，落地实施仍需克服工业企业数字化基础弱、管理变革滞后于应用发展、平台应用供给力不足、安全风险形势严峻、数据治理机制亟待完善等困难，未来发展不仅需要平台企业一方努力，还有待工业企业应用成熟度提升，逐渐弥补"建平台"和"用平台"之间的沟壑，才能发挥供需双方互相迭代、互相促进的作用。无论是平台方、还是应用方，都在边实施边学习、边实践边积累、边探索边总结，没有一蹴而就的终南捷径可走。

面向未来，工业数字化转型将迈进全局变革阶段，技术创新将同时提升工业互联网平台发展风险与回报，工业数据流通的产业体系正在萌芽，平台治理将成为政府施策的重要考虑，人才培育体系也将趋向复杂化和多元化，这是一项长期、艰巨的系统工程，需要我们保持耐力、定力和毅力，务求实效、螺旋式创新和发展。

工业互联网平台画卷徐徐展开，正是挑战最具吸引力、产业最具创造力、发展最具生命力的阶段，各国都在努力在这张白纸上泼墨点彩。在工业互联网平台的国际竞争中，我国具有独具一格的优势，在战略层面，大国模式数次在重要领域发展中发挥引领方向、培育市场、推动发展的关键作用，能够有效凝聚和整合各方力量，为产业发展保驾护航；在市场层面，我国是工业大国和互联网大国，拥有最完备的工业体系和最广泛的互联网市场，是工业互联网平台发展的天然沃土，能够支撑双向迭代发展的平台生态；在人才层面，我国拥有丰富的工程师和 IT 人才资源，政府多年来大力倡导创业创新，激发了人才创新活力，推动工业互联网平台快速前行，实现创新能力的规模扩张和质量提升。我国多年的融合发展之路，探索了中国特色的发展模式，推动工业经济加速拥抱数字经济，工业互联网平台顺势应时而生，将支撑我国更快更好建设制造强国和网络强国。

　　面对工业互联网平台的飞速发展，新技术、新应用、新模式、新业态不断涌现，新产品、新服务、新市场、新价值不断被挖掘，绚丽多姿、五彩纷呈，我们作为前线观察者，梳理研究集结成册，希望能为前期工作做一小结，并为将来进一步工作提供借鉴。

　　是为序。

李颖

目录

战略篇 站立融合变革新起点，布局全球工业新格局

技术篇　走融合之大道，开创新之先河

产业篇　平台企业的发展——千帆竞渡，百舸争流

应用篇 工业企业的诉求——数据驱动，转型致胜

趋势篇 | 搭载平台之舟，顺工业互联网之潮乘风破浪

站立融合变革新起点，布局全球工业新格局

2008 年全球金融危机的余波看似早已过去，然而全球经济发展放缓的趋势却没能回头。当前，经济全球化遭遇波折，多边主义受到冲击，国际金融市场震荡，给一些企业生产经营、市场预期带来不利影响[1]。与此同时，我国制造业结构性问题依然突出，高质量发展任务艰巨。

然而，在逆境之中，又有新的事物在生长。

新一代信息技术与制造业融合浪潮袭来，推动工业技术沿着窄义的数字化、网络化、智能化 3 个阶段发展[2]，大大加速了工业经济在更大的范围、更广泛的意义上顺应数字化的方向进行更加深刻的转型升级，成为未来工业发展的趋势。全球各国基于不同优势、从不同角度参与工业互联网的发展，推动工业互联网从概念探讨迈入产业实践[3]。当前，国际竞争日趋激烈，各国纷纷在战略、创新、应用等方面布局，抢占新一轮全球制造业竞争的制高点。

本篇从工业互联网的兴起、全球各国政策措施，以及近年来我国政府层面的工业互联网工作 3 个方面进行梳理和总结。可以看出，全球工业国家从不同角度、不同侧重点对工业互联网采取项目投资、科研补贴、税收优惠等方式进行资助和扶持，在殊途同归的政策汇聚下，各国抢占新一轮工业革命高地的主要途径就是工业互联网平台，从战略层面回答了工业互联网平台对工业经济发展的重要意义。

第一章　融合之路：
工业经济与数字经济的拥抱

　　与以往历次工业革命相比，第四次工业革命是以指数级而非线性速度展开 [4]。物联网、云计算、大数据、人工智能等新一代信息技术全面、深度渗透到经济、社会各领域，正在催生以线上线下一体、信息与物理融合为特征的新产品、新模式、新业态，推动全球产业数字化、网络化、智能化变革，为世界经济打造新动能、开辟新道路、拓展新边界。

一、全球经济发展放缓，呼唤实体经济振兴

发达国家结构调整过程中出现"去工业化"发展趋势。在上一轮全球化发展热潮中，在内需饱和、国际竞争加剧的压力下，为获得更高的利润、满足国内环保诉求，美国、德国、日本等发达国家纷纷实施"去工业化"战略，将价值链中附加值较低的加工、组装等环节转移到低成本的国家和地区，在本国主要聚焦研发、关键零部件生产及品牌营销等高附加值环节，通过全球资源的整合分工实现最大收益。

金融海啸使发达国家意识到产业空心化的风险。随着全球竞争和分工的形势变化，服务业脱离制造业发展基础，进入自我扩张和自我循环的非良性发展轨道，导致经济结构失衡，并最终诱发金融危机。金融海啸使实体经济，尤其是投资回收期较长的企业受到强烈冲击，世界银行资料显示，2000—2008 年，全球制造业增加值年均增长 3.1%，达到 7.35 万亿美元，但 2009 年，全球经济衰退导致全球制造业总产值下降 4.6%，险些跌破 7 万亿美元[5]。

各国重新认识实体经济在稳定就业、抵抗风险等方面的重要作用。与此同时，以东南亚各国为代表的新兴经济体凭借其人力成本优势掀起新一轮国际产业转移，也从国际贸易竞争层面对发达国家造成了冲击。发达国家采取一系列政策措施，重构制造业与服务业（尤其是金融业）的关系，重新确立制造业在国民经济发展中的核心地位，提升

制造业国际竞争力。振兴实体经济成为各国发展的关注重点。自 2009 年起，欧美各国纷纷从国家层面提出振兴制造业、推动科技创新的战略，试图寻找既有产业生态与新技术、新应用的结合点、突破口，以进一步强化自身在国际分工中的主导地位，"再工业化"也逐渐成为近年来各国产业政策的主流。

数字服务正在通过对实体经济部门的"反哺"真正地成为支撑实体经济发展的强大动力。伴随经济服务化和知识技术集约化水平的不断提升，现代产业发展对知识、信息、服务、技术的依赖程度逐渐加深，制造业和服务业的产业融合、共同演进趋势越来越明显。2016 年 G20 杭州峰会发布的文件《二十国集团新工业革命行动计划》指出，正在兴起的这场新工业革命，以人、机器和资源间实现智能互联为特征，由新一代信息技术与先进制造技术融合发展并推动，正在日益模糊物理世界和数字世界、产业和服务之间的界限，为利用现代科技实现更加高效和环境友好型的经济增长提供无限机遇。

先进制造业成为各国"再工业化"的重点。从长期看，资源要素和政策供给由低附加值、低收益率产业转移到高附加值、高收益率产业，并不断涌现出更加符合用户需求和引领创新潮流的新产业，由此带来的结构转化收益将推动制造业效益提升到新的高度。对于发达国家，各国纷纷通过发展先进制造业筑起技术壁垒，以求提升国家核心竞争优势，把握全球制造价值链的高端，在未来产业布局中抢得先机，成为下一轮经济增长的执牛耳者。对于发展中国家，随着全球化进程的深入，技术外溢效应被不断放大，后发国家既可以通过技术转移减轻前期研发投入，获得成本优势，又可以通过技术模仿和创新提升能力，获得竞争优势。为了利用这种"后发优势"，近年来各发展中国家纷纷采取跟随战略，新工业革命正在成为一场席卷全球的浪潮。

二、工业经济向数字化、网络化、智能化阶段攀升

制造业是实体经济的主体，当前，全球制造业正从数字化阶段向网络化阶段加速迈进，工业互联网平台迅速兴起，成为工业格局变革的聚焦点。

农业社会时期，以土地和劳动力为要素、以家庭为基本生产单位、以手工为主要生产方式的自给自足的小农经济在社会中占主导地位，生产的主要目的是满足家庭生活需要而不是交换，生产技术发展缓慢，科学尚处于孕育期，科学对技术的促进作用尚未显现。

工业社会时期，工业技术成就了大规模同质化的生产方式，使得人类社会迅速发展起来，农业伴随科技进步而持续发展，其比重却出现了下降，制造业比重迅速增长，成为工业经济的代表。随着人们收入水平的提高，食物的消费比重逐渐下降，人们的收入出现了足以支付更好生活的盈余。在这一时期，工业发展以物质生产和物质服务为核心，以资本和技术为要素，构建了机械化、电气化、自动化的发展

路径。技术的价值长周期孕育了稳定的预期市场，企业有足够动力和时间通过技术专利、标准等手段，以技术壁垒为核心建立封闭式工业体系和利益生态，形成创新投入和价值回收的市场相对优势。发达国家抢占发展先机，形成了当前的工业发展模式。

信息社会时期，以互联网为代表的新一代信息技术加速与经济、社会各领域渗透融合，从生活到生产，从上游到下游，从外围到核心，从媒体、娱乐、商贸等服务业拓展到关乎国计民生的工业、农业，从浅层次的工业产品深入到重塑生产、组织方式的基础设施和创新要素，不仅深刻影响着传统产业、传统产品和传统服务，也催生了大量新技术、新产品、新模式、新业态。随着信息技术的迅猛发展，开源技术体系的兴起打破了原有的利益格局，其强时效性倒逼技术和应用在短期内快速更新迭代，弱化了技术的先发优势，为众多发展中国家提供了发展机遇[6]。

当前，全球正在由工业经济向数字经济转型过渡，制造业正在并将长期处于数字化转型发展的 3 个历史阶段，即沿着数字化、网络化、智能化阶段不断跃升。其中，数字化阶段的主要使命是制造基础设施和制造行为活动的数字化、软件化改造，而制造资源配置规则并没有发生根本性的改变；网络化阶段的主要使命是推动企业跨越组织边界，进行集成互联与社会化协同，实现大范围按需动态配置制造资源；智能化阶段的主要使命是依据个性化需求深度挖掘和精准配置制造资源,因此网络化和智能化阶段将是制造资源配置规则发生破坏式创新、颠覆式变革的时代。当下,制造业正处在从数字化阶段加速向网络化阶段迈进的关键时期,制造业发展理论、方法工具、解决方案和价值模式即将发生系统性、体系性变革,制造业数字化转型面临重要机遇和挑战。

全球新一轮科技革命和产业变革孕育兴起,与我国制造业转型升级形成历史性交会。我们必须站在新的历史方位,充分把握新一代信息技术与制造业融合发展趋势和机遇,加快产业数字化转型进程,促进我国产业向全球价值链中高端迈进。

三、新一代信息技术与制造业融合催生工业新动能

我国经济已由高速增长阶段转向高质量发展阶段,正处在转变发展方式、优化经济结构、转换增长动力的攻关期 [7]。制造业是实体经济的主体,推进物联网、大数据、人工智能等新一代信息技术与制造业融合发展,有助于充分释放我国制造大国和网络大国的叠加、聚合、倍增效应,从而构建以数据为核心驱动要素的新型工业体系,以信息流带动技术流、资金流、人才流、物资流,改善产业结构、增强转型动力,提高资源配置效率和全要素生产率,激发实体经济发展内生动力和活力的根本性变化。因此,通过深化新一代信息技术在制造领域的融合应用,推动制造业沿着数字化、网络化、智能化方向演进升级,

对于加速我国制造强国与网络强国建设、实现经济高质量发展具有重要意义。

当前，世界正在进入以信息产业为主导的经济发展时期，新一代信息技术持续向实体经济领域融合渗透，产业数字化转型成为以美国、德国为代表的发达国家的普遍共识和共同选择。与此同时，经济全球化遭遇挫折，经济发展不确定性因素增多，既有国际秩序和多边贸易体系受到挑战。信息化为中国带来了千载难逢的机遇，为我国优化产业发展格局、加快产业转型升级、构建开放共赢的产业新体系提供了难得契机。在国际形势日益深刻复杂变化的背景下，我们只有牢牢把握新工业革命带来的历史性窗口期，深化新一代信息技术与制造业融合发展，加快数字化转型步伐，才能发挥信息化对制造业全要素生产率的提升作用，培育发展新动力，支撑我国制造业向形态更高级、分工更优化、结构更合理的阶段演进。

物联网、大数据、人工智能等新一代信息技术是新一轮科技革命中创新最活跃、交叉最密集、渗透性最强的领域，通过在实体经济的深度应用，正引发产业系统性、革命性、群体性的技术革新和模式变革。一方面，通过发挥新一代信息技术的创新引领作用，促进产业界跨专业、跨领域、跨环节的多维度、深层次合作与联合攻关，以集成创新为引领实现融合领域新技术的系统性突破；另一方面，通过激发数据这一核心驱动要素的潜能，从生产方式、组织管理和商业模式等维度重塑制造业，推动产业模式和企业形态发生根本性转变。因此，推动新一代信息技术在制造业全要素、全产业链、全价值链的融合应用，加速产业数字化转型，可推动新技术创新、新产品培育、新模式应用、新业态扩散和新产业兴起，实现制造业发展从量的积累、点的突破逐步转为质的飞跃和系统能力的提升，为加快新旧动能接续转换提供强劲动力。

第二章 战略之争：
全球工业格局变化的机遇

在全球新一轮科技革命和产业变革中，信息技术与各行业、各领域的融合发展具有广阔前景和无限潜力，已成为不可阻挡的时代潮流。除德国的"工业4.0"、美国的《先进制造业美国领导力战略计划》、日本的"机器人新战略"等国家级战略外，英国、法国、韩国、印度、俄罗斯等众多国家也推出了一系列战略，虽然名称各异、侧重点不同，但是推动新一代信息技术和制造业的深度融合，大力加快制造业的数字化、网络化、智能化转型是这些战略的共同核心，各国都期望通过技术革命减少对人的依赖，更好发挥人的价值，实现向高质量、高效率、绿色、高端方向发展。

一、各国竞相布局工业互联网，争夺新工业格局先机

全球各国政府、第三方机构、重点企业成为推动工业互联网发展的重要力量，并从不同的切入点、以不同的方式影响着产业发展。

（一）政府提前布局，推动顶层设计

工业互联网发展需要相对完整的工业体系，基于网络产生的叠加效应、网络效应只有在大市场中才能发挥出来，依赖海外市场的国家发展机会有限。此外，发展工业互联网是一项长期工作，经济实力薄弱的国家或会因为短期风险而裹足不前。目前，全球主要工业国家为争夺新工业格局的话语权争相入局，纷纷发布相关战略，并以投资项目、科研补贴、税收优惠等方式进行资助和扶持，形成一批科技基金、创新中心、研究机构等以引领产业发展。工业强国美国、德国、日本重视体系化、前瞻性的布局，美国白宫提出《先进制造业美国领导力战略》，关注制造业创新和竞争力；德国政府实施"工业 4.0"战略，关注基于 CPS 的智能工厂和智能生产，并进一步发布《国家工业战略 2030》提出加大数字化创新力度；日本经济产业省发布的《制造业白皮书（2018）》提出了互联工业，围绕机器人、物联网和工业价值链构建顶层体系。欧美国家更加关注数字化创新科技，意大利政府推出"支持工业 4.0 发展的国家计划"，为物联网环境中的 M2M 通信定义开源标准；英国政府投资 7.25 亿英镑于工业战略挑战基金项目；法国

政府发行国债，为数字技术促进工业转型的方案提供资金。发展中国家（如印度、巴西）都提出了先进制造业计划，工业基础较薄弱的印度倾向于前沿技术的开发和利用，巴西资源依赖型行业较多，重点关注物联网。

（二）第三方机构入局，营造产业发展环境

高校、研究机构、行业组织、产业联盟等第三方机构成为工业互联网发展的中坚力量。第三方机构的中立性较强，对于规则和标准的推行更为有利；同时，第三方机构往往需要与产业合作解决科研成果转化问题，成为产业合作的主要推动力量。"工业 4.0"平台由德国机械设备制造业联合会（VDMA）、德国电气和电子制造商协会（ZVEI）、德国信息技术和通信新媒体协会（BITKOM）等行业协会发起和管理，其中，行业协会负责"工业 4.0"技术与理念的推广，研究院所负责技术开发与标准制定及人才培养，大众、西门子等大型制造企业提供技术与解决方案，中小企业以联合方式参与创新研发并分享创新成果。AT&T、思科、GE、IBM 和英特尔 5 家企业联合发起的美国工业互联网联盟，截至 2019 年 2 月，已有来自全球的 210 家成员单位，并有覆盖了边缘网关、工业互联网平台建设等 26 个测试床通过了审核；法国成立了横跨工业和数字技术领域的未来工业联盟，推动建立更互联互通、更具竞争力的法国工业。

（三）企业转型需求迫切，成为发展的主力军

企业是工业互联网发展的主力军，埃森哲预测 2020 年全球工业互联网领域投资规模将超过 5000 亿美元 [8]。制造企业、自动化企业、ICT企业、互联网企业积极参与工业互联网建设与推广，老牌工业企业面临的转型压力巨大，强调数字化转型的 GE 和西门子成为工业互联网发展的主要推动力量，施耐德、ABB 等企业也纷纷跟随工业互联网策略；微软、PTC 等企业发挥软件管理、平台搭建优势占据一席之地；同时，工业互联网涌现出 Ayla、Flutura、MAANA、QiO 等一批初创企业，分别凭借物联网、大数据、人工智能等新技术优势，向传统工业发起挑战。这些企业通过投资并购、战略合作、成立联盟等方式互补合作，增加竞争优势，合力推动工业互联网在近年来快速发展。

二、全球工业互联网发展路径不同，目标一致

工业互联网是一个复杂的系统工程，全球各国在推动工业互联网发展的过程中，因地制宜的凭借自身优势探索发展路径。总的来说，虽然各国工业发展水平、经济实力、创新能力均不同，但在发展方向和关注重点上却呈现出一定程度的一致性。

（一）发挥新一代信息技术创新活力

大力推动云计算、大数据、人工智能、信息物理系统、区块链等

新一代信息技术与先进制造业融合成为各国发展工业互联网的主要抓手。在人工智能方面，美国白宫发布《人工智能计划》，美国国防高级研究计划局（DARPA）宣布了 20 亿美元人工智能投资计划；欧盟预计在未来 10 年内投资 20 亿欧元进行人工智能研究；英国政府发布人工智能领域行动，投资 9.5 亿英镑用于支持人工智能研究，并增强英国的数据基础设施。在信息物理系统方面，美国国家科学基金会（NSF）设立了 CPS 虚拟联合体（CPS-VO），促进了产、学、研的沟通与交流；德国"工业 4.0"平台与美国国家标准与技术研究院（NIST）合作建立了物联网/CPS 工作组。在工业互联网技术方面，GE、西门子、PTC、Oracle、ANSYS 等企业纷纷布局数字孪生技术，并在工业互联网平台上部署实施相关服务。Gartner 预计，到 2021 年，有一半的大型工业公司会使用和依赖数字孪生技术。

（二）以标准规则推动工业数据流通、共享

工业数据资源是工业互联网发展的基础，传统烟囱式工业发展方式带来工业数据的信息孤岛，数据资源的价值难以释放。目前，随着产业合作的增加，跨领域、跨区域的标准争夺已经开始，行业的交叉、地域间的合作，都需要统一的标准才能推动，各国、各企业、各平台之间数据标准的磋商和谈判将不断增加。在产业合作层面，欧盟成立了物联网创新联盟，加强和构建不同参与者（产业、中小企业、初创公司）之间的协同关系，推进物联网标准之间的互操作性和衔接；德

国弗劳恩霍夫推出"工业数据空间计划",专注于数据代理交换与数据应用,已有 30 家德国或国际重点企业参与建设。在国际合作层面,美国工业互联网联盟与德国"工业 4.0"平台宣布合作,并制定了针对标准化和测试床的合作路线图;法国未来工业联盟指出互操作性和全球标准化至关重要,并与德国"工业 4.0"平台合作在 2016 年年底共同形成国际标准化路线图;日本向 IEC(国际电工委员会)提交物联网与"工业 4.0"有关的标准提议,与德国共同推动标准制定工作;德国联邦经济和能源部与意大利经济发展部在"工业 4.0"方面展开标准化相关合作。在法规制定层面,欧盟已经通过了《非个人数据自由流动条例》,相对于个人数据,工业数据跨境有其特殊性,各国均需要考虑法律法规的相应调整。

(三)针对中小企业数字化转型出台帮扶政策

作为制造业有生力量的中小企业,迫切需要创新手段和理念,参与平台化、开放式发展模式,在开放价值体系中获得更大的价值回报。但是,受制于人才、资金、技术、管理等方面较落后的基础,中小企业数字化转型的困难程度通常较高,因此各国都加大了帮扶中小企业实现数字化转型的推进举措。法国"未来工业计划"、印度新产业政策、美国《先进制造业美国领导力战略计划》、意大利"工业 4.0 计划"等均采取了税收优惠、科研投入、投资鼓励等方式,为中小制造企业升级工业技术、应用新技术、创新商业模式等提供相应服务,鼓励中小企业应用物联网、人工智能、机器人等技术加速转型发展。此外，法国政府提供 250 亿欧元财政补贴针对中小企业开展个性化诊断服务，并支持企业生产能力数字化改造；印度政府考虑建立工业诊所，以应对中小微企业发展过程中遇到的问题。

（四）安全防护成为关注焦点

各国均从政府层面体系化推进工业控制系统信息安全、云安全、大数据安全等工作，建立健全相关保障机制。美国已设立分工明确、相互协作的管理机构。美国国家标准与技术研究院（NIST）发布《工业控制系统安全指南》，梳理工业控制系统典型威胁，提出安全防护措施。美国国土安全部（DHS）发布《物联网安全战略原则》，从物联网设计、生产制造和部署开发等方面提出保障物联网安全的策略。美国政府发布《联邦大数据研究与开发战略计划》，要求在大数据的收集、共享和使用方面注重隐私和数据安全保障。德国"工业 4.0"平台发布《工业 4.0 安全指南》《跨企业安全通信》《安全身份标识》等文件，提出以信息物理系统平台为核心的分层次安全管理思路。另外，各联盟组织推动行业自律，美国工业互联网联盟（IIC）发布《工业物联网安全框架》，美国云安全联盟（CSA）发布《云计算重点领域安全指南》《云安全控制模型》等文件，提出通用的云服务安全架构。

第三章 顺势之举：
集中力量办大事的气魄

一、顶层设计，体系化战略部署

（一）洞察产业发展趋势，开展前瞻性布局

党的十九大提出，建设现代化经济体系是跨越关口的迫切要求。工业互联网对构建人、机、物全面互联的新型工业生产制造和服务体系，以及推动互联网由消费领域向生产领域延伸、实现工业经济由数字化向网络化智能化拓展、建设现代化经济体系、实现高质量发展提供有力支撑[9]。作为工业互联网的核心，工业互联网平台体系是工业

互联网的中枢，是实现制造业数字化、网络化、智能化过程中工业资源配置的枢纽。发展工业互联网平台不仅是顺应产业发展大势、抢占产业未来制高点的必然选择，也是我国加快制造强国和网络强国建设，推动制造业质量变革、效率变革和动力变革，实现经济高质量发展的客观要求[10]。尽管我国工业化发展历程较短，制造技术与管理知识经验积淀不够，企业两化融合发展水平参差不齐，但我国具有全球规模最大的制造业和最完备的工业体系，这也带来了巨大的工业互联网应用需求和发展潜力[11]。面对日益白热化的国际竞争局势，我国迫切需要加快形成开放、良性的产业生态，逐步实现创新链、产业链、价值链的良性互动[12]，打造具有中国特色的工业互联网平台。

党中央、国务院高度重视发展工业互联网，习近平总书记明确提出要深入实施工业互联网创新发展战略[13]。为全面推进工业互联网发展，支撑制造强国和网络强国建设，2016年，工业和信息化部按照党中央、国务院决策部署，在前期广泛调研和对重大发展问题研究论证的基础上，会同国家发展改革委、财政部、科技部、中国工程院等相关部门和单位，历时一年编制了国务院《关于深化"互联网+先进制造业"发展工业互联网的指导意见》（以下简称《指导意见》）[14]，2017年10月30日经国务院常务会议审议通过。在政策的延续性上，《指导意见》与国务院《关于深化制造业与互联网融合发展的指导意见》等文件相互衔接、各有侧重[15]。《指导意见》的发布为规范和指导我国工业互联网发展提供了指南。此后，工业和信息化部围绕落实《指导意见》组织编制《工业互联网发展行动计划（2018—2020 年)》，加紧制定针对网络、平台、安全三大体系的指导性文件，推动"顶层纲领+行动计划+实施指南"的政策体系不断完善，如表 3-1 所示。在国家政策的引导下，各省（直辖市、自治区）也纷纷出台推动工业互联网、企业上云发展的实施方案，并提出诸多支持性举措，为当地产业发展提供有力的政策和资源保障 16。

表 3-1 制造业与互联网融合、工业互联网、企业上云相关中央层级政策汇总

发布日期	名　　称
2016 年 5 月 13 日	关于深化制造业与互联网融合发展的指导意见
2017 年 11 月 27 日	关于深化"互联网+先进制造业"发展工业互联网的指导意见
2018 年 4 月 27 日	关于印发《工业互联网 App 培育工程实施方案（2018—2020 年)》的通知
2018 年 6 月 7 日	关于印发《工业互联网发展行动计划（2018—2020 年)》的通知
2018 年 7 月 19 日	关于印发《工业互联网平台建设及推广指南》和《工业互联网平台评价方法》的通知
2018 年 7 月 23 日	关于印发《推动企业上云实施指南（2018—2020 年)》的通知
2018 年 12 月 29 日	关于印发《工业互联网网络建设及推广指南》的通知

注：资料收集截至 2019 年 1 月 31 日。

（二）出台纲领性文件，构筑系统化政策体系

1. 颁布总领文件，提出建设思路与总体目标

2017 年 11 月，国务院印发《关于深化"互联网+先进制造业"发

展工业互联网的指导意见》，提出了工业互联网平台体系的建设思路与总体目标。在建设思路上，《指导意见》以我国工业互联网平台发展的关键问题为出发点和落脚点，从"供给侧"和"需求侧"两端发力，充分考虑产业未来发展趋势，聚焦融合重点，突出平台体系建设，注重夯实平台发展基础，着力提升平台运营能力，加快推动工业企业上云与工业 App 培育。在总体目标上，《指导意见》从"建平台"和"用平台"两个角度，提出平台发展的绩效目标。到 2025 年，重点工业行业实现网络化制造，工业互联网平台体系基本完善，形成 3～5 家具有国际竞争力的工业互联网平台，培育百万个工业 App，实现百万家工业企业上云，形成"建平台"和"用平台"双向迭代、互促共进的制造业新生态。

《指导意见》重点和亮点主要体现为以下 4 个方面。

一是加快工业互联网平台培育是首要任务。将工业互联网平台作为工业互联网建设的核心内容，从打造工业关键基础设施的高度，围绕数据采集、平台管理、开发工具、微服务框架、建模分析等关键技术瓶颈，发挥骨干企业与科研院所的核心作用，培育工业互联网平台，实现企业内部及产业上下游、跨领域生产设备与信息系统互联互通，打破"信息孤岛"，促进制造资源、数据等集成共享；支持大企业内部人员、中小企业、第三方开发者、创客利用工业互联网平台开展创业创新，对接个性化、定制化需求，开展协同设计、众包众创、云制造等创新应用，打造基于工业互联网平台的创新创业生态体系；立足工业互联网平台的长期可持续运营，强化工业互联网平台的产品设计、生产工艺、生产模型、知识模型等各类数据资源和制造资源汇聚共享能力，推动全产业链要素整合优化，提供满足行业与企业需求的多种解决方案，不断探索商业模式创新，最终形成具有国际竞争力的工业互联网平台。

二是开展工业互联网平台测试验证是基础支撑。测试验证是实现工业互联网平台高效适配、安全可靠的关键载体，是整合产业链创新资源的重要手段，是工业互联网平台大规模应用的重要保障。支持龙头制造企业、互联网企业、科研院所、高校等合作共建工业互联网平台测试验证环境和测试床，面向数据采集、管理服务（工业 PaaS 平台）、应用服务（工业 SaaS）等领域，开展功能、性能、适配性、安全性、可靠性等技术验证与测试评估服务，有效规范平台发展秩序，推动平台功能不断完善，加快平台落地应用。

三是促进工业企业上云是核心抓手。鼓励工业互联网平台在产业聚集区落地，支持企业开展设备、生产、管理等业务系统的云化改造，以及研发设计、生产制造、运维服务等能力的云端迁移，降低企业数字化转型成本，促进业务集成与资源配置优化。基于平台对海量设备与产品数据的集聚优势，鼓励建设开发者社区，吸引第三方开发者使用工业 PaaS 平台上的开发工具、开发环境和微服务组件，研发技术、管理、服务应用程序。积极引导企业从软件上云到硬件上云转变，加速以成本驱动和集成应用为导向的工业互联网平台，向以能力交易、创新引领和生态构建为导向的工业互联网平台演进，提高工业知识生产、传播、复用效率，形成平台能力提升与海量使用之间相互促进、双向迭代的良性循环。

四是工业 App 培育是重要目标。推动工业技术软件化，一方面加快 CAD、MES、ERP 等传统工业软件的云化改造和迁移，另一方面推动工业互联网平台开放共享工艺模型、知识组件、算法工具、开发工具等共性微服务组件，引导第三方开发者基于平台开发新型工业 App，形成基于平台的工业 App 开发者创新生态。面向工程机械、家电、航空、石化等重点行业，大力培育面向预测性维护、协同研发、全生命周期管理等特定应用场景的工业 App，推进工艺经验程序化、工业知识显性化和工业智能云计算化，壮大工业互联网平台产业[17]。

2. 聚焦平台建设，引导地方推广平台

2018 年 4 月，工业和信息化部印发《工业互联网平台建设及推广指南》（以下简称《平台指南》）[18]。结合工业互联网建设及推广工程要求，《平台指南》提出以下发展目标：到 2020 年，在地方普遍建设工业互联网平台的基础上，分期分批遴选 10 家左右跨行业、跨领域工业互联网平台，形成一批面向特定行业、特定区域的企业级工业互联网平台；实施工业互联网 App 培育工程，推动基础共性、行业通用、

企业专用工业 App 的大规模开发与商业化应用；选择重点工业设备作为推动平台应用的切入点，带动工业企业上云，遴选一批工业互联网试点示范（平台方向）项目；按照"以测促建、以测带用"的思路，建成平台试验测试、公共支撑和标准体系，形成工业互联网平台发展生态。

《平台指南》的主要任务包括制定标准、培育平台、推广平台、建设生态和加强管理 5 个方面。

一是制定工业互联网平台标准。工业互联网平台标准是规范平台功能，以及带动平台的技术研发、行业应用、服务创新等全价值链协同发展的关键。《指导意见》中明确指出，急需推进工业互联网平台标准制定。《平台指南》围绕平台标准体系建设、标准推广机制建设及推动标准国际对接 3 个方面展开：（1）面向工业互联网平台基础共性、关键技术和应用服务等领域，制定一批国家标准、行业标准，建立平台标准体系；（2）发挥产、学、研、用各方与联盟、协会作用，建设标准管理服务平台，开发标准符合性验证工具及解决方案，开展标准宣贯培训，形成平台标准的制定及推广机制；（3）建立与德国"工业4.0"平台、美国工业互联网联盟的对标机制，加快国际标准的国内转化，支持标准化机构及重点企业直接参与国际标准制定，推动平台标准国际对接。

二是培育工业互联网平台。工业互联网平台培育是发展工业互联网的核心任务，也是争夺产业竞争制高点的关键举措。《指导意见》提出，平台培育要坚持"企业主导、市场选择、动态调整"，从政府政策和企业实践两端共同发力，推动工业互联网平台培育。《平台指南》围绕打造跨行业、跨领域平台及企业级平台目标，面向政府和企业两类主体，提出平台培育具体举措。在政府政策方面，结合《工业互联网平台评价方法》，在地方普遍发展工业互联网平台的基础上，分批分期遴选平台，组织开展工业互联网试点示范（平台方向）和平台能力成熟度评价，发布重点行业工业互联网平台推荐名录，培育一批具备独立自主运营能力的特定行业、特定区域企业级平台。在企业实践方面，整合产、学、研、用资源，围绕边缘、平台、应用三大核心层级，通过建设设备协议开放开源社区、推动基础共性技术模型化、开发集成平台方案等，强化平台设备管理、工业机理模型开发、应用开发支持及工业 App 创新等关键能力，加快平台建设。

三是推广工业互联网平台。"建平台"和"用平台"双轮驱动是工业互联网平台建设及推广的主线，发展工业互联网平台只有找到"杀手级"应用，才能带动新技术、新应用、新产业和商业模式的快速迭代和持续演进。当前，在我国工业体系中存在大量高资源消耗、高安全风险、低利用效率的工业设备，存在大量分散割裂的企业业务系统"信息孤岛"，推动重点工业设备上云、企业业务系统上云，是有效推动工业企业上云的切入点，是实现平台应用推广的关键抓手。《平台指南》围绕重点实施工业设备上云、积极推动企业业务系统上云、培育平台应用新模式 3 个方面，提出平台应用推广的推进方向：（1）重点实施工业设备上云"领跑者"计划，制定分行业、分领域重点工业设备数据云端迁移指南，鼓励平台企业在线发布核心设备运行绩效榜单和最佳工艺方案，支持建设重点工业设备运营维护专家资源库，推动高耗能流程行业设备、通用动力设备、新能源设备及智能化设备上云，实现节能降耗、精准运维、高效发电和效益提升。（2）积极推动企业业务系统上云，鼓励龙头企业打通、开放和共享业务系统，鼓励地方通过创新方式加大企业上云支持。（3）培育平台应用新模式，组织开展工业互联网试点示范，培育平台应用新模式。

四是建设工业互联网平台生态。工业互联网平台的竞争本质上是产业生态主导权之争，构建基于工业互联网平台的生态体系是打造产业竞争新优势、抢占未来发展先机的关键途径。平台生态的构建要面向平台产品自身构建试验测试环境，聚合各方主体协同创新；面向平台承载的工业 App 构建开发者社区，吸引社会各界参与应用创新；面向平台技术成果认定与市场化推广，建立线上新型服务体系，优化平台生态环境。《平台指南》提出平台试验测试、开发者社区和新型服务体系 3 个方面的生态建设重点：（1）针对平台技术、产品和商业模式不完善的问题，构建工业互联网平台试验测试体系，通过全场景、大规模的试验测试，寻求最佳技术和产品路线，加速平台核心技术研发和成果转化，提升平台技术和商业成熟度。（2）针对平台解决方案或工业 App 创新能力不足的现状，建设工业互联网平台开发者社区，形成集体开发、合作创新与人才评价相结合的研发机制，培育工业 App 开发者人才队伍。（3）面向企业接入平台后认证需求从线下发展到线上的趋势，构建新型平台服务体系，探索基于平台的知识产权激励和保护机制，完善企业资质、产品质量和服务能力线上认证体系，推动制造技术、知识和能力的共享交易。

五是加强工业互联网平台管理。工业互联网平台的有效管理是平台产业健康、有序发展的重要保障，需要政府、企业、产业联盟和行业协会共同发力、协同推进，营造平台发展良好环境。《平台指南》针对平台互联互通、平台运营监测、平台安全隐患等问题，提出加强平台管理的具体举措：（1）推动平台间数据与服务互联互通，通过制定相关规范和准则构建公平、有序、开放的平台发展环境，实现功能模块在不同平台间可部署、可调用、可订阅，避免 PaaS 平台企业被 IaaS 企业所绑定。（2）开展平台运营分析与动态监测，加强对平台发展情况、新技术应用和工业大数据共享交易的监测分析，定期发布工业 App 订阅榜单、平台用户地图、细分行业产能分布数字地图等统计成果，实时、动态监测工业互联网平台整体运行情况。（3）完善平台安全保障体系，加快政策法规制定和国家工业信息安全综合保障平台建设，提升安全态势感知、漏洞发现等能力，防范安全事故发生，强化企业

平台安全主体责任 [19]。

3. 重视生态培育，推动工业 App 发展

2018 年 4 月，工业和信息化部印发的《工业互联网 App 培育工程实施方案（2018—2020 年）》（以下简称《实施方案》）指出，工业互联网 App 是基于工业互联网、承载工业知识和经验、满足特定需求的工业应用软件，是工业技术软件化的重要成果。实施工业 App 培育工程，有利于汇聚海量开发者、提升用户黏性及打造资源富集、多方参与、合作共赢、协同演进的工业互联网平台应用生态 [20]。

《实施方案》采用总体目标和细化目标相结合、定性目标和定量目标相结合、规模目标和质量目标相结合的方式，提出了 2020 年工业 App 培育的发展目标，并明确了 2018—2020 年的重点任务和总体目标。在总体目标上，力争到 2020 年年底，面向特定行业、特定场景培育 30 万个工业 App，全面覆盖制造业关键业务环节的重点需求。在细化目标上，《实施方案》从培育基础、规模、质量和应用生态等方面提出了相应的发展目标。培育基础方面提出突破一批工业技术软件化共性关键技术，建成工业 App 标准体系；规模方面提出示范企业关键业务环节工业技术软件化率达到 50%；质量方面提出形成一批高价值、高质量工业 App，以及建设具有国际竞争力的工业 App 企业；应用生态方面提出初步形成工业 App 市场化流通和可持续发展能力。

围绕工业 App 培育，《实施方案》提出了四大主要任务。

一是夯实工业技术软件化基础。工业 App 发展基础决定发展质量和效益。通过布局战略性发展基础，有助于集中优势力量解决核心发展问题。该任务的主要内容是：瞄准产业发展制高点，突破工业 App 共性关键技术，促进工业知识和经验的积淀、开放和复用，提升工业企业软件化能力，鼓励发展开源社区，构建工业 App 培育新模式，促进工业 App 创新资源要素的聚集、共享和开放。

二是推动工业 App 向平台汇聚。工业 App 是工业互联网平台与制造业用户之间的桥梁，是体现平台价值的载体，工业 App 向平台汇聚将丰富工业互联网平台应用，实现"建平台"和"用平台"双向迭代、互促共进。该任务的主要内容是：通过强化微服务资源池建设，提升工业互联网平台的能力；引导企业对接供需信息，创新商业模式，推动制造能力开放共享；完善工业 App 的知识产权、交易和服务规则等，提升工业 App 市场化流通水平。

三是加快工业 App 应用创新。工业 App 是工业知识和经验的载体，其社会效益和经济效益必须经过应用才能得以发挥，必须经过创新才能得以提升。应用创新是工业 App 发展的源动力。该任务主要内容是：通过开展工业 App 大赛和推广优秀案例，提高优秀工业 App 的展示度，并将工业 App 纳入大数据试点示范项目，实现协同发展，提升工业 App 对大数据创新应用的保障作用。

四是提升工业 App 发展质量。工业 App 与具体工业场景密切相关，其质量是提振工业企业应用工业 App 信心的关键。该任务的主要内容是：推动成立工业技术软件化标准化技术组织，加速重点标准研制，引导和规范工业 App 培育；建设工业 App 集成测试验证环境，构建质量保证和测试认证体系；发布发展指数和培育指南，提供方法论支持，指导企业落实工业 App 的信息安全责任，强化工业 App 安全保障[21]。

（三）稳步推进落实，取得初步成效

《指导意见》发布以来，我国工业互联网发展整体进入快车道，各项工作稳步快速推进。在加快工业互联网创新发展、培育工业互联网平台方面，工业和信息化部开展了一系列工作，取得了初步成效。

一是强化政策引导。围绕贯彻落实《指导意见》，研究制定《工业互联网平台建设及推广指南》，推进工业互联网平台培育、工业企业上云、工业设备"领跑者"计划、工业 App 培育等工程实施；制定工业互联网平台能力要求，开展工业互联网平台遴选，引导培育一批实力强、服务广的工业互联网平台；围绕平台测试、应用研究制定相关指导性文件，不断完善工业互联网平台发展体系。

二是推进平台建设。制定工业互联网平台实施方案，推进工业互联网创新发展（一期）工程实施，加速工业互联网平台试验测试环境及测试床建设。推动建设一批面向垂直行业和细分领域的平台，支持部分初创企业依托平台开发新型工业 App 并实现商业化应用。制定工业互联网平台应用试点示范实施方案，支持工业互联网平台试点示范

与应用推广，与广东省、上海市、浙江省等签署工业互联网省部级合作协议，共同推进工业互联网平台应用发展。

三是加强宣传推广。组织行业专家、地方工业和信息化主管部门结合自身优势，发表工业互联网平台建设及推广系列解读文章，围绕工业互联网平台技术体系、功能架构、生态培育等方面开展线上线下分享交流活动。组织开展工业互联网平台典型案例征集活动，建成工业互联网平台项目库，深化对工业互联网平台的认识，营造工业互联网平台发展良好环境。

总体来看，随着一系列工业互联网相关政策的落地实施，政策的引导效应已经显现，对我国相关产业发展的支撑引领作用得到进一步强化，工业互联网重大工程稳步实施、重点方向不断突破，纵深推进步伐显著加快 [22]。与此同时，伴随着工业互联网创新发展工程示范带动，工业互联网平台设备管理能力、工业机理模型封装能力、应用服务开发能力及跨平台服务调用能力得到提高，有望进一步推动本土工业互联网平台性能优化、兼容适配和规模应用，加速技术产业成熟、打造协同创新生态 [23]。在政产学研各方的共同努力下，我国工业互联网发展已经从概念的普及进入实践的生根阶段，形成了战略引领、规划指导、政策支持、技术创新和产业推进的良好互动的可喜局面 [3]。

二、因地制宜，加快推动平台发展

在国家政策的引导下，各省（直辖市、自治区）高度重视推进工业互联网平台工作，结合本省（直辖市、自治区）发展优势和产业布局，统筹部署、积极作为、多措并举，取得较好成效，为当地产业发展提供有力的政策和资源保障。

（一）各地方政府多措并举，发展工业互联网平台成效显著

一是以改革促发展，持续优化工业互联网平台政策环境。各地聚焦突破体制机制障碍，通过加快机构改革、出台政策等方式，加速发展工业互联网平台。北京市围绕"科技创新中心"建设、"高精尖"产业体系构建，编制出台《北京市推进两化深度融合推动制造业与互联网融合发展行动计划》《北京工业互联网发展行动计划（2018—2020 年）》等政策文件，激发北京市高精尖产业创新活力、转型动力和发展潜力。上海市发布《上海市工业互联网创新发展应用三年行动计划（2017—2019 年）》。广东省在工业和信息化厅成立工业互联网处，出台《深化"互联网+先进制造业"发展工业互联网的实施方案》《广东省支持企业"上云上平台"加快发展工业互联网的若干政策（2018—2020 年）》，推进企业向数字化、网络化、智能化转型升级。天津市、江苏省、山东省、浙江省等结合本地区优势，相继出台了深化"互联网+先进制造业"发展工业互联网的实施意见，布局发展网络、平台、安

全三大功能体系。全国各地掀起布局工业互联网创新发展的政策浪潮，形成良好发展氛围。

二是坚持因地制宜，提升工业互联网平台有效供给能力。各地结合产业发展特色，立足产业发展基础，推动形成了一批工业互联网平台，有效提升平台供给能力。北京市作为中国软件名城，依托在工业互联网建设的总部、技术、人才、资金和区位优势，形成了东方国信Cloudiip、用友精智、航天云网INDICS等有较高知名度的工业互联网平台；建设了由北汽集团联合北京工业大数据创新中心、和利时、数码大方等企业，面向汽车及零部件领域的区域性工业互联网平台。广东省在全国首创"工业互联网产业生态供给资源池"模式，遴选和培育优秀工业互联网平台商、服务商；重点培育了华为、富士康等一批通用工业互联网平台，以及美云智数、华龙讯达、中设智控等一批行业工业互联网平台。山东省相继建成企业上云公共服务平台、"好品山东"网络营销管理服务平台、山东工业云等一批公共服务平台。培育形成海尔COSMOPlat、浪潮等工业互联网平台。江苏省积极推进长三角工业互联网协同发展，联合阿里云、华为云以及三大电信运营商实施了"133"工程、"365"工程，推动形成徐工信息汉云、苏州紫光云引擎、苏宁观物等一批工业互联网平台。

三是坚持应用牵引，以企业上云应用加速平台能力建设。聚焦"以用促建、建用并行"，各地通过采取星级评定、上云降费等创新服务手段，推动企业上云用云，带动平台提升能力。北京市围绕两化融合工作，结合国家京津冀协同发展的战略部署，建设了京津冀工业云，与河北、天津保持了密切合作，服务近1000家企业用户，累计为用户直接或间接节省信息化投入成本1.38亿元，提高工作效率20%以上，缩短产品研发周期20%以上，推动了管理水平的提高。山东省出台"企业上云"政策，建立激励机制，推动全省企业上云。江苏省发布了"企业上云"工作指南和星级上云企业评定工作指南，认定了首批三星级上云企业，建设上线省"企业上云"综合服务平台，加大对"企业上云"项目的支持力度，推动企业应用平台。广东省政府相关部门与阿里、华为、腾讯及三大运营商等签署"云网降费"合作协议，降低企业上云用云成本30%以上，通过上云上平台相关政策支持，加速企业上云应用，目前已推动3000家工业企业"上云上平台"实施数字化转型升级。

四是打造标杆示范，打通平台落地实施的"最后一公里"。坚持标杆引领，积极发挥示范企业头部效应，各地着力打造了一批标杆示范平台，形成一批可复制可移植的系统解决方案，务实推动平台应用落地实施。江苏省制定实施了"一市一重点平台、一行业一重点平台"培育计划，打造南钢 JIT+C2M 平台、南京科远工业互联网平台、苏州博众精工电子行业智能工厂个性化定制生产创新平台、常熟服装城服装产业协同创新平台等14个标杆示范项目。广东省确立"先典型引路，再推广应用"的工作路径，2018 年培育 80 多个工业互联网应用试点示范项目，同时针对以往标杆示范仅公布企业名单和项目名称、标杆示范成效不明显的问题，重点关注企业痛点、方案架构、实际效果等维度，打通平台落地实施的"最后一公里"。山东省在全省树立海尔 COSMOPlat、浪潮、红领规模化定制生产平台、"好品山东"、易瑞跨境电商平台等标杆示范。

五是加强宣传引导，形成推动工业互联网平台发展合力。围绕强化政策宣贯、加强统一认识，各地通过举办培训班、宣贯会、主题竞赛、上门服务等方式，营造出"讲平台、建平台、用平台"的良好氛围。山东省启动了"云行齐鲁"系列推广活动，目前全省已举办 30 多场"云行齐鲁"宣贯活动和近 100 场专题对接活动，培训和对接企业超过 2 万家。2018 年上半年，推动全省上云上平台企业达 3.5 万家。广东省深入到区（县、镇、街）一级的产业集群、专业镇、工业园区、高新区等产业集聚区域，针对不同工业应用场景的不同需求，科学筛选、有序安排工业互联网服务商及相关专家进行上门服务。江苏省举办了以工业互联网为主题的会议、大赛等活动，组织省内重点平台企业广泛交流、开展合作。

总的来看，我国工业互联网平台具备了自下而上的内生发展动力，在全国范围内初步形成了北京市、广东省、江苏省、山东省等一批产业高地，呈现推进路径各具特色、应用模式百花齐放的良好态势。但同时，部分企业和地区利用工业互联网驱动产品和质量提升、生产和商业模式变革的意识仍然欠缺，对上云还存在信息安全、数据确权等方面的顾虑，急需加强推动融合发展顶层设计，以改革带发展、以创新促融合，加速工业互联网平台建设及应用推广。全国制造业与互联网融合、工业互联网、企业上云相关政策汇总如表 3-2 所示。

表 3-2　全国制造业与互联网融合、工业互联网、企业上云的相关政策汇总（截至 2019 年 1 月 31 日）

层　级	发布日期	文件名称
北京市	2017 年 8 月 28 日	北京市推进两化深度融合推动制造业与互联网融合发展行动计划
	2018 年 11 月 29 日	北京工业互联网发展行动计划（2018—2020 年）
天津市	2016 年 12 月 30 日	天津市加快推进制造业与互联网融合发展实施方案
	2018 年 4 月 9 日	天津市人民政府关于深化"互联网+先进制造业"发展工业互联网的实施意见
	2018 年 9 月 17 日	天津市加快工业互联网创新应用推动工业企业 "上云上平台"行动计划（2018—2020 年）
	2018 年 9 月 28 日	天津市工业互联网发展行动计划（2018—2020 年）
河北省	2018 年 4 月 4 日	河北省人民政府关于推动互联网与先进制造业深度融合加快发展工业互联网的实施意见
	2018 年 6 月 28 日	河北省互联网与先进制造业融合发展导向目录（2018 年）
	2018 年 9 月 4 日	河北省企业上云三年行动计划（2018—2020 年）

续表

层　级	发布日期	文件名称
山西省	2016 年 12 月 7 日	山西省深化制造业与互联网融合发展的实施方案
	2018 年 6 月 15 日	山西省"企业上云"行动计划（2018—2020 年）
	2018 年 8 月 21 日	山西省人民政府关于深化"互联网+先进制造业"发展工业互联网的实施意见
	2018 年 10 月 26 日	山西省"企业上云"行动计划实施细则（试行）
内蒙古自治区	2016 年 10 月 12 日	内蒙古自治区深化制造业与互联网融合发展的实施方案
	2017 年 8 月 7 日	推进互联网+双创云平台建设管理的实施意见(试行)
	2017 年 9 月 6 日	关于制造业"万户企业登云"三年行动计划（2018—2020 年）
	2018 年 9 月 3 日	内蒙古自治区中小企业公共服务示范平台认定管理办法
辽宁省	2016 年 5 月 27 日	辽宁省工业互联网发展行动计划（2016—2020 年）
	2016 年 11 月 15 日	辽宁省关于深化制造业与互联网融合发展的实施方案
吉林省	2016 年 10 月 19 日	吉林省人民政府办公厅关于深化制造业与互联网融合发展的实施意见
	2018 年 4 月 23 日	吉林省人民政府关于深化工业互联网发展的实施意见
黑龙江省	2017 年 12 月 13 日	黑龙江省人民政府办公厅关于深化制造业与互联网融合发展的实施意见
	2018 年 11 月 13 日	黑龙江省推动企业上云实施方案
上海市	2017 年 1 月 9 日	关于本市加快制造业与互联网融合创新发展的实施意见
	2017 年 1 月 26 日	上海市工业互联网创新发展应用三年行动计划（2017—2019 年）
	2018 年 7 月 9 日	上海市工业互联网产业创新工程实施方案
	2018 年 11 月 14 日	上海市推进企业上云行动计划（2018—2020 年）

层　级	发布日期	文件名称
江苏省	2016 年 12 月 30 日	江苏省政府办公厅关于推进制造业与互联网融合发展的实施意见
	2017 年 12 月 13 日	加快推进"企业上云"三年行动计划
	2018 年 3 月 30 日	江苏省"企业上云"工作指南
	2018 年 3 月 30 日	江苏省星级上云企业评定工作指南（试行）
	2018 年 7 月 2 日	关于组织实施江苏省工业互联网创新发展"365"工程的通知
	2018 年 12 月 20 日	江苏省星级上云企业评定工作指南（2019 年版）
	2019 年 1 月 28 日	江苏省落实《工业互联网 App 培育工程实施方案（2018—2020 年）》的推进计划
浙江省	2017 年 3 月 28 日	浙江省人民政府关于深化制造业与互联网融合发展的实施意见
	2017 年 4 月 12 日	浙江省"企业上云"行动计划（2017 年）
	2017 年 4 月 14 日	关于全面推进"十万企业上云"行动的通知
	2018 年 5 月 7 日	浙江省加快传统制造业改造提升行动计划（2018—2022 年）
	2018 年 8 月 13 日	浙江省人民政府关于加快发展工业互联网促进制造业高质量发展的实施意见
安徽省	2017 年 1 月 6 日	安徽省人民政府关于深化制造业与互联网融合发展的实施意见
	2018 年 4 月 2 日	安徽省人民政府关于深化"互联网+先进制造业"发展工业互联网的实施意见
	2018 年 6 月 28 日	"皖企登云"行动计划（2018—2020 年）
福建省	2016 年 12 月 30 日	福建省人民政府关于深化制造业与互联网融合发展的实施意见
	2018 年 1 月 25 日	福建省人民政府办公厅关于加快全省工业数字经济创新发展的意见
	2018 年 4 月 20 日	福建省人民政府关于深化"互联网+先进制造业"发展工业互联网的实施意见
	2018 年 6 月 22 日	福建省加快推动企业"上云上平台"行动计划（2018—2020 年）
	2018 年 7 月 26 日	福建省工业互联网专项工作组关于印发 2018 年工作计划的通知

续表

层　级	发布日期	文件名称
江西省	2016 年 9 月 5 日	江西省人民政府关于加快推进制造业与互联网融合发展的实施意见
	2018 年 8 月 27 日	江西省人民政府关于深化"互联网+先进制造业"发展工业互联网的实施意见
山东省	2017 年 7 月 21 日	山东省人民政府关于贯彻国发〔2016〕28 号文件深化制造业与互联网融合发展的实施意见
河南省	2016 年 12 月 2 日	河南省人民政府关于印发河南省深化制造业与互联网融合发展实施方案的通知
	2018 年 4 月 18 日	河南省智能制造和工业互联网发展三年行动计划（2018—2020 年）
	2018 年 4 月 18 日	河南省支持智能制造和工业互联网发展若干政策
湖北省	2017 年 5 月 26 日	湖北省人民政府关于深化制造业与互联网融合发展的实施意见
	2018 年 6 月 7 日	湖北省工业互联网发展工作计划（2018—2020 年）
	2018 年 9 月 7 日	湖北省"万企上云"工程工作方案（2018—2020 年）
湖南省	2018 年 2 月 22 日	湖南省中小企业"上云"行动计划（2018 年）
	2018 年 11 月 9 日	关于公开征求地方标准《湖南省中小企业"上云"评价指标体系》（征求意见稿）意见的公告
	2018 年 12 月 20 日	深化制造业与互联网融合发展的若干政策措施
	2019 年 1 月 15 日	2019 年湖南省省级工业互联网平台建设计划
广东省	2016 年 10 月 9 日	广东省人民政府关于深化制造业与互联网融合发展的实施意见
	2018 年 3 月 20 日	广东省支持企业"上云上平台"加快发展工业互联网的若干扶持政策（2018—2020 年）
	2018 年 3 月 20 日	广东省深化"互联网+先进制造业" 发展工业互联网的实施方案
	2018 年 9 月 5 日	广东省工业互联网产业生态供给资源池优秀供应商培育工作方案

续表

层 级	发布日期	文件名称
广西壮族自治区	2017 年 1 月 3 日	广西壮族自治区深化制造业与互联网融合发展实施方案
	2018 年 8 月 21 日	广西壮族自治区"企业上云"行动实施方案
	2018 年 8 月 29 日	关于加快数字广西建设若干措施的通知
海南省	2016 年 7 月 11 日	海南省人民政府关于深化制造业与互联网融合发展的实施意见
重庆市	2016 年 10 月 28 日	重庆市制造业与互联网融合创新实施方案
	2018 年 5 月 17 日	重庆市深化"互联网+先进制造业"发展工业互联网实施方案
	2018 年 9 月 5 日	重庆市推进工业互联网发展若干政策
四川省	2017 年 6 月 27 日	四川省深化制造业与互联网融合发展实施方案
	2018 年 5 月 11 日	四川省"两化深度融合，万家企业上云"行动计划（2018—2020 年）
贵州省	2017 年 8 月 25 日	贵州省深化制造业与互联网融合发展实施意见
	2018 年 8 月 8 日	贵州省推动大数据与工业深度融合发展工业互联网实施方案
云南省	2017 年 1 月 30 日	云南省深化制造业与互联网融合发展实施方案
	2018 年 11 月 22 日	云南省工业互联网发展三年行动计划（2018—2020 年）
陕西省	2017 年 2 月 10 日	陕西省人民政府关于深化制造业与互联网融合发展的实施意见
甘肃省	2016 年 11 月 22 日	甘肃省人民政府关于深化制造业与互联网融合发展的实施意见
青海省	2016 年 12 月 20 日	青海省人民政府关于推动制造业与互联网融合发展的实施意见
	2018 年 1 月 2 日	青海省智能工厂、数字化车间认定管理办法（试行）
	2018 年 5 月 30 日	青海省人民政府关于深化"互联网+先进制造业"发展工业互联网（2018—2020 年）的实施意见

层　级	发布日期	文件名称
宁夏回族自治区	2016 年 11 月 27 日	宁夏回族自治区人民政府关于深化制造业与互联网融合发展的实施意见
	2018 年 8 月 26 日	宁夏回族自治区人民政府关于加快"互联网+先进制造业"发展工业互联网的实施意见
	2018 年 9 月 5 日	宁夏回族自治区工业对标提升转型发展行动方案

（二）北京市加快科技创新，发挥高精尖产业优势

北京市围绕"科技创新中心"建设、"高精尖"产业体系构建、两化深度融合、制造业与互联网融合发展，编制出台《北京市人民政府关于积极推进"互联网+"行动的实施意见》《北京市推进两化深度融合推动制造业与互联网融合发展行动计划》等政策文件，发布《北京工业互联网发展行动计划（2018—2020 年)》，持续激发北京高精尖产业创新活力、转型动力和发展潜力，深入实施创新驱动发展战略。

1．推动联盟组建，营造工业互联网生态

有效聚合国内外工业互联网技术、资金、管理、人才等产业资源，积极推动北京工业互联网技术创新与产业发展联盟建设，合力打造工业互联网生态圈。目前，联盟已正式在民政部门注册，百余家单位加入，共同推进平台、网络、安全、标识解析等相关工作。同时，引导联盟协同北京软件协会、中国工业技术软件化联盟等社会组织，作为重要支撑力量推动全市工业互联网产业发展。指导北京两化融合服务联盟设立了工业互联网安全专委会、智慧供应链专委会，发挥北京工

业互联网供给侧技术和高精尖产业优势，推动工业互联网平台试点示范项目和试点示范基地的落地。

2. 打造典型平台，建设工业互联网平台体系

面向全国多行业服务，形成了东方国信 Cloudiip、用友精智和航天云网 INDICS 等有较高知名度的工业互联网平台。面向区域特定行业服务，由北汽集团牵头，联合北京工业大数据创新中心、和利时、数码大方等企业，建设了面向汽车及零部件领域的区域性工业互联网平台。同时，公开新征集了 19 家面向特定行业、特定区域服务的工业互联网平台，列入北京市"高精尖"项目库，持续跟踪服务。

3. 立足重点工程，建设国家顶级节点

工业互联网标识解析国家顶级节点是我国工业互联网核心框架的顶层基础设施，北京节点是全国 5 个顶级节点之一。北京市于 2018 年 6 月 28 日与工业和信息化部正式签署了《工业互联网标识解析国家顶级节点（北京）四方合作协议》，确定通过部市合作，完成北京顶级节点建设、部署并试运营。于 2018 年 11 月 21 日，在北京市顺义区中国航信产业园组织召开了工业互联网标识解析国家顶级节点（北京）启动会，并同步启动了包括东方国信、北汽福田、江河创建、航天云网、中车集团、国家气象信息中心等首批针对行业应用的北京工业互联网标识解析二级节点。

4．加强基础设施能力建设，保障工业互联网产业发展

为加快推进 5G 在工业互联网产业落地，提前把握创新发展主动权，北京市开展了 2019 年 5G 及工业互联网领域储备项目征集工作。面向制造业转型升级的实际需求，支持 5G 网络在工业互联网的创新应用实践，搭建与行业应用系统相结合的 5G 示范网络，开展在智能化生产、产品生产追溯、设备预测性维护、工业视频监控等典型场景的 5G 创新应用。集中力量突破产业关键技术，形成 5G 和工业互联网产业创新集群，打造北京高精尖产业的核心竞争力。

5．强化安全保障措施，确保工业互联网安全

建设了工业互联网安全领域的国家重点实验室、试验验证平台，加强对工业互联网平台、标识解析系统、工业控制系统、工业大数据的安全技术和解决方案研究，加强工业互联网边界防护、异常流量检测、协议漏洞挖掘等技术储备，推动工业设备指纹库及网络安全监测、态势感知技术研究，完善工业互联网安全信息共享机制，把握工业互联网安全的主动权。

（三）广东省超前谋划部署，多举措完善政策体系

广东省是全国最早谋划部署发展工业互联网的省份，于 2016 年 10 月在全国率先设立专门机构——制造业与互联网融合发展处，2017 年年初即启动工业互联网专题调研，广东省领导亲自带队赴企业一线开展调研、亲自与处室一线人员深入论证。基于调研报告与成果，广东省在全国第一个出台《广东省深化"互联网+先进制造业"发展工业互联网实施方案及配套政策措施》。省政府文件出台后，省工业和信息化厅根据工业和信息化部《工业互联网发展行动计划（2018—2020年）》等文件精神，结合广东省的实际情况，制定了《广东省工业互联网产业生态供给资源池优秀供应商培育工作方案》《广东省工业互联网应用标杆培育工作方案》《广东省"工业互联网走进产业集群"宣讲对接活动工作方案》等一系列细化方案，并指导各地市制定了配套政策措施，形成了较为完整的政策体系，保障了各项工作的有效落地。

1. 培育工业互联网平台，提升供给能力

落实工业和信息化部《工业互联网平台建设及推广指南》和《工业互联网平台评价办法》，加大力度培育工业互联网平台。一是在全国首创"工业互联网产业生态供给资源池"模式，遴选和培育优秀工业互联网平台商和服务商。重点培育了华为、富士康、美云智数、华龙讯达、中设智控等一批工业互联网平台。在对资源池的遴选条件上，取消了企业注册资金、规模、成立时间、营业收入等传统硬性门槛，同时鼓励优秀创新创业型公司加入，顺应了跨界融合型服务商普遍需要新设立公司运营的要求。二是通过树立标杆案例对工业互联网平台商予以支持，协调省科技部门设立了"网络协同制造与工业互联网"重点科技项目，对企业研发投入予以支持。三是注重生态对接和供需对接，帮助资源池平台商、服务商对接工业企业实际需求，同时促进资源池企业之间的合作与互补，形成整体解决方案向企业输出，解决工业互联网应用落地"最后一公里"问题。据统计，资源池模式实施以来，已有 60 家省外工业互联网企业落户广东。

2. 打造灯塔式标杆示范，分行业大力推广

确立"先典型引路，再推广应用"的工作路径。一是大力推动工业互联网应用标杆示范。共培育工业互联网应用试点示范项目 80 余个，其中省级示范项目 24 个，地市示范项目 60 余个，涵盖了电子信息、家电、装备等 8 大行业。有 40 个项目入选工业互联网、制造业与互联网融合、制造业"双创"平台等国家级试点示范。二是创新标杆案例的挖掘路径。在传统发文组织申报遴选的基础上，充分发挥优秀供应商、咨询专家、实体企业、智库等产业各界力量，以市场化的方式树立灯塔式标杆，并分行业大力宣传推广，帮助优秀服务商开拓市场。三是精准刻画标杆案例场景。针对以往标杆示范仅公布企业名单和项目名称、标杆示范成效不明显的问题，突出标杆案例的场景刻画，着重从企业痛点、方案架构、投资及时长、效果、场景等维度对标杆案例的核心特点予以刻画，覆盖大、中、小不同规模不同阶段型企业，包括不同行业、不同领域、不同模式，让行业企业对照学习。

3. 推动制造企业"上云上平台"，加快数字化转型

集中力量推动中小制造企业"上云上平台"实施数字化升级，进一步"降本提质增效"。一是推动"云网降费"。2018 年 4 月，广

东省工业和信息厅和省通信管理局与阿里、华为、腾讯、浪潮及三大运营商等主要公有云平台商签署了"云网降费"合作协议，大幅降低企业上云用云成本30%以上，有力推动了中小企业上云用云。2018年以来，主要公有云平台商新增企业用户8万家。二是聚焦中小企业、制造环节、初级应用 3 大方向。目前，资源池优质供应商已经为中小企业提供了生产设备监控、智能排单调度、生产品质管控等11个方向、350余项产品应用，帮助企业真正实现设备上云、核心业务系统上云。2018年以来，已推动3000家工业企业"上云上平台"实施数字化转型。三是建设"广东省工业互联网应用服务平台"。进一步简化流程，实现企业上云行为数据监控，确保了企业上云质量。服务平台实现让企业需求、供应商能力、对接实施效果等方面数据沉淀下来，打造"上云阳光奖补、政策优化迭代、产业研究展示"的线上品牌。

4．推动精准对接，强化宣传引导

深入到区（县、镇、街）一级的产业集群、专业镇、工业园区、高新区等产业集聚区域，充分调动基层政府、细分行业商协会的主动性和积极性，形成政府、制造企业、工业互联网供应商、各类商协会共同推进的合力。2018年以来，广东省工业和信息厅与各地市、县区、各大工业互联网平台商、服务商联合，共同举办了300多场宣贯、培训和对接活动，参与人数超过10万人次。实体制造企业家积极性、主动性不高，企业"不想数字化、不敢数字化、不会数字化"的现象得到有效缓解，工业企业的数字化转型意识不断提高、热情不断激发，为工业互联网的应用推广和各级政策的落地实施奠定了坚实基础。

于 2018 年 11 月 23 日举办的 2018 年中国工业互联网大会聚焦工业互联网的应用实践，运用真实案例和场景式体验，重点展示全国特别是广东省推动企业运用工业互联网新动能加快转型升级的实践成果。参会人数超过 4000 人，规模是 2017 年首届大会（1700 人）的 2 倍多。新华社、南方日报等 30 多家媒体对大会进行了报道，《瞭望》专刊以"广东探寻工业互联新路径"为题，对广东推动新一代信息技术与制造业深度融合的路径、做法与成效进行了深入报道，在全国引起了广泛反响。

5．强化保障措施，带动网络、安全协同发展

广东省出台相关政策，支持工业互联网标识解析国家顶级节点和二级节点建设，在广州市为顶级节点提供了办公场地。目前，广州节点作为 5 个全国顶级节点之一已成功落户广州开发区，并于 2018 年 11 月 23 日中国工业互联网大会当天率先开通。广东省通过各类形式，鼓励和引导企业加强在网络基础设施和安全方面的研发和投入。

（四）浙江省开展部省合作，打造"1+*N*"平台体系

近年来，浙江两化深度融合国家示范区建设成效显著，发展指数连续两年保持全国第二，企业信息化从"机器换人""机器联网""智能制造"到"企业上云"持续推进，为工业互联网的发展奠定了坚实基础，浙江工业互联网进入快速发展期。

1. 科学规划工业互联网发展顶层设计

印发《浙江省人民政府关于加快发展工业互联网促进制造业高质量发展的实施意见》。为贯彻落实国务院《指导意见》精神，浙江快速推进《实施意见》编制工作，围绕构建平台体系、推进融合应用、增强产业支撑、提升网络水平、强化安全保障五大重点任务，系统构建了浙江工业互联网发展的总体架构，明确了建设目标、实施路径、主要任务和相关保障措施等。

建立部省合作机制。国务院印发《指导意见》后，浙江省委省政府领导高度重视，通过积极与工业和信息化部对接，在第四届世界互联网大会期间，与工业和信息化部签署共同推进工业互联网发展合作协议，建立部省合作机制，共建工业互联网国家示范区。2018年4月，高兴夫副省长带队赴北京召开部省合作推进工业互联网发展联席会议，工业和信息化部陈肇雄副部长出席，双方共同交流了浙江工业互联网发展的工作思路。工业和信息化部领导对浙江立足自身、整合优势资源、快速推进平台建设给予了高度评价。

出台《浙江省"1+N"工业互联网平台建设方案（2018—2020）》。为进一步丰富和完善"1+N"工业互联网平台体系，尤其是持续开展

"N"级平台的培育工作，《建设方案》进一步细化了推进 supET 平台发展，培育行业级、区域级、企业级平台的整体思路，为科学、规范、持续推进"N"级平台建设提供了依据。

2. 大力推进"1+N"工业互联网平台体系建设

研究提出打造"1+N"工业互联网平台体系。针对传统行业优势突出、块状经济发达、龙头企业带动辐射效应较大等特点，提出打造"1+N"平台体系，即高水平规划建设 1 个具有国际水准的基础性工业互联网平台（supET 平台）和一批行业级、区域级、企业级工业互联网平台，supET 平台和"N"级平台互联互通、资源共享。其中，supET 平台为行业级、区域级平台提供基础架构、算法模型、数据处理、计算能力、安全存储、平台联通等服务，为大型制造企业提供"专有云+大数据"服务；行业级平台构建行业领域知识库、工具库和模型库，利用微服务组件等为中小企业提供专业、精准、适用的服务。

大力推进 supET 平台建设。从 2017 年年底开始，浙江省以建设国内一流、全球领先的基础型工业互联网平台为目标，通过发挥政府统筹协调作用，汇集阿里云、中控、之江实验室等省内现有优势力量，强强联合，优势互补，共同打造了 supET 平台。为了更好地开展平台运营，阿里云工业互联网有限公司于 2018 年 6 月正式揭牌，承担平台运营工作。supET 平台的官方网站（www.supet.com）已开通运行。

supET 平台在阿里云公共云平台（IaaS）的基础上，提供工业物联网服务、工业数据智能服务、工业 App 运营服务等三种核心的工业 PaaS 服务。经过近 1 年的不断探索，supET 平台逐渐走出了一条"以平台化驱动数字产业化、服务产业数字化"的发展道路，与 20 多家行业龙头企业签订了框架合作协议，为近百家淘工厂和数十家淘宝天天特价工厂实施了数字化改造，吸引了 50 多家工业互联网专业服务商与平台开展深度合作。

目前，supET 平台入选国家 2018 年工业互联网创新发展工程和工业互联网试点示范项目，并在第五届世界互联网大会上获评世界互联网领先科技成果，也是唯一获奖的工业互联网平台。

积极推动"1"和"N"两类平台融合发展。浙江召开全省"1+N"工业互联网平台体系建设座谈会，理清建设思路。2018 年 6 月，举办 supET"1+N"工业互联网平台建设启动仪式，并成立"1+N"工业互联网平台联盟，作为"1+N"工业互联网平台体系建设的重要依托。2018 年 8 月，浙江省经济信息化厅遴选公布了省级工业互联网平台培育名单 47 家，作为"N"级平台培育资源库。2018 年 9 月，余杭区等 8 个省级工业互联网平台建设及应用示范区创建，积极推动行业级、区域级、企业级平台与 supET 开展对接合作。

加快培育工业 App。对全省工业企业开展工业技术软件化情况进行评估，形成专报报送省政府办公厅。组织遴选并向工业和信息化部推荐了 10 个 App 优秀解决方案，其中 8 个入选复审答辩。将工业技术软件化作为产业数字化的重要抓手，列入 2019 年度工业和信息化重点领域提升发展方向，在温州、嘉兴、萧山开展工业技术软件化试点工作。

3．积极营造工业互联网发展良好氛围

加强与工业和信息化部三大支撑机构合作。从 2018 年 4 月开始，浙江省经济和信息化厅先后与中国电子信息产业发展研究院、中国信息通信研究院、国家工业信息安全发展研究中心等进行交流对接，商议在浙江成立分支机构、签署合作协议、共同推进浙江工业互联网发展等相关事宜，达成初步意向，并已与中国信息通信研究院签署共同推进工业互联网发展战略合作协议。

举行平台建设专题研讨会。2018 年 4 月，浙江省经济和信息化厅在北京组织召开浙江省 supET 工业互联网平台建设研讨会，参会专家高度认可浙江发挥政府协调作用、加强顶层设计、自上而下推进平台建设的做法，认为浙江 supET 工业互联网平台紧扣国务院《指导意见》精神，符合当前国际工业互联网发展的最新趋势和我国国情，总体架构设计合理，技术方案先进可行，具有创新性，为我国发展工业互联网开辟了新模式、新手段和新业态。

4．交流推广浙江工业互联网发展成果

2018 年 4 月，浙江省联合中国信息通信研究院举办 2018 年中国工业大数据大会·钱塘峰会暨浙江省工业互联网推进大会。2018 年 9

月，组织召开了浙江省工业互联网发展新闻发布会，介绍近年来浙江工业互联网发展情况，解读浙江工业互联网发展政策，营造良好发展环境；联合"两省一市"经信部门召开 2018 年长三角工业互联网峰会；联合中国互联网协会举办第三届中国工业互联网大会·嘉兴峰会，交流推广浙江工业互联网发展应用成果，开展工业互联网对接活动等。2018 年 11 月，在第五届世界互联网大会期间，浙江省政府与工业和信息化部共同主办"工业互联网的创新与突破"浙江分论坛，supET工业互联网平台也举办了成果发布会。

（五）江苏省聚焦长三角集群，推动制造业高质量发展

江苏省积极贯彻落实国务院《指导意见》，把发展工业互联网作为推进江苏制造业高质量发展的关键动能，迅速聚焦工作重心，系统化推进工业互联网建设发展工作，全省已经初步形成上下认识统一、目标定位明确、任务推进迅速的良好工作态势。

1. 出台政策和措施，强化系统推进

国务院出台《指导意见》后，江苏省在深入广泛开展基层和企业调研的基础上，严密开展了政策和措施的制定工作。一是省政府出台实施意见。2018 年 7 月，江苏省政府正式出台《深化"互联网+先进制造业"发展工业互联网的实施意见》，确立了构建与江苏高质量发展要求相适应的工业互联网建设发展水平的总目标，提出了 2020 年、

2025 年、2035 年"三步走"阶段目标，以"建平台"与"用平台"双轮驱动、"强支撑"与"建生态"系统布局、"政府引导"与"市场主体"紧密结合为基本思路，部署推进七项主要任务和重点工程。二是制定实施"企业上云"行动计划。为大力促进工业互联网平台推广应用，推动实现建设与应用双轮驱动，江苏省制定实施了"企业上云"三年行动计划（2018—2020 年），发布了"企业上云"工作指南和星级上云企业评定工作指南，组织了"工业互联网—企业上云"环省行宣贯活动近 20 场，认定了首批 25 家五星级、62 家四星级、187 家三星级上云企业，建设上线省"企业上云"综合服务平台，采取省、市联动的方式支持"企业上云"项目，有力地推动广大企业用云用平台。三是多方联手推进重点工程。落实长三角峰会精神，积极推进长三角工业互联网协同发展，协商建立合作机制，共建长三角工业互联网平台集群，举办 2018 年长三角工业互联网峰会。江苏省工信厅与中国信息通信研究院签署实施了全面战略合作协议，围绕工业互联网创新发展，推进网络、平台、人才、技术、标准等一系列合作项目。江苏省还分别联合阿里云、华为云，以及三大电信运营商实施了"133"工程、"365"工程［围绕五星级上云企业、工业互联网标杆工厂、工业互联网平台 3 个领域，聚焦新型电力与新能源装备、工程机械、物联网、生物医药和新型医疗器械、核心信息技术、汽车及零配件等先进制造业集群，在 2020 年前打造 50 个标杆项目］，推动国内重点服务商的云计算、大数据、工业互联网技术与服务推广应用到全省制造业企业，打造了协鑫光伏、天合光能、悦达数梦等一批典型发展案例。以上政策和措施的制定实施，全面推进了全省工业互联网建设发展。

2. 培育平台和产业，强化总体布局

工业互联网平台是工业全要素链接的枢纽与工业资源配置的核心，培育工业互联网平台和产业，是发展工业互联网的重点。一是打造本土龙头工业互联网平台。培育发展工业互联网平台和产业，关键是打造国内领军型本土龙头工业互联网平台。江苏省结合企业实力、发展基础、品牌影响等情况，将徐工信息汉云工业互联网平台、苏州紫光云引擎工业互联网平台、苏宁观物工业互联网平台等作为培育重点，组织开展专家团队咨询辅导、专题活动宣传推广、重点支持等系列工作，推动其快速形成覆盖规模、提升发展地位。二是组织推进省级重点工业互联网建设。江苏省制定实施了"一市一重点平台、一行业一重点平台"培育计划，制定发布了省级重点平台建设标准，支持重点工业互联网平台建设。南钢 JIT+C2M 平台、南京科远工业互联网平台、苏州博众精工电子行业智能工厂个性化定制生产创新平台、常熟服装城服装产业协同创新平台等 14 个项目陆续被认定为工业和信息化部制造业"双创"平台及制造业与互联网融合发展试点示范项目。无锡红豆工业互联网平台、南通中天工业互联网平台被列入工业和信息化部新一批工业互联网试点示范项目。三是实施工业 App 培育工程。

江苏省组织制定了江苏省工业 App 培育三年行动计划，推进软件企业转型发展，加快推进工业技术软件化，推动研发设计、生产制造、运营管理等领域知识显性化、模型化和标准化，培育海量工业 App（包括高、基、通、专等类），初步构建江苏省工业技术软件化标准体系，初步形成工业 App 培育与应用生态，推动和支持中国电子技术标准化研究院在南京成立江苏省工业技术软件化创新中心。四是发展工业互联网关键技术产品。推动和支持徐工信息建设制造业创新中心，以产业联盟方式推进标识解析、数据采集分析、工业微服务等工业互联网关键共性技术研发和产业化。重点支持苏州紫光云引擎联合中国信息通信研究院、江苏亨通信息安全等公司共同开展工业互联网平台关键技术攻关和产业化。积极推进南京擎天科技与中国信息通信研究院共建工业互联网国家重点实验室。

3. 健全网络和安全，强化发展支撑

网络和安全体系是发展工业互联网的基础。江苏省通过深化实施网络升级改造、推进标识解析体系建设、促进安全保障能力提升，积极构筑完善的网络和安全支撑。一是推进企业内外网络升级改造。深化开展园区、企业"网+云+端"工业信息基础设施的试点示范，联合电信运营商制定"企企通"建设标准和服务规范，联合推进重点工业园区、产业集聚区 G 级网络出口带宽建设，推动企业开展内外网络改造提升，实现工业互联网"进企业、入车间、连设备"。全年累计建设

投入 50 亿元,省级以上产业园区光纤宽带接入能力普遍达到 20GB/s,工业集中区达到 10GB/s,新增互联网高带宽专线服务企业数量超过 5000 家,累计数量超过 1.5 万家。二是推进标识解析体系建设。积极向工业和信息化部争取在江苏省设立国家标识解析体系顶级节点,围绕省内重点行业、依托重点工业互联网平台谋划布局标识解析行业级节点建设。首批支持徐工集团建设工程机械行业标识解析节点,深化产品全生命周期管理应用;支持和推进中天科技与中国信息通信研究院开展线缆行业标识解析体系建设。徐工集团建设工程机械行业标识解析节点被列入了工业和信息化部 2018 年工业互联网试点示范项目。三是加强安全保障能力建设。组织制定实施江苏省工控安全 3 年行动计划、工业互联网安全管理规范、工控安全防护指南。组织对全省 921 家工业企业重要工业控制系统进行信息安全检查,形成年度工控系统信息安全检查报告。推进工业互联网安全实验平台建设,支持南瑞集团、中电熊猫、中天科技分别开展工控安全和行业级工业互联网安全感知平台关键技术攻关,加快研发安全可靠的工业互联网设备与系统,全面提升工业企业风险隐患排查、突发事件应急处置、技术服务及产业支撑能力。

4. 构筑生态和保障,强化环境营造

江苏省多措并举,努力打造发展工业互联网生态和保障体系,营造一流的发展环境。一是建立江苏省工业互联网服务资源池。从集合

工业互联网发展关键要素出发，制定遴选方案和标准，率先建立江苏省工业互联网服务资源池，首批入池单位包括工业互联网网络服务商、数据采集服务商、平台服务商、解决方案服务商、工控安全服务商、配套服务商六大类共 216 家单位。二是成立江苏省工业互联网发展联盟。组建江苏省工业互联网发展联盟，并推动有条件的区市成立分联盟，汇聚产、学、研、用、金力量，推进技术创新、产业发展和行业应用，目前已吸纳 700 余家企业和单位。三是举办工业互联网主题活动。组织江苏省内重点平台企业参加 2018 中国工业互联网峰会和长三角工业互联网峰会，联合相关单位举办了江苏省工业互联网峰会、江苏省工业互联网平台创新与实践高峰论坛，举办了两次工业互联网主题展览及以工业互联网为主题的智造江苏大赛。四是组织实施宣贯培训计划。2018 年 5 月，江苏省委组织部举办了一期工业互联网市县长培训班，宣贯国家发展工业互联网政策以及发展动态趋势，迅速在省内统一了发展认识。江苏省还制定了 2018—2020 年工业互联网培训计划，采取集中理论教学和标杆企业见学相结合的方式，分期组织江苏省工信系统干部、重点企业负责人、企业 CIO 开展工业互联网专题培训。

（六）山东省立足工业基础，探索与互联网融合道路

山东省立足工业大省、制造业强省的产业基础，充分发挥两化融合、企业上云、智能制造等领域的领先优势，全力迎接新一轮数字经

济发展浪潮，初步探寻出一条适合山东产业基础的制造业与互联网融合发展道路。

1. 全面推动企业上云上平台

山东省不断健全企业上云上平台政策体系、工作体系和市场推广体系，形成了良好的发展势头。一是政策体系不断完善。山东省陆续出台相关政策，召开了全省企业上云启动大会，持续推进政策落地。二是"四个三"目标任务迅速推进。即"三个一点、三级联动、三层上云、三年计划"，通过建立激励机制，充分调动省、市、县三级力量，全面支持企业基础设施层、平台系统层、业务应用层上云，计划利用三年时间推动全省企业上云。三是企业上云上平台服务体系初步建成。山东省成立了多部门参加的联合办公室，组建了上云服务联盟、工业互联网联盟，开发了连接全省140多个县（市、区）工业和信息化部门及广大企业的上云公共服务平台，大力培育和认定云服务商，制定云服务目录和评价标准。四是市场推广体系不断健全。启动了"云行齐鲁"系列推广活动，目前全省已举办30多场"云行齐鲁"宣贯活动和近100场专题对接活动，培训和对接企业超过2万家，推动全省上云上平台企业达3.5万家。

2. 积极营造工业互联网发展的良好环境

一是开展工业互联网系统培训。邀请专家，重点围绕工业互联网的内涵、发展形势及实施路径等方面对全省工信系统人员进行了系统的培训，同时举办了主题为"工业互联　制造山东"工业互联网大会等活动，全面提升各级、各部门和广大企业的工业互联网认识水平、业务素质和指导实践能力。二是深入调研形成工业互联网发展调研报告。为深入贯彻国务院《指导意见》等精神，做好山东省工业互联网顶层设计与创新发展，联合专家在全省范围内开展了工业互联网专题调研，深入挖掘山东省在推动"互联网+先进制造业"发展工业互联网方面的经验做法、优秀案例，深度剖析存在的问题，提出下一步的发展建议，并形成《全省工业互联网发展调研报告》，为山东省下一步出台相关发展意见和政策提供决策依据。三是研究制定加快工业互联网发展的实施意见。推动出台了《山东省人民政府关于贯彻国发〔2016〕28号文件深化制造业与互联网融合发展的实施意见》，明确了"落实 3项重点任务、开展 4 个专项行动、完善 5 项保障措施"的"345"工程。在前期调研的基础上，学习借鉴兄弟省市的经验做法，研究制定了山东省贯彻落实国务院《指导意见》加快发展工业互联网的实施意见和相关政策措施。通过政策推动，强化网络、平台和安全三大产业发展，不断夯实工业互联网产业支撑基础；组织实施制造业智能化升级、开放协同、个性化定制等工业互联网试点示范，切实推进工业互联网实施应用；建立健全创新服务、公共服务、金融服务等体系，积极营造良好的工业互联网产业和应用环境。

3. 加快推动工业互联网平台体系建设

山东省相继建成企业上云公共服务平台、"好品山东"网络营销管理服务平台、山东工业云等一批公共服务平台，正积极筹建全省工业互联网综合服务平台，培育认定了 5 家综合云平台服务商、120 多家行业云平台服务商。推动海尔 COSMOPlat、浪潮工业互联网平台成功入围 2018 年工业和信息化部工业互联网创新发展工程项目，成为全国标杆工业互联网平台。海尔 COSMOPlat 平台 2017 年实现交易额 3113 亿元，订单量达到 4116 万台，成为全球最大的大规模定制解决方案平台；浪潮工业互联网平台已经接入设备约 389 万个，服务企业 1592 家，平台合作服务商达到 93 家；红领集团以大数据、互联网、物联网等技术为支撑，运用互联网思维，专注于服装规模化定制生产，以客户需求为中心，以生产过程自动化为保障，经过 12 年的积累，形成独特的"红领模式"；"好品山东"平台上线企业数已达 6.6 万家，累计带动超过 1.5 万余家企业实现上网交易，推动企业完成电商交易额 798.2 亿元；东营市的科瑞集团通过自主研发"易瑞跨境电商平台"，充分发挥企业长期积累的供应链和产业链生态优势，集合了 1300 多家供应商，面向全球 5000 多家客户群体，提供线上销售、线下服务，目前业务范围已经覆盖全球 80 多个国家和地区。此外，蓝光软件矿山云、海天智能医疗机器人大数据平台、雷沃重工智慧农业大数据平台、山推设备管理平台等一批行业工业互联网平台正在不断培育壮大。

技术篇
走融合之大道，开创新之先河

　　在全球经济缓速发展，工业的数字化、网络化、智能化发展路径下，工业互联网平台成为新工业革命的关键基础设施、制造业转型升级的实现路径[24]、各国获得竞争新优势的突破口。

　　技术篇从工业互联网平台技术体系、新技术应用和安全可靠三个维度，对当前与工业互联网息息相关的技术进行探索和研究。作为工业体系和互联网体系深度融合的产物，业界正在探索技术融合的新体系，平台成为发展的关键载体，也成为产业竞争的焦点。物联网、边缘计算、大数据、人工智能、数字孪生、区块链等技术成为工业互联网发展的引擎，正驱动工业格局从量变到质变；安全可靠是工业互联网创新发展的基石，虽然面临内外挑战，但在各方努力之下，取得了一定的进展。

第四章　跳动的"心脏"：
平台成为新工业革命的关键支撑

　　全球增长动能不足，传统增长引擎对经济的拉动作用减弱，但新的经济增长点尚未形成。要打造富有活力的新增长模式，挖掘经济增长新动力，必须改变传统的增长方式，在创新中寻找出路。在市场格局快速变迁和差异化竞争趋势日益明显的压力下，技术的迭代、市场需求的快速升级、商业模式的活跃创新都在倒逼工业企业寻求新出路。工业互联网平台作为制造业数字化、网络化和智能化发展的基础，概念一经提出，立即在全球引发了极大关注，再次掀起了新一代信息技术与制造业融合的探索实践热潮。IDC 预测，2018 年全球工业互联网支出预计将达 1890 亿美元，中国或将成为工业互联网支出最高的国家[25]。

工业互联网是新工业革命的关键基础设施。工业互联网是基于云平台的制造业数字化、网络化、智能化基础设施，为企业提供了跨设备、跨系统、跨厂区、跨地区的全面互联互通平台，使企业可以在全局层面对设计、生产、管理、服务等制造活动进行优化，为企业的技术创新和组织管理变革提供了基本依托。同时，企业通过工业互联网平台，获得了在更大范围内打破物理和组织边界的能力，便于打通企业内部、供应链上下游、供应链之间的数据孤岛，实现资源有效协同，形成无边界组织，实现价值创造从传统价值链向价值网络的拓展。

工业互联网平台成为制造业转型升级的现实路径。工业互联网平台是新一代信息技术与现代工业技术深度融合的产物，是一套涵盖数字化、网络化、智能化等通用目的技术的综合技术体系。工业互联网的本质是通过构建精准、实时、高效的数据采集互联体系，实现工业经济全要素、全产业链、全价值链的资源优化配置，提高全要素生产率，推动经济发展质量变革、效率变革、动力变革。一方面，工业互联网可挖掘传统制造业的发展潜力，通过引入新技术、新管理、新模式，为制造业插上互联网的翅膀、注入信息化的基因，加快传统制造业转型升级步伐。另一方面，工业互联网加速了先进制造业的发展步伐，催生了智能化生产、网络化协同、个性化定制、服务化衍生、数字化管理等新型制造模式，推动制造业开启智能化进程。

工业互联网平台有助于各国获得竞争新优势。基于平台的赢者通吃竞争模式正在加速从消费领域向制造领域演进，谁能在工业互联网的竞争中占得先机，谁就能够把握未来的主动权，重构制造业的研发模式、生产方式和组织形态，以工业互联网为核心的生态之争正成为主要国家竞争的新焦点。美国工业互联网联盟、德国工业 4.0 平台组建的主要目的在于，通过整合产学研用各方资源突破核心技术、开展测试验证、制定行业标准和推广解决方案，打造制造业新生态，不断强化制造业竞争优势和垄断地位。

第五章　新生的"骨骼"：
探索技术融合的新体系

一、工业互联网平台技术架构逐渐清晰

在消费互联网领域，由于消费者群体分散的特点，互联网技术得以快速整合消费领域，目前已经发展出非常成熟的平台技术架构。而互联网技术对工业只能渗透、扩散、融合，盖因传统工业体系是经过百年生长、难以撼动的庞然巨物，平台是工业体系与互联网体系融合的产物，平台技术架构的讨论持续了很长一段时间，目前，人们发现工业体系与互联网体系的碰撞中，很多难以取得共识的问题并不在技术层面，对平台技术架构的认知正逐渐趋同。

美国工业互联网联盟率先探索工业互联网的架构,三层式架构模式由边缘层、平台层和企业层组成,如图 5-1 所示 [26]。

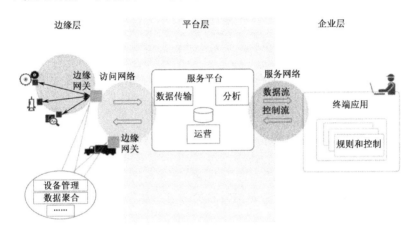

图 5-1 美国工业互联网联盟提出的工业互联网架构

其中,边缘层通过邻近网络从边缘节点采集数据。该层的架构特点根据具体使用情况而变,包括分布的广度、地点、治理范围和邻近网络的性质。

平台层接收、处理并发送从企业层到边缘层的控制命令。该层合并和分析来自边缘层和其他层的数据流,提供设备与资产管理功能,还提供非特定域的服务,包括数据转换、查询与分析。

企业层实施特定域的应用、决策支持系统,并且提供包括运营专业人员在内的终端用户接口。企业层接收来自边缘层与平台层的数据,还负责向平台层与边缘层发送控制指令。

各层通过不同的网络进行连接。邻近网络连接传感器、驱动器、设备、控制系统和资产（统称边缘网关）。当一个或多个集群与桥接其他网络的网关相关联时，邻近网络一般会连接这些边缘网关。访问网络实现了边缘层与平台层之间的数据与控制流。该网络可能是一个企业网络，或者一个位于公共互联网或4G/5G网络上的叠加私人网络。服务网络实现平台层与企业层服务之间的连接。服务网络可能是一个位于公共互联网上的叠加私人网络或互联网，为终端客户与各项服务之间提供企业级网络安全保障。

中国工业互联网产业联盟发布的《工业互联网平台白皮书1.0》基于国内外平台企业的做法，梳理总结出工业互联网平台架构，核心要素包括边缘层、平台层（工业PaaS）、应用层（工业SaaS），如图5-2所示[27]。

边缘层是基础：主要通过深层次采集数据并实现不同协议数据基层汇聚，作为工业互联网平台驱动源头，主要依赖两方面能力。

（1）依托传感器、工业控制系统、物联网技术面向设备、系统、产品、软件等要素数据进行实时采集。例如，可借助智能控制器、智能模块、嵌入式软件等传统的工业控制和连接技术实现平台对底层数据的直接集成。

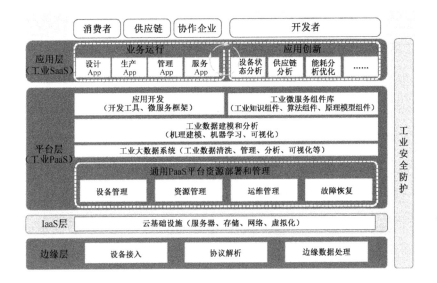

图 5-2　中国工业互联网产业联盟工业互联网平台参考架构

（2）利用以智能网关为代表的新型边缘计算设备实现智能传感器和设备数据的汇聚处理，以及边缘分析结果向云端平台的间接集成。多类型的边缘连接手段为工业互联网平台实现泛在连接提供了坚实支撑，丰富了工业互联网平台可采集与分析的数据来源。

平台层是核心：基于工业 PaaS 架构，集成了工业微服务、大数据服务、应用开发等功能，媲美移动互联网操作系统。

（1）将云计算、大数据技术与工业经验知识相结合，形成工业数据基础分析能力，把技术、知识、经验等资源固化为专业软件库、应用模型库、专家知识库等可移植、复用的开发工具和微服务。

（2）提供数据存储、数据共享、数据分析和工业模型构成的完整工业数据服务链，汇聚各类传统专业处理方法与前沿智能分析工具，帮助用户方便、快捷地实现工业数据的集成管理和价值挖掘。

（3）构建基于工业数据服务之上的应用开发环境，提供各类蕴含工艺知识和行业经验的工业微服务、工业应用开发工具，以及针对应用开发运维的完善管理手段，帮助用户快速构建定制化的智能应用App并形成商业价值。

应用层是关键：基于开放环境部署应用，面向工业各环节场景，是工业互联网平台服务的最终输出。面向智能化生产、网络化协同、个性化定制、服务化延伸等智能制造和工业互联网典型应用场景，为用户提供各类在平台中定制化开发的智能化工业应用和解决方案。

在智能化生产中，设备预测性维护、生产工艺优化等应用服务帮助企业用户提升资产管理水平；在网络化协同中，制造协同、众包众创等创新模式实现了社会生产资源的共享配置；在个性化定制中，用户需求挖掘、规模化定制生产等解决方案满足了消费者日益增长的个性化需求；在服务化延伸中，智能产品的远程运维服务则驱动着传统制造企业加速服务化转型。面向用户实际需求的各类智能应用是实现模式创新、业态创新的关键载体，推动着平台应用生态体系的构建。

除此之外，工业互联网平台还包括用以支撑数据传输交换的网络基础设施，以及涵盖整个工业系统的安全管理体系，这些构成了工业互联网平台的重要保障和支撑。

二、工业互联网平台成为发展的关键突破口

工业互联网平台是以数据为驱动、制造能力为核心的专业服务平台。目前，全球工业互联网平台发展刚刚起步，IaaS、PaaS、SaaS 建设成熟度不一致。被誉为工业互联网操作系统的 PaaS 逐渐成为平台发展的聚焦点和关键突破口 [28]。

IaaS 格局已初步形成。 从全球范围来看，IaaS 基础设施层成熟度较高、技术创新迭代迅速，主流供应商集中在中、美两国。全球市场格局已基本确定，亚马逊 AWS、微软 Azure、阿里云、腾讯云、华为云等 IaaS 服务商占据了全球主要市场。IaaS 技术应用已呈现良好的发展态势，形成繁荣的开发者社区和生态。各工业互联网平台均使用成熟 IaaS 供应商的产品或与其合作自建 IaaS。工业互联网平台架构的设计趋势是 IaaS 和 PaaS 逐渐独立，形成松耦合关系。

PaaS 平台成为各国竞争的关键点。 当前全球工业互联网发展的突破口聚焦于 PaaS。PaaS 建设需要制造业和 ICT 行业在技术、管理、商业模式等方面深度融合。在专业技术上，既需要特定领域制造技术的深厚积累，又需要把行业知识经验通过 ICT 技术转化为数字化的通用制造技术规则；在管理和商业模式上，既不能复制传统制造业模式，又不能照搬互联网行业模式。工业 PaaS 建设处于起步阶段。一是技术

架构仍需完善。专业化基础上的技术通用化、开放化、智能化等方面都处于起步阶段，如 MindSphere、COSMOPlat、INDICS、根云等平台完成度与其愿景之间存在差距。在发展较为领先的 Predix 上，技术和成本两道门槛极大地限制了能够加入平台的企业和开发者数量，可用性、易用性成为当前所有工业互联网平台急需解决的问题。二是市场体系尚未建立。平台开放度不够导致参与者自由度不足，平台的主要进展只是完成传统服务与流程的云化，为客户提供线下解决方案仍是目前大部分平台的主营业务，平台价值尚未充分实现。由此带来的问题是平台上专业用户或者传统渠道转移过来的固有用户占九成以上，加入平台的新用户数量不足。三是商业模式不清晰。Predix 应用成本高，目前只适用于大中企业，MindSphere 主要为西门子客户服务，开放性问题尚未解决。大部分平台规划对第三方开发者收费或采取应用分成模式，然而目前主要盈利来源仍为解决方案的线下定制服务费。平台大多处于投入期，尚未到回报期，也未形成标准化的交易模式，仍存在高昂的交易成本，平台在交易标准化、安全保障、用户信用体系等方面的探索尚未展开或刚刚起步。

SaaS 应用潜力巨大。因为缺乏成熟 PaaS 支撑，SaaS 发展尚处于萌芽阶段，各方 SaaS 处于同一起跑线，彼此差异不大。PaaS 的成熟度和能力是 SaaS 发展的基础，只有 PaaS 能力提升，才能更好地赋能 SaaS 开发者，释放 SaaS 发展潜力。目前，即使是 GE Predix 平台也仅能提供少量在线、开放的 SaaS 服务,主要服务仍是线下定制解决方案。与此同时,SaaS 专精新的特点正在逐步深入制造业细分行业领域,对于广大制造业企业,尤其是中小型企业而言,SaaS 应用需求最迫切、服务量最大、价值创造最直接,具有极大的发展潜力。

第六章 创新的"血液"：
新一代信息技术推动变革

当前，以边缘计算、数字孪生、人工智能、区块链为代表的新一代信息技术与制造业融合发展，是全球新一轮科技革命和产业变革的重要特征，也是当前制造业大国竞争的主战场。随着新一代信息技术的不断成熟，其应用成本也在逐步降低，具有推广普及的基础，将进一步推动平台创新发展。

一、云与端：边缘技术推动工业云端一体化

边缘计算是一种简化物联网设备流量并提供实时本地数据分析的计算方法，主要特点是其信息处理、内容收集和传递在物理位置上更

接近于该信息来源地,而不是通过长路径传输到数据中心或云。据 IDC 预测,未来将会有超过 50% 的数据在边缘侧处理;到 2020 年,边缘计算的支出将占物联网基础设施总支出的 18%[29]。

目前,大量的工业互联网应用场景对边缘技术已经提出了明确的需求,且开始落地。在平台应用中,边缘设备会收集数据(通常是互联设备所产生的大量数据)。边缘计算在本地对数据进行分类,因此有些数据是可在本地处理的,从而减少了到中央存储库的回程通信量。数据在边缘层处理后,会将部分数据发送到中央处理或存储库,如数据中心、协同办公设施或云基础设施,可降低网络基础设施建设成本和数据传输成本。

(一)网络传输技术瓶颈是驱动边缘技术发展的关键因素

总体来说,分布式模型面临连接性和网络延迟的挑战、受到带宽的限制,容易导致工业互联网平台应用落地难。边缘计算应用需求主要在网络传输场景产生,从而形成对边缘智能的需求。

工业互联网平台应用对有线和无线网络连接、传输的需求和依赖性很强。当前,我国工业企业网络基础设施整体水平不高,在很多情况下,网络传输限制往往成为平台应用落地的瓶颈。鉴于边缘计算技术存在上述优势,因此需要针对这些应用场景部署边缘智能平台和方案。

1. 异构网络连接

面对复杂的环境，完整的工业互联网平台解决方案往往同时采用多种网络通信技术，来保障业务的连续性。当下，不存在可以同时涵盖各种距离和不同网络性能要求的单一网络技术标准，即将商用的 5G 网络具有很强的包容性，融合了大量不同的通信技术标准，但依然难以涵盖所有物联网应用需要的通信场景。

目前，工业互联网平台应用场景根据实际情况采用不同的无线通信技术，如 Wi-Fi、蓝牙、ZigBee 等短距离通信的技术，或近年来兴起的低功耗广域网络（LPWAN），或其他基于授权频谱的蜂窝网络技术。各类技术构成了传输网环节的差异，而相应设备数据回传至云端还需要通过基站设备来进行。无线接入网之间或基站侧可以作为一个数据计算、处理的初步场所，形成边缘智能的载体，这也是移动边缘计算（MEC）的组成部分。

不仅仅是这些常见的无线通信，一些特殊场景会采用有线通信连接，或自身所在行业的通信协议，如工业场景中最流行的 Modbus、HART、Profibus 等协议，满足工业现场数据传输的需求，而这些场景中的通信协议更为复杂和碎片化，大量数据在现场进行处理后直接执行操作，且回传至云端前还需要经过"中枢"类设备进行协议转换，这些中枢类设备也往往成为边缘智能的载体。

在工业互联网平台的实际应用中，通常融合了多种有线、无线通信技术，并需要将所有的数据汇集到一个平台。而在汇集到平台之前，通过各类通信技术连接的终端、传感器节点数据之间存在差异，在靠近数据源的位置部署智能化节点就很有意义。根据 IHS 的数据，当前有 80%以上的连接是非 IP 类连接，需要网关等边缘智能类设备与 IP 类连接进行数据交互。

简单来说，不同通信技术之间需要实现兼容，需要中间设备、平台及相关软件技术进行"翻译"，而这方面的工作可以由边缘侧分担，利用边缘侧嵌入式终端的存储、计算、通信能力，实现异构通信技术的数据融合，形成部署边缘智能的必要条件。

2. 网络基础设施受限

在工业互联网时代，不断增加的联网设备产生了海量的运行数据，对网络基础设施建设形成巨大压力。总体来说，网络基础设施限制包括带宽不足、网络延迟和突发网络中断。

带宽不足和终端产生数据量剧增往往同步发生。互联网业务普及，而未来虚拟现实、增强现实等技术在为人们带来沉浸式体验的同时，也将带来数据流量的爆炸式增长，业界不少企业用"数据洪流"来描述这一场景。业内预计，未来每辆自动驾驶汽车每天会产生 4TB 数据，每架飞机每天会产生 40TB 数据，每家智能工厂每天会产生 1PB 以上的生产视频数据。由于网络带宽和网络容量并没有实现同步的、连续性的爆炸式增长，所以出现带宽不足的问题，这些短时间内产生的海量数据如果实时上传至云端，一定会造成网络拥塞。思科公司（Cisco）战略创新高级主管海德尔·安图内斯（Helder Antunes）表示："如果一切数据处理和分析都在云端运行，那么云和边缘设备之间必须有一个坚固而稳定的通信'管道'——然而这并不现实。"

带宽和海量数据增长不匹配。一方面网络弹性扩容能力有限，另一方面并非所有的数据都需要通过网络上传至云端。一些需要短时间内处理或存储周期很短的数据，本身无须占用有限带宽资源上传，而在靠近数据源头进行处理即可，视频原始数据、工厂机器数据等有相当部分是通过边缘平台处理的。麦肯锡曾经对一个海上钻井平台进行调研，发现该平台上 3 万个传感器采集的数据中，40%都是无关紧要的，不需要存储、处理，更没有必要立即通过网络发送到云端，剩余的大部分在本地存储，给边缘智能场景提供数据来源。

网络延迟是应用边缘计算的一个关键因素。如果工业互联网平台应用程序需要亚秒级的响应时间，那么等待云端响应时长将是一个巨大的挑战。例如，工厂一台工业机器由于安全问题需要立即停止运行，那么需要立即在安全关键控制系统上进行操作，整个操作过程要求在很短的时间内完成。延迟响应时间可能会对机器造成严重损坏或对人员造成巨大损伤。类似地，自动驾驶或增强现实应用程序的响应时间需控制在 20 毫秒以内。这些操作不能通过与云的定期通信来实现。将传感器数据的处理转移到边缘网关是避免网络延迟所需响应时间的一种重要方法。

突发网络中断也是边缘技术应用的一个主要驱动力。虽然我国 4G 覆盖 99% 的人口，超过 95% 的行政村都接入宽带[30]，中国电信、中国联通已实现全国超过 30 万个 NB-IoT 基站商用，但这些并不能保证所有工业互联网平台应用场景中网络没有中断的风险。在很多周边环境复杂的应用场景，突发的事件可能使得传输受到限制，如森林防火、塌方泥石流监控、气象监测等恶劣环境下的工业互联网平台应用，一般会考虑突发网络中断时靠近数据源的缓存、处理，来保障业务的连续性。另外，还有一些应用部署在热点区域，大量设备同时请求上行数据时会造成网络的临时中断。

（二）边缘技术的五大优势

对于大多数行业的企业来说，采用边缘计算会给企业带来许多潜在的优势。对于工业企业来说，边缘计算在智能制造方面优势明显。

（1）更快的响应时间：边缘计算的数据存储和计算能力是在本地完成的，不需要与云端交互，可以减少延迟并有更快的响应能力。这将有效提高在机器发生故障或发生危险事件时的反应速度。

（2）在网络连接不稳定时仍可保证应用的可靠性：对于大多位于偏远地区的工厂、设备（如油井、农业泵、太阳能农场或风电基地），来说，互联网连接状态十分不稳定，因此，要实时监控这些区域里的设备运行是十分困难的。边缘计算能在本地存储和处理数据，确保在互联网连接受限的情况下，不会出现数据丢失或操作失误等问题。

（3）安全性：采用边缘计算后，设备和云端之间的数据传输是"有选择性"的传输，这样可以避免大量数据传输。边缘设备可以在本地将敏感信息过滤，只向云端传输需要的数据源，用以支持数据模型的构建和运算，帮助企业建立一个完整的安全体系。

（4）降低工业互联网平台解决方案的实施成本：工业互联网平台应用落地难的一个重要原因是实施成本高。主要是平台应用需要巨大的前期投入，如网络带宽、数据存储、数据计算等。边缘计算可以在本地执行许多数据计算，企业可以自行决定哪些服务在本地运行，哪些应用需要将数据传到云端，从而降低了整个工业互联网平台解决方案的成本。

（5）传统设备和智能设备之间的交互性：边缘设备可以充当传统设备和现代智能设备之间的通信连接站。这样可以从传统工业设备中读取运行数据，从而实现工业互联网平台应用的落地。

鉴于边缘技术的上述优势，目前边缘技术已应用在多个工业互联网平台解决方案中，甚至有人认为边缘计算可能会取代云计算。事实上，这种情况不太可能出现。虽然边缘计算具有局部计算和决策速度快的优点，但云计算有其自身的优势。云计算具有大数据计算能力、机器学习，以及人工智能高级算法等强大功能。更准确的说法是，边缘计算是对云计算的补充，以创建一个整体的工业互联网平台解决方案。综合起来，边缘技术和云技术可以为智能制造建立一个成本效益高、功能强大的工业互联网平台解决方案。

二、虚与实：数字孪生连接虚拟世界和现实世界

数字孪生是现实物理对象的在数字世界的映射，它包括物理对象的模型、来自对象的数据、与物理对象是唯一的一对一的对应关系。据 IDC 预测，到 2020 年，30% 的全球 2000 强企业（25% 的中国 2000 强企业）将利用来自数字孪生的数据，提高产品创新能力和生产率，从而将企业的收益提高 25%（中国企业收益提高 20%）[25]。

数字孪生有两个重要模型，一是实体的物理模型，二是虚拟模型。虚拟模型是在计算机中利用数学、统计、图形、逻辑规则等不同方式进行仿真得到的模型，并与物理模型之间通过通信、感知，紧密地结合起来。利用物理数据，以及物理世界中传感器提供的数据，数字孪生可以分析和模拟现实世界的条件、响应变化，通过数字世界的虚拟对象实现对现实物理对象的模拟、分析和优化。因此，在数字孪生里虚拟模型起到了非常重要的作用。

（一）数字孪生助力现实世界更多平台应用的出现

数字孪生的应用有 4 个层次。第一层次是模型映射，即建立物理对象的虚拟映射；第二层次是监控与操纵，即在虚拟模型中反映物理对象的变化；第三层次是诊断，即发生异常时寻找根本原因；第四层

次是预测，即预测潜在风险，合理规划产品或设备的维护。这 4 个层次应用的背后体现的是仿真的精度与效率，数字孪生层次越高，对其要求也就越高 [31]（见表 6-1）。

表 6-1　数字孪生的 4 个层次及应用案例

数字孪生层次	数字孪生层次解释	数字孪生应用
第一层次——虚拟映射	建立物理对象的虚拟映射	航天器帆板、天线的动力学仿真，对卫星天线利用离心力展开的过程、太阳帆板展开过程、桁架式星载结构的展开过程等进行虚拟分析判断
第二层次——监控与操纵	在虚拟模型中反映物理对象的变化	风力发电机的实时监控案例，将变化参数输入虚拟模型，通过对虚拟模型的监测，可以实施更好的控制策略。例如，风机的叶片会不会因为风速过大发生变形，或者对振动频率会有什么影响；当风速超过一定程度时，需不需要做出停机等操作，或者当风速在一定范围的时要如何改变迎角获取更大的发电效率，这些操作策略需要利用对实时数据的监测，并反映到虚拟模型中，从而对控制行为做一个更好的决策
第三层次——诊断	发生异常时寻找根本原因	家电降噪案例，利用实验与仿真相结合的方式，制造企业可以定位噪声发生位置，并通过识别其传播路径，找到设计中的刚度薄弱点，之后通过设计优化，快速验证改善效果。小天鹅通过实验与仿真方案快速识别 1200r/m 以上的共振信号，寻找并优化传播路径上的薄弱环节，实现设计改善，噪声降低超过 3dB

续表

数字孪生层次	数字孪生层次解释	数字孪生应用
第四层次——预测	预测潜在风险，合理规划产品或设备的维护	GE 为其发动机构建了完整的数字孪生模型，涵盖发动机内所有的零部件，尤其一些关键的零部件，如轴承类部件，对异常的预测已经可以提前 60 天，可提前准备维修保养计划，备品备件，大幅降低运营成本

（二）数字孪生可应用于产品全生命周期各个阶段

由于数字孪生的特点，数字孪生在工业互联网平台应用方面与设备/产品绑定在一起。因此，根据产品全生命周期应用阶段，我们可以将数字孪生的应用分为以下阶段：

（1）产品全生命周期前期：产品设计等。

（2）产品全生命周期中期：产品测试、产品雏形制造、生产制造优化等。

（3）产品全生命周期后期：数字化监控、远程操作等。

简而言之，工业互联网平台赋能企业的数字孪生，可以推动企业实现对"物"的性能、运行和质量的跟踪。具体来说，在研发阶段，我们可以通过数字孪生来降低研发成本，缩短研发周期，优化产品设计；在运营阶段，我们可以通过数字孪生来优化运营模式，并且实现全价值链的闭环反馈和持续改进（详见案例 6-1、案例 6-2）。

案例 6-1 数字孪生在研究阶段的应用——降低研发成本、缩短研发周期

传统的设计方法是一种不断试错的过程，设计人员根据设计目标和约束提出设计方案，然后通过仿真和测试来验证设计方案。因为受到时间和资源的约束，设计人员往往只能对有限的设计方案进行验证和评估

基于西门子 HEEDS 的多学科设计优化解决方案可以整合多学科的设计和仿真分析工具，按照设计目标和约束条件在设计空间中自动搜索，并进行评估优选，从而可以在有限的时间内对更多的设计方案进行搜索、评估和优选，发现更多更优的解决方案

对于计算机机箱散热器设计来说，使用 HEEDS，针对风扇和通风孔的不同位置和散热器的不同大小、形状、密度和材料自动评估 200 个设计配置只用了两天时间。评估后确定的优化设计方案与基准设计相比，冷却性能提高了 25%，而散热器质量减轻了 51%。性能更优，成本更低

案例 6-2 数字孪生在生产阶段的应用——提高生产率

伴随着新一轮科技革命和产业变革，烟草行业迫切需要进行供给侧结构性改革，促进烟草制造企业转型升级。红云红河烟草（集团）有限责任公司曲靖卷烟厂急需加强烟叶、制丝、卷接、包装、成品入库全过程管控，通过对人、机、料、法、环、测全面的感知和控制，探索"以虚控实、精确映射"的数字孪生生产管控模式，实现各类资源的优化配置，提高生产率

华龙讯达以智能控制技术为基础，运用 CPS 技术架构，以数字孪生技术为核心，基于木星工业互联网平台建立虚拟制造平台，通过实体车间与虚拟车间的双向真实映射与实时交互，实现实体车间、虚拟车间的全要素、全流程、全业务数据的集成和融合，实现生产前、生产中、生产后虚拟制造，以及供应链虚拟监视服务，提升资源配置能力、制造管控

续表

能力、供应链运行效率和企业间协同制造能力。生产前虚拟制造是根据订单，预演生产，对从原辅料的出入库到成品卷烟产出的制造全过程进行模拟仿真，从而优化人员、设备、物料、计划等资源配置。生产中虚拟制造是在生产过程中，加强对生产调度、工艺质量监控、设备运转、能源供应等方面的全方位感知，将实际运行数据与预定义生产数据进行对比，从全要素、全流程、全业务角度对生产过程进行在线诊断，并以实时调控指令的形式作用于实际生产过程，对生产过程进行优化控制，从而提升制造管控能力。生产后虚拟制造基于实际生产过程中所采集的数据及生产模型，进行回溯仿真，并与生产前仿真预演的结果进行指标比对，对生产各环节进行差异评估，寻求改进方法，优化生产模型，从而提升制造创新能力

借助数字孪生应用，曲靖卷烟厂卷包生产率提高了 3.12%，制丝线平均故障停机率降低了 0.2%，成型线设备有效作业率提高了 1.8%，生产周期提高了 7.9%，仅 2016 年一年就综合节约成本约 6000 万元

三、数与智：人工智能发掘工业数据的价值

人工智能包括机器学习（ML）、深度学习、神经网络和自然语言处理等技术，能够理解、学习、预测、适应，最终实现自主操作。人工智能可以学习和改变未来的行为，从而创造更智能的设备和程序。强大的并行处理能力、先进的算法和海量的数据集为这些算法提供了支持。根据 IDC 预测，2017—2022 年全球人工智能支出的复合年增长率（CAGR）为 37.3%，到 2022 年全球人工智能支出将达到 776 亿美

元，中国或将成为人工智能第三大支出国 [32]。

（一）人工智能是挖掘工业数据价值的关键

随着工业互联网平台应用的不断推广，连接到工业互联网平台的设备和传感器数量在飞速增长，从而产生海量的工业数据。这些数据存在巨大的潜在价值，如通过数据分析可实现设备和机械的预测性维护、减少计划外停工时间、降低设备维护成本、提高生产率。但数据产生价值的前提是利用一种分析方法，从设备产生的海量数据中找出规律、发现新洞察。事实上，想要从 TB 量级的工业数据中发现新规律是极其困难的事情，传统技术根本无法完成这类分析，而人工智能的应用则是解决这类问题的可行途径。

人工智能在工业互联网平台的应用和部署中扮演着越来越重要的角色，因为它能够快速地从工业数据中获得新洞察。如机器学习（人工智能技术之一）能自动且快速分析、学习智能传感器设备产生的运行数据，包括温度、压力、湿度、空气质量、振动和声音等，识别运行数据中的异常数据、异常运行模式。与传统的智能工具相比，机器学习在分析工业互联网平台数据方面有着显著的优势，如能比传统的阈值监控系统更早、更精确地预测设备可能出现异常的情况。除此之外，其他人工智能技术，如语音识别、计算机视觉等可以从以前必须通过人工才能读取的信息中获得新洞察。

（二）人工智能在工业企业的应用

在产品研发方面，传统研发过程需要依赖研究人员长期的经验和敏锐的直觉，新产品的问世是一个艰难的过程，通常要经历无数次失败，在天时地利人和的情况下才可能成功，并且需要企业投入巨额资金和很长时间。运用人工智能技术可以快速分析海量历史数据，通过机器学习，可以将不成功的实验数据用作下一轮输入，不断完善算法，提高新产品研发速度和成功率。目前，在多个工业行业均出现此类应用。

在医药行业，新药研发周期长、成本高已成为行业的共同痛点。据《Nature》报道，新药研发的平均成本约 26 亿美元，大约耗费 10 年时间，需要经过漫长的小分子化合物研发阶段、三期临床试验，以及注册审批的过程。研发失败，尤其是临床试验后期的失败是每个药企最不愿意看到的事，其中最主要的临床试验失败源于候选药物缺乏有效性，即药物的靶点不对。目前主流的做法是通过药物研发外包服务，合作开发或收购一些有潜力的生物技术公司来提高药物研发效率，但这并没有真正意义上的改变"先假设再验证"的药物试验模式。人工智能的深度学习能够通过穷尽各个患者及健康人群数据库找到药物候选靶点，运用算法精准预测，快速筛选活性化合物，虚拟构建药物分子。人工智能让药物研发模式发生了本质上的转变，通过真实数据获取并找到最有可能成立的假设。以利用 AI 研发新药的生物科技公司

BergHealth 为例，其研发平台首先通过详细的医学历史、科学出版物和化学数据库的数据来识别病人和病人之间的遗传和其他标记，再将根据与特定疾病相关的基因、蛋白质或代谢物排列，确定特定的基因或蛋白质与特定的病人的关联。Narain 博士说："这种筛查的成本比传统方法至少低 50%"。

在新材料行业，长期以来以人为主的试错研发模式，导致材料研发周期长、费用高，已成为新材料发展面临的最主要问题。新材料从发现到走出实验室再到工程化实际应用，需要较长时间，特别是用于航空装备等使用要求较高的产品，至少需要 20～30 年时间。以树脂基复合材料为例，该材料早在 20 世纪 60 年代就被初步开发出来，但直到 2000 年之后才在波音 787 的机身主承力部件上大面积应用。在军用装备上应用的材料都是 20 年的"老"材料，造成了材料发展跟不上装备发展需求的困境。将人工智能应用到材料研发中，是解决目前材料研发周期过长的一种全新尝试。2018 年美国西北大学成功利用人工智能算法，从数据库中设计了新的高强超轻金属玻璃材料，比传统试验方法快 200 倍。

在产品质量检测方面，为保证产品品质，工业企业在生产中的质量保证体系通常需要强大的前期投资和大量的测试与校准。目前，用于各种产品生产线的自动化视觉质量检测系统对生产环境的条件要求非常苛刻，并且容易出现误报，降低操作人员对自动化检测结果的信任度。基于计算机视觉和机器学习的人工智能方法有望克服这些困难。

以飞机复合材料结构检测为例。传统的检测过程包括，制造预埋典型缺陷的标准对比板块、扫描复合材料的结构、形成类似 X 光片的图像和模型、人工对比与评判。由于板块制作难、成本高，飞机结构复杂，缺陷种类多，图像信号复杂，快速可靠的飞机复合材料结构检测一直是世界性的难题。人工智能的出现，让事情出现了转机。上海飞机制造有限公司采用人工智能技术进行材料结构检测。针对典型缺陷的样本进行海量数据采集，人工智能技术可在提取关键信息后建立数据库，再运用 5G 技术存储在云平台上，并连接评价系统，最后建立深度学习模型对缺陷进行检测，并且不断迭代。目前评判的时间已经由 4 小时缩短为几分钟，专业人员的成本降低 95%。

在电子制造行业，竞争日趋白热化，华星光电必须在紧张的时间内交付高品质的 LCD 产品。目视检验是华星光电生产制造流程中最关键的部分。如果华星光电未能在发给设备制造商前发现瑕疵，则可能导致代价高昂的产品退货和返工，更不用提声誉的损害。由此，华星光电的质量检验人员不得不仔细检查每个 LCD 屏幕。这需要花费相当多的时间，并且仍有可能错判、漏判。同时，培训一名经验丰富的质量检验人员需要花费大量时间和资源。为了实现更智能的质量控制方法，华星光电引入了 IBM IoT Visual Insights，这是一款 AI 支持的质量检测解决方案。通过与 IBM 研发团队合作，华星光电构建了一个知识数据库，其中包含大量在其生产线上拍摄的 LCD 产品图片。IBM 团队对图像进行了分类，包括合格产品和包含各种不同缺陷的产品。随后，他们使用 IoT Visual Insights 训练 AI 模型，该模型可以识别之前定义的各个产品类别。在车间的检验点，华星光电将此模型应用到与超高清相机相连的边缘计算服务器上。相机在检验点拍摄产品图像，而 IoT Visual Insights 利用 AI 模型将这些图像与相应的缺陷图像进行快速比较，并相应地对图像进行分类。分类的结果随后发送到云端，供检验人员检查和评估。IoT Visual Insights 对它分类的每张图像分配置信水平，从零（无匹配）到 100%（完全匹配）不等。如果置信水平低于可接受的阈值，系统则会提示检验人员检查此项目并确定是否确实存在缺陷。通过结合 AI 技术与人员专业知识，华星光电推动实现了更准确的产品检验，IoT Visual Insights 可以在数毫秒内完成产品图像分析，比操作人员快数千倍。这有助于华星光电快速识别缺陷，从而缩短检验交付周期、提高整体产品质量。

同时，人工智能技术还应用在其他环节，如在设备管理方面，通过人工智能技术让机器在出现问题之前就感知或者分析可能出现的问题。例如，工厂中的数控机床在运行一段时间后刀具就需要更换，通过分析历史运营数据，机器可以提前知道刀具会损坏的时间，从而准备好更换的配件，并安排在最近的一次维护时更换刀具。再如在市场营销方面，美国亚马逊商城基于机器学习模型对用户的购买习惯及产品的属性进行深度学习，形成了全面的知识图谱，在此基础上，向用户进行个性化推荐，也向销售商提供相关的生产与营销建议，这项技术的应用使亚马逊增加了 10%~30% 的附加利润。

四、信与链：区块链助力打造工业信用体系

区块链技术是一种新型的、可共享的、可信的分布式账本技术，用链式结构、分布式存储来记录交易历史信息，用智能合约来描述交易规则，用机器共识来协调智能合约的执行，用加密算法来保护隐私。其交易可溯源、不可篡改、不可抵赖、不可伪造，能使人、企业、物体彼此之间因"连接"而信任。WEF 预计，到 2025 年，全球 GDP 总量的 10% 将存储汇聚在区块链产业中，在某种程度上这也意味着，全球各大公司支持区块链应用，并可能已经着手为这一重大转变做出准备[33]。

（一）区块链技术尚不成熟，在特定行业和领域有所突破

目前，多数区块链项目都处于测试阶段，但在一些行业和领域已经有成功的应用案例出现。区块链的应用逐渐从金融领域向其他领域拓展，逐步实现虚拟数字世界与现实物理世界的融合。区块链技术可助力打造工业信用体系，让互不信任的人，在没有权威中间机构的统筹下，还能无顾虑地进行信息互换与价值互换。尤其在涉及多方参

与、对等合作的场景中，应用区块链技术能够增强多方互信、提升业务运行效率、降低业务运营成本与摩擦成本，由此可能催生全新的组织形态和商业模式。

区块链技术在金融行业兴起，并已推广到多个行业。在金融行业，最典型的应用是降低成本。预计 2020 年高盛（Goldman Sachs）将利用区块链技术消除额外成本，大约每年能为其节省 60 亿美元。不仅如此，区块链将减少错误和欺诈交易的数量，从而节省更多的钱。银行传统上使用安全数据库进行交易，需要建立一个安全的连接来发送和接收资金，这既费时又费钱。区块链技术允许即时交易，并且没有地域限制。全球支付在几秒内就结清，而不用花几天的时间。

同时，区块链技术正在改变现代物流的面貌。50 年前，很少有企业在全球范围内进行交易。今天，不仅是全球 500 强企业进行着国际贸易，由于云技术、创新的金融科技和电子商务解决方案，现在比以往任何时候都更容易发掘企业的全球潜力。亚马逊目前仅在欧洲就有3.4 亿个在线买家。很明显，网上交易的利润比以往任何时候都要高，但不管是哪个利基市场，都必须注意自己的底线，这就是区块链的作用。区块链使得货物从 A 运输到 B 的物流更加高效。现有的技术已经可以跟踪出货，并且这些数据不容易被曲解和篡改。区块链应用解决了真实性问题，为全球物流增加了一层责任和信任。既能帮助公司节约成本，又能为顾客提供更好的服务，实现双赢。

医疗行业已经从区块链技术中受益，特别是在制药和生物技术领域更有潜力。医疗保健产生了大量的数据。美国大约有 3.25 亿个公民的医疗记录。除此之外还有医学研究等领域产生的各种信息，要记录所有这些数据是很困难的，所以多年来医疗数据系统变得异常混乱。区块链提供了一个安全的第三方机制来存储数据，从而改变了现代卫生保健的面貌。86.9%的医生现在使用电子病历，但不同医疗机构的系统是相互隔离的，由于信息不共享而造成的诊断失误如果严重将造成生命损失。区块链统一电子病历系统，使数据更容易访问，且更容易跨不同平台跟踪。从长远来看，区块链在节约成本、改善医疗服务效率方面都会有积极作用。

（二）区块链技术在工业领域的应用从供应链角度切入

在工业领域，供应链管理被认为是应用区块链获益较好的场景之一，因为它非常适合对货物从发货到收货之间的快递运送或制造商到商店的整个过程的数据进行监控。消费者对食品安全和伦理的担心促使企业对供应商、供应商的供应商和其他来源的原材料、组成部分等进行追踪。如沃尔玛的视频安全总监 Yiannas 就花费数年时间追踪水果、牛排和蛋糕等从农场到工厂再到沃尔玛商店的全流程，就是为了能够快速找出沙门氏菌爆发这类问题的源头。但是这一过程非常复杂，而且非常耗时。Yiannas 使用区块链来进行产品溯源和追踪后，效率得到了很大的提升，对商品的溯源时间从将近 7 天缩短到 2 秒。

除了质量安全管理，区块链还可以增强复杂供应链的协作和流水线化。以汽车为例，汽车是由来源于世界各地的 30000 多个部件组成的。如果制造商可以看到供应链中 2 级、3 级，甚至 4 级供应商和原材料的流动，就可以降低协作的费用和时间，提供给消费者更便宜的产品。欧洲的空客公司就使用区块链来分析供应商和其他组件的源头，并与合作商共享收入。这些数据帮助空客公司减少飞机零部件修复的时间和费用，让飞机更加准时地将乘客送往目的地。

此外，航空工程巨头波音已经将物联网驱动的区块链整合到他们的工程运营中。建造飞机需要数十万个组件，在构建整个飞机生命周期的过程中，跟踪这些组件难度巨大。通过使用物联网驱动的区块链，波音公司能够获得每个部件的完整细节信息，这有助于提高生产过程中多个业务单元之间的透明度，包括制造团队、飞机所有者、维护人员和政府监管机构。除此之外，通过区块链，还可以帮助波音最大限度地缩短飞机周转时间。

第七章 保障的"铠甲"：
迎战新的工业安全挑战

安全可靠是工业互联网产业发展的重要前提。工业互联网是互联网与工业网络的互联互通，涉及生产制造、网络传输、数据存储等多种设备，暴露在外的攻击面相较纯粹的互联网和工业网络更大，所面临的内部安全隐患和外部安全威胁也更加复杂严峻。

一、新挑战带来复杂严峻的安全形势

（一）工业软硬件应用的内部安全隐患

工业互联网的内部安全隐患主要来自工业软硬件。由于市场竞争和国际局势复杂多变，工业软硬件生产企业为了经济或政治利益，有可能在产品中加入特殊模块，从而对客户的研发设计图纸、生产运行指令等数据进行窃取，或在客户不知情的情况下对客户的生产设备进行远程控制，严重威胁客户的经营安全和经济权益。对于涉及国家核心利益的重点行业而言，此类风险影响尤为严重，不仅可能损坏企业利益，更重要的是可能威胁国家安全，造成巨大的战略损失。然而，无论工业硬件还是工业软件，其结构都十分复杂，加之技术壁垒的存在，对于直接购买并使用的企业用户而言，了解其内部运行原理、每一模块功能是一件十分困难的事情，用户基本不可能做到对产品完全了解。了解产品尚且如此，消除产品的安全隐患更是难上加难。因此，对于企业而言，仅靠购买软硬件产品，只能面临被动防御的窘境。

大部分发展中国家工业基础薄弱，信息化、数字化发展时间较短，大量工业、互联网领域的软硬件产品与国际先进产品存在代差，技术性能落后较多，难以达到企业研发生产的需求，因此，在工业领域需要大量采用国际产品，特别是在高端产品领域，相应市场集中度较高。如高端智能设备、核心工控系统、高端传感器、高端工业芯片等产品，以及工业通信网络技术、工业硬件等方面，全球 95% 以上高端 PLC 市场和 50% 以上高端 DCS 市场来自西门子、罗克韦尔等自动化巨头；恩智浦、意法半导体、德州仪器等占高端工业芯片 90% 以上市场；工业操作系统、平台开源技术、高端数据库等关键基础软件，以及研发设计、仿真验证、制造工艺、高级排程等高端工业应用软件方面，三维 CAD、CAE 和 PLM 等产品主要来自欧特克、PTC、达索等企业；工业互联网搭建和应用软件开发所依赖的 Hadoop、Openstack、Docker 等基础技术产品均由 Apache 基金会、Docker 公司等开发维护。

（二）多种多样的网络攻击形成外部安全威胁

工业互联网平台的外部安全隐患主要来源于多种多样的网络攻击。在传统的工业生产中，工业网络往往是一个封闭的网络，与外部网络并不相连。这种简单的网络环境，也使得工业企业所面临的网络攻击较为简单。因此在工业网络的设计当中，通常只考虑到网络的功能性和可用性，缺乏互联互通环境下的安全考虑。随着互联网技术在工业生产中的应用，工业网络与外部网络开始相连，互联网中多种多样的网络攻击手段也开始威胁工业网络。由于缺乏充足的应对经验和有效的防御措施，工业网络在面临网络攻击时，相比互联网更加脆弱，所造成的后果也更为严重。据国家工业信息安全发展研究中心研究分析，有 87% 的工控系统安全漏洞可以被黑客利用，开展远程攻击，破坏正常的生产运行，这对于安全机制并不健全的工业网络来说，是非常严峻的挑战。

事实上，近年来全球范围内频发的工业网络安全事故也充分说明当前工业互联网所面临的外部安全威胁的严重性。2003 年 1 月，美国俄亥俄州 Davis-Besse 核电站和其他电力设备受到 SQL Slammer 蠕虫病毒攻击，网络数据传输量剧增，导致该核电站的计算机处理速度变缓、安全参数显示系统和过程控制计算机连续数小时无法工作；2006

年 8 月，美国亚拉巴马州的 Browns Ferry 核电站 3 号机组受到网络攻击，反应堆再循环泵和冷凝除矿控制器工作失灵，导致 3 号机组被迫关闭；2010 年 6 月，美国利用"震网"蠕虫病毒攻击伊朗的铀浓缩设备，通过渗透进 Windows 操作系统，并对其进行重新编程而造成破坏，导致伊朗核电站推迟发电；2015 年 12 月，乌克兰电力系统遭受黑客攻击，黑客通过社会工程学等方式将可远程访问并控制工业控制系统的 BlackEnergy 恶意软件植入了乌克兰电力部门的设备中，造成电网故障，导致伊万诺—弗兰科夫斯克州大约一半的家庭停电 6 小时；2016年 4 月，德国 Gundremmingen 核电站的计算机系统在常规安全检测中发现了恶意程序，导致发电厂被迫关闭。在我国，2010 年齐鲁石化和2011 年大庆石化的炼油厂装置控制系统分别感染 Conficker 病毒，造成控制系统服务器与控制器通信不同程度的中断。

工业互联网平台是工业网络和互联网深度融合的重要节点，平台的广泛应用也给各工业企业乃至整个工业产业带来安全挑战。

二、探索突破工业互联网安全核心技术

（一）企业工业互联网软硬件产品研发成果显著

掌握核心软硬件是衡量工业互联网发展水平的重要指标。近年来，我国工业互联网整体发展水平正在逐渐提升，越来越多的工业互联网企业通过自主创新掌握了核心技术。

工业互联网硬件主要包括边缘侧硬件和平台侧硬件。边缘侧硬件主要服务于生产设备数据采集、处理、传输、存储、计算及生产设备控制，包括数据采集设备、PLC 控制器、智能网关等；平台侧硬件主要服务于经由边缘侧上传的数据的存储、计算及平台应用软件的部署，包括网络设备、服务器等。我国工业互联网企业在以上硬件研发方面均取得了一定成果。

边缘侧硬件方面，部分企业已经开始尝试研发自主可控的高端边缘侧设备。例如，长沙智能制造研究总院有限公司开发了安全 PLC 控制器、现场总线主站模块及第三方协议转换网关模块；万腾科技研制成功的可同时接入近十种现场总线、数十种 PLC、数十种数控系统、RFID 设备的 S10DT 边缘智能网关，能够实现工业现场 90%以上的设备的数据采集任务；长飞公司研制成功的支持 3500～8000 个采集点的 PCVD、DT 和 SCT 等数据采集设备；中科院沈阳自动化研究所研制成功的面向广域覆盖的无线互联与管控一体化传输技术，可基于低成本无线技术，实现大型工厂广域范围内的网络覆盖，满足具有高实时、高可靠、高安全需求的工业管控数据传输要求，支持与现有工业控制网络、骨干网络及新型工业无线传感器网络的互联集成。

平台侧硬件方面，国内华为、浪潮等大型企业已经具备了较强的研发能力，并且逐步形成了较为成熟而多样的产品线，其中部分产品的技术水平已经跻身世界前列，如浪潮研发了中国第一款关键应用主机浪潮 K1；华为发布业界最高密 128 端口 100GE 数据中心盒式交换机 CE9860X，最高支持 25.6TB/s 交换转发能力，两台 CE9860X 即可满足 3000 台服务器以内中小规模数据中心的组网需求，极大地节省了客户的机房空间，并可按需扩展。

工业互联网软件主要包括操作系统、中间件和应用软件。操作系统是管理硬件与软件资源的程序，是工业互联网的内核与基石。中间件位于操作系统之上，其功能是管理计算资源和网络通信，为应用软件提供开发与运行的环境。应用软件直接实现对工业企业的赋能，是工业互联网企业最主要的业务之一，我国工业互联网企业同样在以上软件研发方面取得了一定成果。

操作系统方面，阿里云开发了 AliOS Things、AliOS Edge 等操作系统系列产品，实现了对边缘端设备和边缘计算网关的管理；东方国信研发的 BDOS 操作系统，将应用资源的利用率从常规的 10% 提升到 55% 左右。中间件方面，浪潮开发了大数据中间件、物联网中间件、云应用开发中间件、数据库中间件、应用中间件等以提供对 IaaS 的兼容管理；航天云网在平台组件层提供消息、缓存、数据库等标准组件和接口规范，支持跨平台的中间件互相部署和迁移。应用软件方面，海尔针对工艺及能耗管理、流程控制优化、智能生产管控等环节，开发产品远程诊断、设备预测性维护、产品全生命周期管理等工业 App；东方国信独立开发仿真系统功能模块；找钢网自行开发了 ERP、

IWMS、TMS、WMS 等应用软件。

（二）工业互联网全方位安全保障体系逐步成熟

工业互联网企业通过自主研发或者与专业安全企业合作，联合开展工业互联网安全防护技术的研发，着力于构建涵盖设备、网络、数据、控制、平台等全方位的安全保障体系。通过技术攻关，工业互联网企业已成功研发出多种安全防护手段，建立了丰富的安全防护工具库、病毒库和漏洞库等资源，并将大数据等新技术应用于安全防护领域，在设备安全、网络安全、工控安全、应用安全、数据安全等方面形成了一定成果，实现了对风险的快速响应，保障了平台安全，打造了安全的平台运行环境。

在设备安全方面，企业在设备核心硬件、设备连接、设备系统等方面采取安全检测、漏洞修补等手段来保障终端设备的运行安全。例如，东方国信研发的工业互联网平台提供虚拟化主机安全防护能力，集成了防病毒、主机防火墙、主机入侵防御、虚拟化加固、主机加固、Webshell 的检测功能，提供工业防火墙、网闸等保证工业设备安全。

在网络安全方面，企业采用在网络边界部署防火墙、IPS、安全隔离网关等防护手段以抵御 DDoS、APT 等网络攻击；将网络划分成不同区域，配合 ACL、IPTABLES 规则来实现访问控制和安全隔离服务；通过 $N+1$ 回路、负载均衡等手段保障网络的可靠性和稳定性。例如，海尔的 COSMOPlat，其网络安全防护类模块主要防御和检测清洗来自互联网的攻击、检测和防护内网的安全攻击。其中针对工业 DDoS 攻击，COSMOPlat 安全防护平台采用了专有的 DDoS 检测和集群清洗回注安全策略，将来自互联网的恶意流量清洗掉并回注到业务平台中，正常流量可以正常地访问。在边界也部署了 IPS 入侵防御系统，针对利用漏洞发起攻击的行为进行有效的分析和阻断，针对内网的恶意网络攻击和感染木马病毒的计算机进行扫描和防御。通过部署 IDS 入侵检测系统，将内网的恶意行为进行检测分析并定位处理，在网络安全防护、检测、响应方面做到了全流程、全场景的立体综合防护。

在工控安全方面，企业采用工控访问权限控制、工控漏洞评估、工控监测审计、工控防火墙、工控隔离网闸等手段进行防护。如航天云网提供用户认证、加密和访问控制等服务，防止接口被控制而进行云服务的滥用，对主机、数据、应用等也进行了访问权限控制。

在应用安全方面，企业针对工业互联网平台及其上部署的应用提供安全防护，解决平台系统软件、应用软件存在的安全问题和安全威胁。例如，阿里巴巴针对工业主机系统（包括工程师站、操作站、服务器），在纵深防护体系中实现了对主机节点的安全防护。通过白名单技术手段控制系统和应用程序代码，确保只运行许可的代码，防止应用程序的漏洞遭到利用，全面实现对主机系统的安全防护，并支持 USB 端口管控，安全 U 盘管理、安装跟踪、敏感文件访问控制。

　　在数据安全方面，工业互联网平台对云端平台及数据防护提出了更高的要求，包括平台自身安全、数据存储、处理、传输、共享使用等。企业采用数据脱敏、数据加解密、数字签名、隐私保护、数据防泄露、完整性校验、访问轨迹回溯及剩余信息保护等手段进行防护。如华为采用云端安全（如 WAF、防火墙、HIDS 等）和大数据安全技术，保护云平台不遭受恶意攻击。同时须满足各国对于 IoT 数据隐私合规的要求，针对工业互联网数据保护的特殊要求进行防护加强，如生产数据加密存储、数据所有者和使用者的权限保护，以此作为工业互联网安全防御的第三道防线。

　　此外，企业还运用大数据等手段开展了态势感知等新型安全防护手段的研发，即对能够引发网络安全态势发生变化的要素进行全面、快速和准确地捕获和分析，把当前遇到的安全威胁与过去的威胁进行关联回溯和大数据分析，生成预测可能诱发安全事件的威胁风险，并提供体系化的安全解决方案。

产业篇

平台企业的发展——千帆竞渡，百舸争流

虚实之间 工业互联网平台兴起

在市场格局快速变迁和差异化竞争趋势日益明显的压力下，技术的迭代更新、市场需求的快速升级、商业模式的活跃创新都在倒逼企业寻求新出路。随着工业感知设备不断发展、数据的类型与规模与日俱增、工业场景逐渐复杂多样，对工业和信息行业均提出了新的挑战，各领域中具有洞见和前瞻性判断的战略家开始聚焦工业互联网平台，各类主体都参与到平台的建设中来。

传统制造企业、自动化企业、ICT 企业、互联网企业、初创企业成为工业互联网平台建设中的中坚力量，他们分别从各自的优势出发，积极参与建设工业互联网平台，并通过强强联合、兼并收购、垂直深耕、开放社区等方式打造工业互联网产业生态，加速全球工业互联网平台的发展进程[34]。

本篇遴选了国内外 95 家工业互联网平台，并围绕平台优势、能力、解决方案这几个方面进行了梳理和分析，以呈现全球工业互联网平台发展的实际效果。

第八章 锐意进取：
平台供给侧欣欣向荣

　　工业互联网平台在新一代信息技术与制造业融合的浪潮中脱颖而出，成为全球各国、各领域的关注焦点，点燃了产业界新一轮投资与竞争的热情。当前，工业互联网平台发展前景广阔，在全球范围内仍处于稳步上升阶段。

一、产业界各凭优势，积极参与平台建设

　　纵观全球，工业互联网平台的发展虽然仍处在起步阶段，但已初有成效。现阶段全球平台市场规模稳步提升，越来越多的应用企业渴

望通过工业互联网平台解决其目前发展所遇到的问题，为下一步发展寻找更多的可能性，这也促使更多企业作为平台商加入工业互联网平台的队伍中来，平台企业多元化的格局在全球范围内愈发明显。从平台企业自身属性来说，大企业加快平台化转型趋势明显，不同类型平台能够为应用企业提供解决方案的能力也各有不同，如先进制造企业海尔、富士康、GE 等依托自身数字化转型的经验和优势，推出COSMOPlat 平台、Beacon 平台、Predix 平台，航天科工、三一重工、徐工等制造企业通过孵化公司推出 INDICS 平台、根云平台、汉云平台；自动化企业中控、ABB、西门子等企业凭借工业设备与经验积累，推出 supOS 平台、Ability 平台和 MindSphere 平台；ICT（广义）企业华为、浪潮、思科、用友、SAP 等企业加强软件云化和工业 App 发展，将已有平台向制造领域延伸，推出"沃土"平台、浪潮工业互联网平台、Cisco Jasper 平台、用友精智工业互联网平台、HANA 平台；互联网企业阿里巴巴、谷歌、亚马逊等巨头企业重在打造云端一体化服务能力，推出 supET 平台、Google Cloud IoT Core 和 AWS IoT 平台；初创企业寄云、艾拉物联、MAANA 等企业围绕解决特定工业行业或领域业务痛点，提供平台解决方案服务，推出 NeuSeer 平台、Agile IoT 平台和 MAANA 平台。

总体来看，全球工业互联网供给侧欣欣向荣，呈现出制造企业、自动化企业、ICT 企业、互联网企业、初创企业等多元化发展趋势。

（一）制造企业是工业互联网平台建设的生力军

制造企业拥有很强的工业实力和垂直行业经验，是工业互联网平台建设的生力军。尤其是信息化水平高的制造业龙头企业，在供应链整合能力、产品全生命周期数据建模等方面优势明显，同时具备制造技术、管理技术和信息技术应用等方面的知识和经验，在市场引领和生态构建上具有示范引领作用。如 GE、罗尔斯·罗伊斯等信息化水平高的龙头制造企业的设备数字化率、联网率领先，具备更多设备接入的基础。制造企业还具备深厚的工业积淀，在研发设计、生产工艺、过程优化等工业领域专业背景深厚，能够为工业互联网平台开发提供更多规则化、软件化的行业知识与经验。此外，制造企业的平台化转型能够在满足企业自身转型升级需求的前提下，凭借其在工业领域积累的深厚底蕴，为同行业，甚至跨行业应用提供解决方案。

现阶段，制造企业平台化转型的主要途径是将数字化转型与平台化转型相结合，整合上下游企业，孵化专业的工业互联网平台公司，建设运营平台，提升第三方平台服务能力，具体平台化转型案例如下：

（1）三一重工依托其在工程机械领域的深厚积淀孵化出专注工业互联网平台建设的树根互联，其旗下的"根云"平台，有着长达 10 年的技术积累和超过 15 亿元的累计投入，能够为各行业企业提供基于物联网、大数据的云服务，面向机器的制造商、金融机构、业主、使用者、售后服务商、政府监管部门，在设备管理、故障管理、资产管理等方面提供帮助。同时对接各类行业软件、硬件、通信商开展深度合作、形成生态效应（详见案例8-1）。

案例8-1　根云平台应用

应用企业	北京大豪科技股份有限公司
痛　点	生产能力过剩，厂家的利润持续下降，导致设备材料和加工标准质量降低，纺织生产厂商在使用设备时容易出现绣品质量差，机器易损坏，厂家服务不到位的现象
基于工业互联网平台的解决方案	（1）首先通过对缝制、针纺设备的物联模块开发，实现绣化机等纺织设备与根云平台的连接；然后基于根云大数据平台，通过数据接入有效地进行数据分析、设备定位和业务管理；同时基于绣花机应用平台的联合开发，实现绣花机 SaaS 应用的升级，帮助绣花机厂商形成整机、零配件、售后服务的成熟产业链 （2）缝制设备智能远程运维云服务平台提供实现缝制行业各类生产线中的多种设备联网管理和远程运维服务，包括工作数据统计和管理、设备监控、故障预警与预防性维护、远程故障诊断和远程升级、专家系统和决策支持等
成　效	实现缝纫设备的数据采集、上传，以及大数据云服务的存储与处理，提供基础管理、工作量统计、设备远程控制与诊断、管理报表等设备管理功能的呈现 支撑大豪科技实现从硬件收入到按成果收取服务费的模式创新，包括硬件收入对应的服务费及基于平台软件的内容收入（花样打版等） 通过智能服务云平台可以帮助企业提高管理水平，提高企业的生产率，降低运营成本。经测算实施后的工厂生产率总体提升了25%以上，不良品率降低了20%，运营成本降低了20%

（2）海尔集团基于家电制造业多年的实践经验，于2016年推出工业互联网平台COSMOPlat，这是一款以用户需求来驱动实现的大规模

定制平台，用户可以全流程参与产品交互、设计、采购、制造、物流、体验和迭代升级等环节。COSMOPlat 平台的目标是实现"人单合一"，帮助接入的企业更快、更准确地向大规模个性化定制转型，深入供应链、生产流程内部，构建起"规模+个性"的产业形态，从以企业为中心向以用户为中心、从大规模制造到大规模定制的转型升级，形成以用户为中心的大规模定制化生产模式，实现需求实时响应、全程实时可视和资源无缝对接（详见案例 8-2）。

案例 8-2　COSMOPlat 平台应用

应用企业	青岛前丰帽艺工厂
痛　点	（1）个性化小规模订单需求量加大 （2）工厂生产率低，能力提升需求迫切 （3）国际品牌影响力提升需求
基于工业互联网平台的解决方案	（1）基于 COSMOPlat 平台，搭建众创者、消费者与企业的互动平台，将需求转化为数据，自动发送工位指令，实现数字驱动的流水线管理，以及互联网个性化定制 （2）实现用户全流程交互，从原材料溯源到参与设计创意，到生产工艺、包装、仓储、物流的全流程参与，满足用户的个性化高品质体验
成　效	（1）生产周期缩短了 30%，整体产能提升了 33%，能为消费者提供更多个性化产品，增加数据增值服务 （2）一顶帽子定价在 140 元左右，利润 5 倍于成本，真正实现了产品增值与自主品牌的打造 （3）"制帽业大规模个性化定制及离散型智能制造项目"成功入选2017 年山东省智能制造试点示范项目

（3）中国航天科工集团有限公司联合所属单位共同出资成立了高科技互联网企业——航天云网科技有限公司。航天科工雄厚的科技创新和制造能力为航天云网构建 INDICS 平台提供了航天领域的丰富资源，由此拓展到电气、石化、能源等更加广泛的领域，为云制造生态中各类企业提供智能化改造、工业云、工业大数据和智能服务、双创平台等四大类系统解决方案服务（详见案例 8-3）。

案例 8-3　INDICS 平台应用

应用企业	贵州航天林泉电机有限公司
痛　点	企业信息不公开不透明，不能实现精益管理；设备及产线未联网，不能实现运行状态实时监控，设备停产待机长，利用率低下
基于工业互联网平台的解决方案	（1）引入 CAX 和 PDM 工业软件，实现基于 MBD 的三维研发设计和仿真 （2）将关键设备数据、生产线数据、企业运营数据接入工业互联网平台，采集设备运行数据、产线生产运营数据，通过工业大数据分析应用，实现设备实时监控和远程运维、产线精准运营优化，并构建企业信息可视化系统，实现企业运营优化
成　效	研发设计周期缩短 30% 以上，减少设备停产待机时间，设备利用率从 35% 提高到 75%，产能提升 50%

（4）智能云科信息科技有限公司打造的 iSESOL 工业互联网平台是基于数据驱动的、聚焦机加工领域的一站式工业服务平台。iSESOL 工业互联网平台核心功能分为：登云入网、产能交易、厂商增值、要素赋

能四大服务板块。四大业务板块之间相互关联，相互支撑，共同构建智造生态体系。通过 iSESOL 工业互联网平台与智能装备的互联，产生基于制造过程的工业数据服务，通过行业有效的供需对接、生产力协同与个性化定制，实现新的制造业态，有效提高全社会装备利用率，提升中国制造核心竞争力（详见案例 8-4）。

案例 8-4　iSESOL 平台应用

应用企业	上海云制智能制造有限公司的创意工厂
痛　点	传统制造生产中流程复杂，环节繁多，周期过长而无法适应当下快速发展的市场环境
基于工业互联网平台的解决方案	通过智能设备接入 iSESOL 平台，上海云制智能制造有限公司的创意工厂实现了远程向创客和客户介绍创意工坊的基本布局、装备实时状况与生产全过程的信息，与上海云制智能制造有限公司的创意工厂合作的创客也能通过远程实现工艺文件的上传，创意工厂接到订单后可以根据生产安排及时安排新的生产计划。基于敏捷制造的需求，创客的创意从下单到完成基本只需要 1～2 天的时间
成　效	为小微型企业及新个体制造提供小批量试制、定制化产品、非标准件加工、产品设计等服务

（5）GE（美国通用电气公司）是世界上最大的装备与技术服务企业之一，业务范围涵盖航空、能源、医疗、交通等多个领域。GE于 2013 年推出 Predix 平台，探索将数字技术与其在航空、能源、医疗和交通等领域的专业优势结合，向全球领先的工业互联网公司转型。

Predix 平台的主要功能是将各类数据按照统一的标准进行规范化梳理，并提供随时调取和分析的能力。GE 目前已基于 Predix 平台开发部署计划和物流、互联产品、智能环境、现场人力管理、工业分析、资产绩效管理、运营优化等多类工业 App（详见案例 8-5）。

案例 8-5　Predix 平台应用

应用企业	布鲁斯电力公司
痛　点	面临发电效率低下、核电设备维护难度大等问题，公司对设备的定期维护也缺乏统一管理，容易造成延误
基于工业互联网平台的解决方案	通过 Predix 平台的 APM 功能，GE 公司为布鲁斯电力公司提供了核电设备实时监控和故障反馈服务，设备运行数据实现可视化管理，满足高等级的核电安全标准，平台参考设备生命周期模型分析参数后确定最佳安全维护周期，并对危险系数较高的设备提供实时预警服务
成　效	凭借 Predix 平台，布鲁斯电力公司的单个核电设备连续运行 500 天即可为当地提供全年 15%的电力，效率大幅上升，平均发电价格降低了 30%，设备稳定性明显上升

（二）自动化企业是工业互联网平台数据采集的坚实力量

自动化企业在自动化改造方面的技术与经验十分丰富，能为工业企业设备设施的数据采集提供坚实力量。自动化生产是全球工业企业数字化、智能化发展的基础，解放硬体力劳动或单调的人工流水线作业能够大幅度地降低生产成本、提升企业生产率、保证产品质量，还可减少人为操作失误所带来的不必要损失。自动化企业在向全球领先的工业互联网公司转型过程中，凭借其成熟的自动化技术和丰富的经验，能够将其数字技术与其在电气自动化设备制造等领域的专业优势整合，帮助工业企业进行自动化生产改造、加快产品迭代升级、实现企业数字化转型。通过工业互联网平台向工业场景开展延伸服务的同时，也为自动化企业的自身发展提供了新的契机。

现阶段，自动化企业平台化转型的主要途径是结合自身自动化技术与行业经验，帮助企业实现生产环节数据的信息共享与数据的有序流动，达到生产物理设备与信息系统之间的深度融合，实现精细化、精益化、透明化、协同化、智能化的生产模式。具体案例如下：

（1）中控集团浙江蓝卓工业互联网信息技术有限公司 supOS 工业操作系统是以企业为核心的工业互联网平台、工业大数据平台和工业人工智能平台，以工厂全信息集成为突破口，实现生产、管理、运营等多维、多元数据的融合应用，提供大数据分析 DIY、智能 App 组态开发、智慧决策和分析服务，以集成化、数字化、智能化手段解决生产控制、生产管理和企业经营的综合问题，打造服务于企业、赋能于工业的智慧大脑（详见案例 8-6）。

案例8-6　supOS 平台应用

应用企业	某地炼企业
痛　点	（1）工厂生产过程中，操作班组在生产监控和运行操作时，缺少对安全、质量、设备、环保等方面全信息的了解，导致当班人员操作决策难、交班信息传递不全面、问题移交不及时，对工厂的安全生产和精益生产造成了较大的隐患 （2）工业现场的操作班组缺少统一的工业知识积累和分享平台，很多通过多次实验和操作实践积累的技术成果和经验没有很好地发挥价值
基于工业互联网平台的解决方案	（1）基于 supOS 工业操作系统的工业大数据集成平台，可以解决工厂全信息的集成问题，实现工厂数据的扁平化，无论是工厂的操作工、管理者还是经营者都可以获取工厂的所有信息 （2）提供组态式的工业模型和 App 开发环境，降低 IT 开发门槛，使得有经验的老师傅可以在平台上将知识和经验进行沉淀，有利于知识的传承和价值的持续创造
成　效	（1）通过平台提供的组件、服务和工具，已积累 20 余个面向石化行业的工业知识模型和 App 应用 （2）构建工厂大数据平台，实现多工况的问题跟踪、智能交接班、多岗位协同操作，从而减少了操作班组 30% 的工作负荷 （3）构建了新、老员工的知识传递和分享平台，从而降低了企业的员工培养成本，新员工的成长周期缩短 50% 左右

（2）和利时于 2017 年发布面向企业生产制造和运营服务的 HiaCloud 平台，实现全面的数据汇集、生产运营管理和 App 创新服

务。作为工业自动化领域的领先企业，和利时依托 20 多年来积累的
30000 多个工业生产现场自动化和信息化项目经验，针对流程和离散
制造类企业的数字化转型需求，研发了基于新一代信息技术的工业
互联网平台 HiaCloud。该平台主要由工业现场层、工业 PaaS 层和工
业 SaaS 智能应用层构成，面向企业生产环节，提供企业生产要素建
模、异构数据融合、工业知识积累、业务流程承载、创新应用快速
开发服务，以及基于大数据和人工智能的运营优化服务。目前，该
平台已广泛应用于电力、石油化工、轨道交通、食品医疗、家电制
造、能源、市政等领域（详见案例 8-7）。

案例 8-7　HiaCloud 平台应用

应用企业	某大型电子装备制造企业
痛　点	（1）多品种小批量生产模式导致换线时间长、易出差错 （2）未建立有效的产品质量追溯体系 （3）检验测试数据未有效支撑产品消缺与创新 （4）无法获取设备异常与故障信息，影响产品质量和产能 （5）无法获知产品在用户现场的使用状况，售后服务被动
基于工业互联网 平台的解决方案	通过实施 HiaCube 与 HiaCloud，该企业为所有生产装备、产线、材料、产品、工艺及劳动者建立了对应的信息模型，在数字空间重构了企业的生产、质量、安全和维护运营等场景，并用现场数据驱动数字模型运行，实现 OT 与 ICT 的深度融合，即工业信息物理系统 iCPS。企业还通过 HiaCloud 为其用户实施电子装备的联网服务，提供全生命周期在线运行优化和预测性维护云服务

续表

成　效	运用平台后，该企业产品一次合格率达到 99.5%，产品返修率低于 0.3%，生产率提升 50%，产能达 158 万模块/年，定制产品交付周期缩短到 8 周以内，售后服务模式也逐步向事前主动给用户发出预警、事中提供远程在线支持转变

（3）ABB 是设备制造和自动化技术领域的领导厂商，拥有电力设备、工业机器人、传感器、实时控制和优化系统等广泛的产品线。ABB 于 2017 年推出了工业互联网平台 ABB Ability，探索将数字技术与其在电气自动化设备制造等领域的专业优势结合，向全球领先的工业互联网公司转型。目前 ABB Ability 平台主要应用于采矿、石化、电力、食品、水务、海运等领域。未来，ABB 计划依托其超过 7000 万个连接设备和 7 万个控制系统的存量设备，不断拓展 Ability 平台应用（详见案例 8-8）。

案例 8-8　ABB Ability 平台应用

应用企业	美国电力公司（AEP）
痛　点	以往主要依靠现场诊断对设备运行数据进行分析，工作效率较低，时常面临高压设备带来的安全危险，而零部件的更换维修则主要依据产品手册，设备寿命固定

续表

基于工业互联网平台的解决方案	ABB 公司为美国电力公司的变压器、断路器和蓄电池分别加装了8600 个、11500 个和 400 多个传感器，对设备进行数据采集、诊断与分析，并形成有效的资产管理方案。ABB Ability 平台对采集到的数据进行统计、经验分析、模型参照、大数据计算等，借助多功能智能仪表盘呈现变压器状态、故障概率分析和维修行动建议等
成　效	凭借 ABB Ability 平台，美国电力公司可以实时监控其设备参数，实现设备预测性维护。高压设备运行、维护风险降低了 15%，设备寿命延长了 3 年，维护成本降低了 2.7%，设备维护效率提高了 4%，维护策略成效提升了 8%，有效降低了设备维护成本

（三）ICT 企业是推动工业互联网平台发展的中坚力量

作为工业互联网平台共性关键使能技术的开拓者，ICT 企业掌握的共性关键使能技术能够解决制造技术软件化、平台化的关键问题，提高平台横向资源整合能力。ICT 企业范围广泛，主要包括通信企业、软件企业及传统解决方案服务商，不同类型的企业在平台化转型过程中的优势和平台化转型路径各不相同。通信企业设备连接、管理、数据采集、存储、分析等方面能力较为突出，能够借助渠道优势为工业企业提供解决方案，实现自身平台化转型；软件企业应用开发和管理能力强，多年来在软件市场上积累了丰富的经验，能够将原有的解决方案向工业领域延伸，基于平台架构加速软件云化发展，强化工业机理模型的开发部署。同时也能够借助工业互联网平台的数据处理能力和自己的软件系统打包，实现更强的服务能力，扩展市场份额；传统系统解决方案服务商拥有长期服务行业的经验和良好的客户基础，能够将现有传统解决方案进行平台化升级，实现向平台解决方案服务商的转型。具体案例如下：

（1）华为是全球领先的信息与通信技术解决方案供应商，在电信、企业、消费者等领域为客户提供有竞争力的产品和服务。推出的"沃土"工业互联网平台定位是使能平台，聚焦"连接+云+EI"，提供智能化的边缘层、泛在网络、可信 IaaS、工业 PaaS 及汇聚生态伙伴的工业 SaaS，从而助力制造企业数字化转型。华为立志打造智能化的"黑土地"，使能合作伙伴的工业场景解决方案，其将联合合作伙伴，面向汽车、钢铁、石化、工控、3C 等特定行业的工业企业，共同提供解决方案（详见案例 8-9）。

案例 8-9 "沃土"平台应用

应用企业	迅达电梯
痛 点	迅达电梯期望通过数字化转型，改变传统经营模式，从传统的生产制造型企业，转型为"制造+服务"的服务制造型企业
基于工业互联网平台的解决方案	电梯工业互联网方案采用边缘计算网关，连接电梯控制器及各类传感器，实时采集电梯的运行数据并基于本地轻量级数据分析模型进行实时预分析，发现潜在故障；再基于云端大数据分析全面了解电梯各部件的"健康指标"，而分析结果又可以及时地反馈到边缘侧，实现边缘分析模型的优化，达到更智能的电梯预测性维护，电梯维护成本降低，业务中断时间减少，保障乘客安全

续表

成　效	（1）实现电梯预测性维护，极大地节省人力开支，运营效率提升，电梯安全性提升，电梯困人、伤人事件减少；业务中断时间降低90%，数据实时分析，加速故障排除及定位，加快现场恢复；安全性提升，消除事故隐患，识别高风险部件，提前保养，消除故障隐患；设备集中管理，运维成本降低50% （2）优化乘客体验，提升品牌影响力。远程选择电梯，实现梯等人，而非人等梯；免按钮，自动送达目的楼层；互动和个性化信息及娱乐服务；更多基于客户体验出发的产品服务，通过提供服务，来提升电梯价值 （3）面向未来，数字媒体和数据增值，构建新商业。电梯门广告，数字文档，梯外公告等方式，促进物业公司发展电梯生态的商业环境，并促进电梯行业生态的健康发展

（2）用友推出面向智能制造的用友精智工业互联网平台，该平台融合了移动互联网、云计算、大数据、物联网、人工智能、区块链等现代信息网络技术，帮助工业企业实现敏经营、轻管理、易金融、简IT，促进生产方式变革，发展个性化定制、网络化协同制造等新模式，推动软件资源、制造资源、工业技术知识的开放、共享，促进产品质量、生产率、经济效益与生产力的跃升。（详见案例8-10）。

案例 8-10　用友精智平台应用

应用企业	广东万和新电气股份有限公司
痛　点	作为国内热水器、厨房电器、热水系统制造企业，以前虽部署 ERP 系统，但依然存在大量信息孤岛，数据利用率低，大量统计分析工作需要手工完成
基于工业互联网平台的解决方案	通过应用用友精智平台，万和新电气实现 6 个法人、5 个事业部、7 个生产基地的统一管理、信息实时协同，实现内部业务全要素互联互通，以及与 460 家经销商、600 余家供应商、20 余家物流承运商的产业链大协同。同时，还实现了每月 150 万条数据的采集、归档、分析，极大地提升了数据的利用价值。例如，一个全方位的合并利润表 59 列 40 行，共 2360 个数据栏目，以前人工统计需要 12 个人工作 5 天。通过大数据分析，只需要 2 分钟即可完成，效率提升 14000 倍以上
成　效	借助用友精智平台，万和新电气整体效率提升了 30% 以上，产品交付周期缩短了 20%，市场竞争力得到明显提升。销售收入由 30 亿元增长到 40 亿元，同比增长 33%，原材料库存由 6700 万元减少到 5200 万元，同比下降 22.3%，取得了明显的经济效益

（3）PTC 基于其数十年在智能互联产品应用程序相关的关键领域（如连接性、用户体验、扩展性）和同其他系统集成的经验推出了 ThingWorx 平台，其功能定位是为应用开发商或工业 SaaS 运营商提供现代化的快速应用开发工具和服务运营能力。ThingWorx 提供 IoT 连接软件来和设备进行连接、交互，并将机器和传感器数据传送到云上；提供设备和数据管理层来管理设备并安全地处理和收集机器、传感器数据；还提供了构建 IoT 应用的平台和工具。每天超过一百万台智能

设备可连接到 ThingWorx 平台（详见案例 8-11）。

案例 8-11　ThingWorx 平台应用

应用企业	Diebold
痛　点	如何在一款新系列的 Opteva ATM 中加入远程监控和诊断功能，减少现场服务数量，并最大化系统的正常运行时间是 Diebold 所面临的问题
基于工业互联网平台的解决方案	PTC Axeda 远程服务管理应用程序 OpteView®——使 Diebold 的远程支持操作员可以使用远程诊断功能，从而减少现场服务数量，并提高 ATM 的首次修复率
成　效	采用 ThingWorx 平台和 PTC Axeda 应用程序，Diebold 能够扩大其服务水平和支持范围，加入预见性维护、软件版本控制和远程监控，以及通知能力

（四）互联网企业加速向产业互联网转型

互联网企业积极向工业领域拓展，推出或合作共建工业互联网平台，积极从消费互联网向产业互联网转型。互联网企业在平台的管理和商业模式方面具备更多经验优势，在消费互联网平台的运营、市场等方面都已形成较为成熟的模式，可为平台管理运营和商业模式提供更多经验。从现阶段工业互联网平台的发展来看，亚马逊 AWS、微软 Azure、阿里云、腾讯云等互联网龙头占据了全球 IaaS 领域的主要市场。互联网企业凭借其在平台技术架构、平台运营经验、商业模式创新机制、生态构建能力、大数据和人工智能技术应用等方面积累的大量经验，同时凭借其在云计算、大数据分析等方面的显著优势为工业互联网提供基础平台支撑，成为工业互联网平台建设与推广的另一支生力军。

现阶段，互联网企业平台化转型的主要途径是将其在消费互联网的成功经验与工业需求相适配，通过智能制造、物联网、大数据、云计算、移动互联网等技术向产业互联网积极转型。具体案例如下：

（1）阿里云 ET 工业大脑平台依托阿里云，建立产品全生命周期数据治理体系，通过大数据技术、人工智能技术与工业领域知识的结合实现工业数据建模分析，有效改善生产良率、优化工艺参数、提高设备利用率、减少生产能耗，提升设备预测性维护能力。阿里云 ET 工业大脑平台包含数据舱、应用舱和指挥舱 3 大模块，分别实现数据知识图谱的构建、业务智能算法平台的构建和生产可视化平台的构建。目前，阿里云工业大脑平台已在光伏、橡胶、液晶屏、芯片、能源、化工等多个工业垂直领域得到应用（详见案例 8-12）。

案例 8-12　ET 工业大脑平台应用

应用企业	盾安新能源
痛　点	（1）发电机组自动化程度高、操作复杂、成本昂贵，在运维方面很难找到理想的高技能人才驻留 （2）传统风力发电机经常是在故障发生后"亡羊补牢"，此时通常已经造成了比较严重的影响，维修复杂、周期长、成本高。风机装机组运行寿命为 20 年，但一般在七年后故障率就会升高，一个 5 万千瓦的风电场平均每年维护费用达 300 万元，还会以平均 3% 的速率逐年递增

续表

基于工业互联网平台的解决方案	（1）利用 22 个温度传感器对整个风机进行实时监控，通过对同类风机相同工况的海量数据进行实时分析，构建风机运行温度曲线模型，提前识别异常运行状态并发出预警信号 （2）盾安新能源已将风机的传感器、状态数据、运行与维护的数据全部上云，基于阿里云的云计算和大数据能力，完成对各类数据资源的实时调配，预计运维成本将下降 30%以上 （3）根据现场的风机实时数据，通过移动 App 为运维人员推送工作待办列表，对部分机组进行事先保养和维护
成　效	提前 1～2 周识别风机的潜在故障，变大修为小修，大幅度降低维修成本，缩短维修时间，同时更加有效地保障了发电的连续性。预计运维成本将下降 30%以上

（2）微软 Azure 的主要目标是为开发者提供一个平台，帮助其运行在云服务器、数据中心、Web 和个人计算机上的应用程序，并能使用微软全球数据中心的储存、计算能力和网络基础服务。Azure 以云技术为核心，提供了软件+服务的计算方法，能够将处于云端的开发者的个人能力，同微软全球数据中心网络托管的服务，比如存储、计算和网络基础设施服务，紧密结合起来（详见案例 8-13）。

案例 8-13　Azure 平台应用

应用企业	Grundfos
痛　点	Grundfos 已经不满足于仅仅从 A 地抽水输送到 B 地，公司希望能够寻找到一种解决方案，提高整个水循环的效率，让更多的人可以获得清洁的水资源。为满足上述需求，Grundfos 需要为客户提供更加高效的节能泵，并同时能够对废水进行智能管理，减少能源的消耗，防止洪水期间的溢流。这也意味着可监测供水网络，准确预测潜在的水泵故障，及早发现泄漏，减少每天因这些泄漏而损失的 450 亿升水。Grundfos 一直在其大型本地服务器上收集水泵系统的数据，由于系统不兼容，公司需要同时维护多个版本的设备和网关固件。到 2015 年，监测系统已经成为巨大的支持负担，因为任何更改或与新系统的集成都需要大量编码。Grundfos 的工程师们清楚地认识到，一个更高效、更灵活的指挥控制系统将使他们能够为客户提供更先进的服务，并大大减少维护时间和成本
基于工业互联网平台的解决方案	Grundfos 希望通过 Azure 平台、Azure IoT 解决方案加速器和 Dynamics 365，创建一个节省时间、成本效益高的远程监控和维护解决方案。Azure IoT 中心提供一个完全托管的服务，它支持 Grundfos 的水泵和客户监控控制台之间的安全双向通信
成　效	借助 Azure IoT 中心和设备 SDK，Grundfos 现在可以实时从智能传感器收集水泵数据，并使用 Microsoft Dynamics 365 进行合成，使智能水泵实现预测、预防和应对水溢流等问题。它还使用物联网集线器远程执行命令和控制任务进程，并及时更新水泵和网关中的固件。此外，Azure IoT 边缘系统还充当了中间人的角色，将仍在使用中的数百万台旧的 Grundfos 泵连接到 IoT 中心，对其进行升级改造。这些能力将为该公司提供新的服务奠定基础，这些服务将进一步为其客户增加价值，改善救灾和卫生条件，拯救生命

（五）初创企业是工业互联网平台发展的新生力量

初创企业在某一细分领域掌握先进技术和解决方案，是推动工业互联网发展的新生力量。与上述特定类型企业不同，初创企业作为工业互联网不同层次或不同环节等细分领域的专业服务商，也是工业互联网细分领域的独角兽，建立工业互联网平台重点围绕解决特定工业行业或领域业务痛点，提供平台解决方案服务，旨在以平台为媒介，扩展自身规模，进行业务推广，实现平台化转型，将自身先进工业解决方案迅速与市场需求进行适配，为企业发展赢得市场认可。初创企业所建立的细分领域的工业互联网平台虽然成立时间不长，但发展很快，相关公司已经产生了一定营收，而且其业务模式具有可复制性，大多依靠某个细分领域建立优势然后横向扩张，如昆仑数据将其大数据分析能力应用到电力行业，联合国家电网、金风科技等企业共同建设绿能互联新能源大数据创新平台，将新能源大数据服务进行区域性推广，为新能源全产业链的新生态贡献力量；兰光科技致力于为离散制造企业提供智能工厂解决方案，其为青岛海尔模具厂提供的国内首套数控机床预测性维护系统对工厂内机床实现了主动、精准、智能化的维护。初创企业加入工业互联网平台大军，为工业企业应用平台提供了更多的选择。具体案例如下：

（1）寄云科技推出了 NeuSeer 工业互联网平台，致力于将工业设备、边缘计算、物联网、大数据及云计算等先进技术结合在一起，为工业企业提供从传感器数据采集、实时数据存储和转换、设备远程监控和告警，到工业大数据的深度处理和分析等多维度的服务，提供包括故障分析和预测、可靠性分析、产线优化及产能提升等解决方案。（详见案例 8-14）。

案例 8-14　NeuSeer 平台应用

应用企业	上海隧道股份有限公司
痛　点	（1）目前，该隧道交通企业每年承建的隧道数量在 100 个以上，同时推进的隧道数量不少于 40 个。随着工程量的增加，管理难度越来越大。加之井下施工人员素质、水平良莠不齐，管理人员无法及时掌控井下情况，野蛮施工、偷工减料时有发生，很多设备在出井后才发现严重损坏。同时不规范施工带来的事故也越来越多，在近 10 多年来，盾构作业已经发生多次严重事故，轻则滞后项目进度，重则造成多人伤亡，致使国家资产流失 （2）该隧道交通企业已经明显感觉在机械设备管理、材料管理、方案与工法管理、劳务管理等方面力不从心，尤其盾构机这种重型资产的实时监控和维保，更是燃眉之急。因挖掘过程中操作不当、监控不到位导致主轴断裂的维修等待时间超过 1 年，直接经济损失超千万元
基于工业互联网平台的解决方案	（1）构建以盾构为中心的产品质量生命周期管理平台。根据制造产品的特点、制造质量控制和管理的内容，构造产品的全质量管理系统体系结构。该体系结构以产品质量过程管理为框架，在产品生命周期内有效地进行各种活动，帮助用户实现对产品质量的统一管理

基于工业互联网 平台的解决方案	（2）构建盾构法隧道施工相关数据模型。全面分析该隧道交通企业的业务定义、规则和数据，经过抽象、归纳和集成，对数据进行集中、清理、补录和整合，构建基础设施行业数据模型，实现该隧道交通企业资源共享和统一的业务视图，支持各部门管理和业务发展的分析型应用 （3）支持其他应用系统建设。建设企业分析视图（盾构、盾构法施工分析主体统一视图）。逐步建设汇总数据层等数据平台系统基础功能，支持统计报表和分析型客户关系管理系统数据集市的要求和其他应用系统的构建 （4）建设领导驾驶舱。建设领导驾驶舱服务功能，为企业管理和决策层提供及时、精准的经营信息。实现对企业关键业务指标的统一管理，能够在"第一时间"统一、自动地产生所有指标，支持时间、机构等多维分析，支持历史趋势分析 （5）逐步修订盾构机关键部件的预测性维修目标。盾构关键部件维修费用昂贵，通过对关键部件传感器的数据进行收集，结合维修保养等数据进行预测性维修，为该隧道交通企业在设备维护保养上大幅节约成本、降低故障发生率，提高生产率
成　效	（1）更好地了解实时施工情况。对各工程的施工进度、生产作业状态进行有效的监控 （2）了解施工设备的健康状态。创建有效的异常检测模型，实现对关键推进部件的健康度进行实时的监控和报警，为预测性维修提供决策支持，降低计划外停机检修时间，提升盾构设备的生产率，有效地减少关键部件的意外故障 （3）降低盾构机的维修与故障带来的高额成本。借由预测性维修决策的支持，有效地提高了盾构机械设备维修的周期，减少了维修次数。另外，提升盾构设备的生产率的同时，也大幅降低了因盾构设备故障所带来工期延误的高额成本

（2）优也旗下推出 Thingswise 数据驱动操作平台，能够满足工业企业可边可云的灵活部署、高安全性、高可靠性和可拓展的要求，支持异构数据的流式计算、图形化编程、专业化分工、各模块间松耦合，同时采用微服务框架，易于实现面向对象的工业 App（详见案例 8-15）。

案例 8-15　Thingswise 平台应用

应用企业	某东部地区钢铁联合企业
痛　点	下属多个工厂之间相距数公里，共有五台产气高炉和数十个用气设备，各工序、设备之间煤气产生和使用不同步，煤气调度存在困难，因为煤气压力过低造成轧钢的停线平均每月一次，因煤气压力过高导致煤气放散的情况也时有发生
基于工业互联网平台的解决方案	（1）动态监测：开发基于工业互联网平台的高炉煤气智能平衡系统，实时抽取与高炉煤气系统相关运行数据、产供用等各环节工况参数，实现煤气产用平衡动态的可视化 （2）建模分析：对大数据深度挖掘，从"产供平衡""工序区域""单体机组"等维度建立模型，预测高炉未来产气量和预警，提前计算分配下游用量并给出调节指导 （3）用气指导：从煤气保供、经济运行角度，利用模型算法提出煤气调配策略下最佳成本路线，供用户交互式选择参数并测算该策略下的经济情况 （4）经验管理：将操作经验和管理规则转化为专家系统，根据预先设定的安全限制与调度规则，通过专家决策系统固化和执行运营调度规则

续表

成 效	（1）有效避免停产情况，每年可提升净利润 2500 万元
	（2）减少高炉煤气排放总量的 3% 放散，每年节约能源约 1700 万元
	（3）通过模型化软件化沉淀工业知识和操作经验，指导一线生产人员进行标准化操作

（3）Uptake 推出工业互联网平台，提供辅助管理工具和预测服务工具。其中辅助管理工具，如设备管理、故障检修、KPI 显示板等，辅助管理类工具侧重于设备数据的监控。预测服务如流程优化、故障预警、任务管理，主要基于历史数据对企业工作流程进行优化和预测（详见案例 8-16）。

案例 8-16　Uptake 工业 AI 平台应用

应用企业	Caterpillar
痛 点	设备量大、作业过程可视化程度低，无法进行实时故障诊断，导致财产损失
基于工业互联网平台的解决方案	该企业是世界上最大的柴油机厂家之一，每天运转的设备超过 300 万台，Uptake 开发了能够实现对工程机械进行动态监测和故障预警的工业 App，帮助监控其全部机器设备，提前预测设备使用寿命和故障
成 效	每年帮助 Caterpillar 每辆机车节省 14 万美元的支出，同时还通过流程优化，将配置机车的时间缩短 1 小时

二、新技术灵活应用 VS 基于工业积累开展应用

（一）产业全局统筹 VS 企业自身驱动

随着全球工业格局的变革，工业企业面临内外双重挑战，工业互联网平台成为助力企业可持续发展的重要抓手。各国都开始积极投入到工业互联网平台的建设和应用中，而国内外平台发展模式各有不同[35]。

我国在制造业转型升级的迫切需求下，工业互联网平台的应用已经从企业层面上升到产业层面，平台成为解决当下制造业发展停滞不前的突破口。我国作为制造业大国，大国大市场是工业互联网平台发展壮大最重要的核心资源，也是我国的关键优势之一。从高铁、移动通信等的发展经验来看，有效发挥体制优势，集中力量办大事，通过系统布局、分业施策、整体推进，形成平台发展的大国模式，能够帮助平台避免碎片化竞争带来的市场损害。

国外对工业互联网平台的应用主要集中在企业层面，平台成为国外平台企业推广业务，整合内外部资源、扩展生态规模、抢占市场的主要媒介。例如，GE 等信息化水平高的龙头制造企业设备数字化率、联网率具有领先优势，具备更多设备接入基础，应用工业互联网平台，不仅能够实现企业本身数字化转型还能够带动产业链上下游协

同发展，实现业务模式上的突破。又如 C3、PIVOTAL、Uptake 等独角兽企业，在某一细分领域掌握了先进技术和解决方案，依托平台进行市场推广。

（二）巨头企业 VS 专业+初创，制造业企业 VS IT 企业

在工业数字化、网络化、智能化趋势推动下，各国企业积极参与工业互联网平台的建设，国外 IT 企业成为建设工业互联网平台的主要力量，而我国平台商以制造业及其孵化出的技术公司居多，形成制造企业、自动化企业、IT 企业等多元化发展趋势。然而，工业领域与消费领域不同，工业几百年发展历史构建了稳固的封闭技术格局，仅从企业层面很难撼动传统工业体系，虽然各方对工业互联网平台建设热度不减，但在全球范围内，工业互联网平台发展仍处于初级阶段，规模化应用尚未实现。

不同类别的平台企业优势不同，在工业互联网领域的切入点不同，提供的服务类型也有所不同。但我国工业互联网平台企业有一个较为显著的特点——绝大部分为各行业的领军企业，或从领军企业中剥离出的技术公司（见表 8-1）。

表 8-1　我国工业互联网平台企业

企业领域	企业名称
运营商	移动、联通、电信
传统 IT 服务商	浪潮、用友

续表

企业领域	企业名称
互联网	阿里巴巴、腾讯
制造业	家电巨头——海尔、美的；钢铁巨头——宝信（宝钢）； 石化巨头——石化盈科（中石化、电讯盈科）； 航天巨头——航天云网（航天科工）； 装备巨头——树根互联（三一重工）、徐工信息（徐工）； 船舶巨头——中船工业；电子巨头——富士康； 自动化巨头——中控

而在国外企业的构成中，细分领域的专业服务提供商和初创企业的数量和力量均不容小觑，典型企业如表 8-2 所示。

表 8-2　细分领域的专业服务提供商和初创企业

企业领域	企业名称
连接提供商	Actility、Aeris、Sierra Wireless、Digi International
初创企业	Ayla Networks、Flutura、Foghorn Systems、MAANA（知识管理）、QiO、Uptake

此外，国内外 95 家平台企业的调研数据表明，我国平台企业主要的参与者为制造业企业或由其孵化的技术公司，这类型的平台企业占中国平台企业数量的 52%，远高于国外 12%。国外平台企业则由 ICT 企业主导，ICT 企业数量占国外平台企业总数的 82%。

造成这一显著区别的主要原因是国内外工业企业信息化水平的差距。发达国家的工业企业自工业革命以来，在自动化—信息化—智能化这条道路上不断深入，目前已经完成了自动化部署，信息化也处于较高的水平，开始向智能化方向迈进。所以现阶段国外企业更需要的是深耕在某一领域的专业服务提供商，或能提供人工智能、区块链等新兴技术的初创企业，逐步实现智能化。

相比之下，我国企业信息化整体水平较低，且信息化水平参差不齐。19 世纪末 20 世纪初，国外 ICT 服务商进军中国，掀起一波信息化浪潮，我国各行业大型企业核心业务板块的信息化改造已基本完成，核心系统如 ERP、PLM、SCM、MES、WMS 等也基本搭建完成，信息化水平远超国内同行业其他企业。在与国外 ICT 服务商的合作中，我国大型企业的 ICT 部门充分吸收了国际理念和技术，并能够逐渐脱离国外 ICT 服务商，独立为企业提供信息服务。同时，与国外 ICT 服务商相比，我国大型企业有丰富的行业经验，能开发出更具行业特点的信息化解决方案。这些解决方案与特定行业的适配性更强，同行业推广成本更低，价格也更有竞争力。近年来，我国很多大型工业企业将自己的信息化部门独立出来，为同行业的其他企业提供 ICT 服务。这也是我国工业互联网平台企业中制造业企业所占比重较大的原因。

目前，虽然我国具有制造业基因的工业互联网平台企业能提供的新兴技术应用比较有限，但他们专注于行业，有丰富的工业基础和行业经验，在专有领域有不可复制的绝对优势。这些企业有望围绕制造业设备和产品，从细分领域切入，在工业互联网领域打造出独特的核心竞争力。

（三）专注国内 VS 海外拓展

从已有案例来看，我国工业互联网平台企业的客户基本是国内企业，或者是在中国运营的跨国企业，少有国外企业。而国外的工业互联网平台企业，不管是大企业、专业服务提供商，还是初创企业，他们的国外客户都具有不可忽视的地位。

（1）加拿大老牌物联网企业 Sierra Wireless 为巴基斯坦最大的石油公司 United Energy Pakistan 提供关键生产设备喷射泵实时监控的解决方案[36]。

（2）美国物联网企业 Aeris 为德国水泵生产商 LORENTZ 提供产品监控与故障报警的解决方案[37]。

（3）法国物联网初创企业 Actility 为斯洛文尼亚最大的水泥生产商 Salonit Anhovo 提供能源管理解决方案[38]。

（4）印度提供人工智能解决方案的初创企业 Flutura 为一家总部在美国休斯敦的大型设备制造商提供产品监控、预测性维护的解决方案[39]。

积极服务海外客户是国外工业互联网平台企业拓展国外市场的一个重要方式。与此同时，国外平台企业，不管是大企业还是初创企业，都在通过不同模式积极布局全球市场，几种常见的模式如表 8-3 所示。

表 8-3 几种常见的布局全球市场的模式

合作伙伴类型	企业名称
国外运营商	Ayla Networks（美国）—China Unicom（中国）[40]，Nokia（芬兰）—Starhub（新西兰）[41]
垂直行业领军者	Aeris（美国）—Mapmy（印度）[42]，Honeywell（美国）—Swedish SKF（瑞典）[43]
生态圈伙伴（包括竞争对手）	Samsung（韩国）—PTC（美国）[44]，Siemens（德国）—Telit（意大利）[45]
渠道商	Altizon（印度）—SNic（巴林）[46]，Sierra Wireless（加拿大）—Ingram Micro（美国）[47]

目前，我国工业互联网平台企业更倾向于与本国平台企业合作，与国外平台企业的合作较少，且大多跨国合作是针对某项技术或某个解决方案，没有涉及海外市场拓展的内容。此外，我国工业互联网平台企业多为各行业的领军企业，这些企业的主营业务均是有全球布局的。然而我国的平台企业似乎没有很好地利用已有渠道发展海外市场，仍只专注于国内市场。我们认为主要原因如下。

一是我国工业领域市场规模巨大、企业数量众多，工业互联网应用的潜在需求非常旺盛。据预测，中国工业互联网市场在 2020 年可实现 1275 亿美元的规模，年均复合增速约为 14.7%[48]。在工业互联网发展初期，我国平台企业集中资源在国内市场发力，可更好地控制风险，并在全球最有潜力的市场中获得先发优势。而国外平台企业受制于本国应用市场规模（如欧盟国家）及企业信息化较低的现状（如印度），只能转向更广阔的国外市场寻求发展。

二是我国平台企业的技术与国内市场的需求更适配。如前所述，我国平台企业多为信息化水平相对较高的制造业企业或由其孵化的IT企业。这类企业的目标客户主要是同行业中信息化水平相对较低的企业。如此一来，这些企业可将自身使用的解决发案以低成本推广给客户，能较好地满足客户需求。但发达国家的工业企业已经基本完成了信息化改造，开始向智能化发展，其对工业应用的要求也较高，上述的低成本扩张模式显然不适用。

三是正值工业互联网发展初期，我国平台企业聚集资源主攻国内市场的策略无可厚非。但从长远来看，我国平台企业应加快布局海外市场，积极加入全球化竞争。拓展海外市场并不是让我国平台企业放弃国内市场和自身优势，转而攻克国外市场。我国各类平台企业可巧妙地借助自身和合作伙伴的优势，逐步开展海外业务。例如，平台大企业可借助主营业务的海外渠道优势，向国外市场推广成熟的解决方案；在新兴技术领域有绝对优势的初创企业，可借鉴现有国外平台企业的做法，深化对外交流，在开放合作中不断提升竞争力。

第九章 推进合作：
开放生态是怎样形成的

工业互联网平台作为新一代信息技术和工业技术的集大成者，需要对信息化和工业化的融合深刻理解与应用。虽然目前我国工业互联网平台服务商各自在工业 Know-How、数据技术、创新资源等方面具有一定优势，但在不同层面仍存在制约瓶颈。现阶段没有一家平台能够独立提供"云基础设施+终端连接+数据分析+应用服务"的端到端的解决方案，平台企业仍处于竞争阶段，合作共赢成为产业共识。当前，我国主流平台主要通过强强联合、兼并收购、开源社区、垂直产业深耕、政府合作等方式推进平台能力建设、资源整合和业务扩张。同时，不容忽视的是，由于工业互联网平台整体处于发展初期，价值共享机制和生态合作路径尚未真正出现。

一、强强联合，建设并完善平台功能

平台参与者已充分认识到开放共享的重要性，纵观全球主流工业互联网平台的发展路径，平台企业基本都制定了合作伙伴战略，选择和一个或多个合作伙伴强强联手，通过签订战略协议、项目深度合作、组建合资公司、产业联盟和跨界合作等方式实现合作与优势互补，形成多样化、多主题、多层次的合作机制，提升平台服务能力。然而，平台开放价值生态尚不成熟，出于对核心能力、商业秘密和知识产权的保护，企业对技术、数据、资源等的共享仍心存顾虑，大部分平台间的合作仍停留在战略谈判阶段或商业模式探索阶段，跨区域、跨行业的平台互联互通、资源共享生态尚未形成。

（一）主流平台大多采取优势互补式合作

国外主流平台的生态布局较早，立足深厚的专业积累，通过强强联合实现优势互补，不断提升平台服务能力和业务范围。例如，施耐德电气基于 Microsoft Azure 及其软件应用，联合英特尔等合作伙伴共同打造了 EcoStruxure 物联网平台，该平台能够容纳基于开放 IP 协议的第三方应用、分析与服务，并向开发人员、数据科学家、硬件与服务合作伙伴开放[49]；西门子联合 SAP 打造了基于开源的 Cloud Foundry 架构的 MindSphere，并吸引了亚马逊、微软、埃森哲、Evosoft、源讯和 Bluvision 等众多合作伙伴加入 MindSphere 生态系统 [50]；PTC 与 GE 开展了战略合作，共同推广面向制造业的工业物联网应用，支撑卓越工厂和智能服务，还与亚马逊、微软等云平台服务商开展了深入合作。此外，互补合作也成为工业互联网平台在海外落地的重要方式，思科 Jasper 已与 AT&T、KPN、NTT、中国联通、软银等全球 50 多家运营商展开了广泛合作，帮助电信运营商、企业和生态系统合作伙伴快速建立物联网服务业务，目前业务覆盖全球 160 多个国家 [51]。

国内平台呈现出以行业龙头企业为平台建设主体、ICT 企业为赋能者的发展模式。例如，树根互联通过与腾讯云的云计算能力相结合打造根云平台，目前已经接入超过 30 万台高价值设备，接入资产超过千亿元；徐工集团与阿里云联合共建"徐工工业云"，在中间平台上协同建设共享服务中心，并实现模块化开发管理，在软件平台上实现协同设计云、电子商务、全球物联网、智能供应链、智能工厂、社会化服务、众包众创等。深圳华龙讯达信息技术股份有限公司、腾讯云计算（北京）有限公司及国家工业信息安全发展研究中心三家联合共建木星云工业互联网平台，基于腾讯微服务开放架构，将多年的技术积累在短时间内转化成针对行业应用的工业微服务组件。河钢集团、华为、金蝶集团三方借助自身优势，共同搭建钢铁行业工业互联网平台，助力钢铁行业数字化转型升级。富士康工业互联网平台（FII）和海康威视在工业云、云端上与工业制造领域的大数据部分展开深度战略合作，海康威视拥有影像数据技术，能发展以影像为核心的大量物联网智慧运用，并推出开放平台。

（二）构建产业联盟成为多方合作的主要方式

在全球范围内，工业互联网平台产业生态正在形成，合作主体不断增多，构建产业联盟成为当前多方合作的主要方式，其中比较有代表性的是美国的工业互联网联盟（IIC）、德国的工业 4.0 平台和中国的工业互联网产业联盟（AII）。

产业联盟通常以网络式合作为主。美国 IIC 由企业发起，涵盖了全球主要大国及龙头企业，围绕 IIC 形成的生态体系与中国、德国、日本、法国的体系均有对接，合作与竞争并存，构成了全球工业互联网协同、竞争发展的格局，目前我国各平台企业也加入了该联盟。工业 4.0 平台由政府启动，是德国推动工业数字化转型的核心网络，负责在政治界、经济界、科技界、协会和工会之间协调并提供合作对接服务，向企业推荐工业 4.0 解决方案，促进企业尤其是中小企业落实工业 4.0，来自 159 家组织的 250 位专业人士参与了"工业 4.0 平台"的工作。中国 AII 由研究机构发起，联盟成员包括航天科工、中国电信、海尔、华为等 9 家副理事长单位。

开放式合作伙伴项目以中心企业为核心。在全球范围内，大型平台和细分领域平台均推出合作伙伴计划。AWS 合作伙伴网络（APN）是 AWS 推出的一项全球性合作伙伴计划，其通过提供业务、技术、营销和上市支持，帮助 APN 合作伙伴构建基于 AWS 的解决方案[52,53]。Ayla 推出全球渠道合作伙伴项目（Ayla Global Channel Partner Program），旨在建立完善的 Ayla 渠道合作伙伴生态系统。Ayla 致力为合作伙伴提供物联网方案落地所需要的一切内容，从而帮助他们提高利润率、完善市场战略、提升客户满意度[54]。GE 推出的数字联盟项目近几年在全球范围内取得实际进展，包括安永、凯捷、英特尔、TCS、H3C、微软和甲骨文在内的众多行业巨头均已加入 GE 数字联盟项目。PTC 与世界领先的系统集成商及专业服务企业大力合作，建立了一个包括 250 多家基于 PTC 技术开发物联网应用的合作伙伴的网络，全球制造商、合作伙伴和开发者能够利用物联网技术实现商业模式的创新。

企业围绕核心业务方向主导行业联盟建设，呈现百家争鸣的发展态势。例如，海尔衣联生态平台牵头成立了中国服装物联生态联盟，吸引了海澜之家、英氏童装等 100 多家大中型服装企业，以及小乙物联等 20 多家物联网技术企业加入；中国移动建立了中国移动物联网联盟，并在联盟开放平台执委会工作框架下设立合作伙伴认证计划 OneNET Certified Partner。阿里云成立 IoT 合作伙伴计划联盟——ICA（IoT Connectivity Alliance）联盟，成员涵盖 Panasonic、Haier、Qualcomm、美的、Gemalto 与 Bosch 等芯片、模块、安全、传感器与品牌厂商。为了让联盟和生态圈参与者创新发展的商业化过程更加顺利，阿里云推出 LinkMarket，ICA 联盟成员或合作的系统整合商、解决方案商、设备模块商与软件服务商，都可在 LinkMarket 直接上传成功案例，展示给客户，并与阿里巴巴旗下淘宝和天猫结合，最大化 LinkMarket 的效益 [52]。紫光云引擎推出工业云生态联盟，聚合了 200 余家行业合作伙伴，共同提供场景化解决方案，并为生态合作伙伴提供免费的云服务和平台技术服务。

作为与实体经济紧密结合的工具，金融与实体经济不断深入融合，并逐步参与到工业各行业的转型当中。龙头制造企业已经与金融公司展开了包括金融租赁、贷后管理、保险定价等多种形式的合作，进一步提升平台服务能力、创新业务模式、改变定价方式、拓宽融资渠道，实现多方共赢。

富士康关注企业安全生产问题，与中国人民财产保险股份有限公司、深圳市美联保险合作，分别利用各自在数据、流量及后端技术方面的优势，整合成为更加完善的工业及城市安全赋能解决方案，合力筑起富士康工业互联网的生态"屏障" [55]。沈阳机床开展设备租赁业务，与国银租赁开展战略合作，主要包括在物联网、大数据技术平台支撑下的设备租赁业务，以及基于 i5 的智能机床产品，共同探索经营性租赁模式、融资租赁模式、设备余值联合处置等业务模式，实现优势互补、达到多方共赢，合作规模 50 亿元。徐工信息创新业务定价模式，通过平台对企业应用后效率提升和成本降低进行精准计量，并以此为计费依据，在能耗优化、产品质量优化、资产利用率优化等项目中，基于平台量化实施效果，与客户签订基于项目实施 KPI 的利润分成协议，实现从直接收取部署实施费、服务费的模式向合作共享价值的模式转变。

二、兼并收购，弥补平台关键能力缺口

近年来，大型平台企业、相关投资机构纷纷加强工业互联网领域相关战略投资布局，试图掌握相关技术，提升平台整体竞争能力。从投资对象来看，有巨头看准时机的大手笔布局，也有小厂商无奈之下选择的合并，从软件到硬件，从生产到服务，整个行业都在进行一场广泛的整合。平台主要通过收购初创型技术企业、工业大数据企业、智能硬件制造商和行业解决方案服务商等，不断扩大平台能力版图，投资并购主要集中在边缘计算、工业大数据、AI 技术及行业应用、安全等层面。

（一）制造商与软件服务商不断增加边缘及设备端投入

当前，众多投资并购发生于边缘端和设备终端，制造商在智能硬件的投资，以及互联网和软件服务商在边缘运算的投资有增无减。美的收购德国机器人巨头库卡部分股权，希望通过掌握相关技术，提升自己在机器人产业中的地位和话语权。华为联合沈阳自动化研究所牵头成立边缘计算产业联盟（ECC），通过共建联合测试床打造边缘计算创新解决方案。航天云网收购了沈阳中之杰流体控制系统有限公司，

致力于智能设备的研发与生产，包括智能数控机床、工艺装备、智能生产线及制造车间智能生产管理系统业务。海尔收购智能装备公司斐雪派克（PML）的 100%股权，共同打造 COSMOLine 智能生产线物联云平台，借助其 30 年的智能装备设计和制造技术沉淀，研发工厂管理系统 COSMOline 将云端工厂、研发、供应商、客户等各个流程环节并联，进行柔性生产。同时，海尔还与自动化企业北京和利时联合搭建 COSMOPlat 平台的设备物联云平台，强化平台设备接入、集成和云化管理能力。Altran 收购专门提供嵌入式软件和物联网解决方案的印度产品工程公司 GlobalEdge Software Limited，提升连接能力，支持整体软件战略，扩展印度市场。

（二）互联网与软件企业关注数据深度挖掘

大数据、人工智能推动数据技术快速发展，技术创新、迭代、突破日新月异，各参与企业不断增加投入以获得领先优势。阿里收购中天微，并投资了寒武纪、BarefootNetworks、深鉴、耐能（Kneron）、翱捷科技（ASR）等公司，以强化芯片支撑能力，满足多样化云端数据场景与下一代深度学习性能的需求[56]。紫光与中冶京诚开展冶金工业大数据合作，强化垂直领域（冶金行业）的数据集成、可视化分析和挖掘能力。和利时在 2017 年收购易麦克公司，提升 HiaCloud 工业互联网平台工业设备及控制过程建模、工业数据管理、工业大数据分析、数据安全等能力。亚马逊以约 2 亿美元收购以色列云计算公司

CloudEndure[57]，增强数据恢复、持续备份和实时迁移开发业务连续性软件解决方案能力。Uptake 正在收购控制大量工业数据的 APT 公司，积累自身数据资产。

（三）平台探索拓展细分领域和跨领域应用

平台企业在深耕自身优势的同时，也开始关注细分领域和跨领域的应用，一方面补全自身技术短板，另一方面也开拓新市场。例如，西门子以 7.3 亿美元的价格收购了位于波士顿的低代码应用开发软件提供商 Mendix，此次收购将通过加速基于云的应用程序的开发帮助客户更快地应用 MindSphere 平台，使得西门子在工业物联网领域简化应用开发方面又向前迈进了一步。亚马逊以 10 亿美元的价格收购了安全设备制造商 Ring，一方面助力亚马逊提升家庭安全产品竞争力，深度参与消费者智能设备市场；另一方面，能够帮助其优化在智能家居市场的服务模式，例如，Ring 的一款旗舰产品——视频门铃，可以满足亚马逊提升送货上门服务质量和减少包裹被盗数量的需求 [58]。

部分平台将收购作为垂直行业突破口，收购行业解决方案服务商。例如，华为投资了威马汽车，初创汽车品牌，旨在打造新能源汽车产品；东方国信通过收购国内炼铁大数据企业北科亿力，实现在工业大数据领域的布局；Altran 在 2018 年 9 月宣布收购 GlobalEdge Software Limited，这是一家专门提供嵌入式软件和物联网解决方案的印度产品工程公司。工业物联网巨头 Rockwell Automation 向工业软件制造商

PTC 进行了 10 亿美元的股权投资，用于帮助 PTC 扩展新的战略合作伙伴关系，并帮助渠道合作伙伴获得交叉销售的机会。

此外，各平台在安全方面加速布局。亚马逊收购数据安全公司 Harvest.ai。华为收购了以色列数据安全公司 HexaTier 和技术公司 Toga Networks，其将其纳入下一代网络和企业安全产品研发组合 [59]。树根互联、东方国信和 360 集团开展全面安全合作，强化工业互联网平台态势感知与预警分析。

三、垂直深耕与国际化，拓展业务范围

工业互联网落地推广，必须充分结合工业发展特点，遵循行业规律，在现有制造业的基础上量体裁衣。国内外大型平台纷纷通过垂直产业链深耕、地方合作和国际拓展的方式，实现资源整合与业务扩张，构建应用生态。

（一）深耕垂直领域，打造行业级工业互联网平台

与制造企业和自动化企业相比，互联网和信息技术企业虽然谙熟信息技术和消费互联网场景，但对工业制造业的痛点和逻辑不够了解，可通过与工业各行业制造龙头开展联合开发、项目合作等，拓展在工业领域的业务范围。部分 ICT 企业通过与制造龙头企业达成跨界合作，探索构建行业级工业互联网平台，抢先占据行业或细分领域领先地位。

例如，用友与天瑞水泥合作，深入行业内工业大数据价值挖掘，

沉淀行业 Know-How，从供应链各环节出发，整合上下游企业，共同打造"水泥建材行业工业互联网平台"，在行业层面实现效率改进和能力提升。石化盈科携手华为共同打造石化行业工业互联网平台 ProMACE，通过提供工业互联网平台的信息化、数字化使能技术，为石化行业提供智能工厂、智能油气田、智能物流等全方位服务[60]。腾讯牵手具备烟草行业 30 年服务经验的华龙讯达，通过木星云平台为烟草行业提供了涵盖烟叶、制丝、卷接、包装、成品入库全过程管控服务，探索形成烟草生产设备数字化、生产数据可视化、生产过程透明化、生产决策智能化的新模式。阿里云发布 ET 工业大脑平台，将 AI 技术、云计算大数据能力与垂直领域行业知识相结合，与航天云网、徐工集团、和利时等合作，联手打造行业解决方案。

（二）扎根地方发展，构建区域产业示范基地

部分工业互联网平台通过与地方政府、产业园区深入对接，或与地方合作打造区域级平台，推动产业链与区域资源整合，针对地方和区域提供个性化、本土化的工业互联网解决方案。在政府的推动下，当地工业企业与政府服务平台建立统一入口，通过推动制造业、互联网、金融等行业数据的跨界汇聚挖掘，为工业企业提供一站式购买、一体化服务的数字化转型方案，为区域内的制造业企业转型升级提供引导和帮助，促进企业抓住新工业变革的机遇，实现高质量发展。

在产业落地服务方面，浪潮建成北京市、济南市、重庆市、上海

市、昆明市 5 个核心云数据中心和 34 个地市云数据中心，正在为全国
140 多个省、市政府和千余家大型企业提供云服务，计划以此为依托，
建设地市级工业互联网平台，实现跨区域、跨行业的产业协同。用友
精智平台已与上海市、天津市、浙江省等多个省（市）开展企业上云
和区域工业云平台合作，为当地企业提供各类领域中的云应用产品和
服务，加强信息共享和业务协同。航天云网与贵州省达成战略合作，
以企业需求为牵引，引导区域内企业开展云端应用和业务协同。紫光
云引擎与苏州市光电缆业商会达成战略合作，联合亨通光电等龙头企
业，共建苏州光电产业工业互联网平台，并在电子信息、光伏、日化
等行业中进行子平台建设推进，同时建设紫光苏州工业互联网实训基
地，培训输送工业互联网领域技术人才。

（三）扩大国际版图，抢占海外工业互联网市场先机

为进一步抓住工业互联网的发展机遇，工业互联网平台企业正在
通过服务海外客户、深化国际合作与兼并收购等方式布局全球业务，
积极扩大国际版图。例如，美国物联网巨头 Ayla Networks 在进入美国、
欧洲、日本市场后，在中国深圳成立分公司并正式进入中国 IoT 市场，
目前其已经在全球积累了超过100家大型企业客户，为美的、海信、TCL、
长虹、澳柯玛等国内知名家电企业提供了工业互联网方面的相关服务，
平台数据以每年 5 倍的速度增长 [61]；美国平台企业 PTC 建立了
ThingWorx 全球合作伙伴生态系统，围绕 IoT 发展基础较好的几个领域，

在中国逐步强化本土化的生态建设；东方国信收购了节能数据分析及优化服务公司 Cotopaxi，将其作为接轨国际市场的平台，在吸收世界前沿技术的同时，利用 Cotopaxi 国际市场的经验及客户资源推动东方国信软件产品走向国际市场，获得了包括联合利华、帝亚吉欧等全球性大客户，成为东方国信大数据业务在工业互联网领域的重要布局。

四、构建开放社区，提高开发者和用户参与度

当前，以开发者社区为核心的工业互联网平台开放生态正在萌芽。平台通过将大量工业技术原理、行业知识和基础模型规则化、软件化、模块化，并封装为可重复使用和灵活调用的微服务，降低应用程序开发门槛和开发成本。但是，由于开源运行机制亟待创新，总体来说，国内开发者社区的资源聚集效应和创新迭代效果尚未完全发挥，开源技术标准化、知识产权保护仍须加强。

（一）构建工业区域的开源社区

汇聚丰富的企业应用服务是平台开放发展的关键，当前平台主要通过构建开发者社区，从技术、内容、工具、服务等多个层面赋能开发者。平台打破了企业间的隔阂，让上下游企业乃至同一产业上的众多企业中的开发者可以在同一平台上实现更好的技术突破，同时为开发者汇聚、开放社区建设提供支撑和保障。

在全球范围内，Google、Github、GE 和在开源方面的积累较为成

熟，重视平台间合作与资源共享开放。Google 在大数据（Hadoop、HDFS 等）、深度学习（如 TensorFlow）等方面的开源贡献尤其突出。GitHub 作为开源项目的储存库，贡献巨大，虽然本身没有参与开源项目的开发，仍然受到开发人员的认可。微软作为开源的后起之秀，投入的资源和近期的布局都开始受到关注，2018 年收购 GitHub 也使其投入与支持开源的决心更为凸显。GE 和苹果基于 Predix 平台达成开放合作，GE 把 Predix 上的开发工具和微服务开放给苹果，苹果的 1300 万名开发者将加入工业 App 开发中。同样，西门子、SAP、IBM、博世等国外工业互联网平台巨头在发展过程中，也都非常重视与其他平台的合作，推动资源共享开放，强调开发者深度参与，在实现创业创新成本更低、速度更快、效率更高的同时，实现自身平台健康发展。

我国近年来在开源方面的投入和推动力度明显增强，在 GitHub 的排名呈上升趋势。阿里云发布 ET 工业大脑开放平台，其合作伙伴可基于开放平台实现工业数据的采集、分析、挖掘、建模，并且快速构建智能分析应用。ET 平台开放了 3 大行业知识图谱、19 个业务模型、7 个行业数据模型及超过 20 个行业算法模型，同时，生态伙伴可以在该平台上进行编程，将行业知识、大数据能力、AI 算法便捷地融合到一起，为工业企业量身定制智能应用[62]。华为部署开发者战略较早，在成立开发者联盟和构建 OceanConnect IoT 开发者平台两方面共同发力，成为国内开发者社区运营较好的平台之一。华为 OceanConnect

IoT 开发者平台提供了 170 多种开放 API 和系列化 Agent，开放 7×24 小时云化实验室，简化终端接入，保障网络连接，实现与上下游伙伴产品的无缝连接，同时提供面向合作伙伴的一站式服务，包括各类技术支持、营销支持和商业合作，并可让开发者基于真实设备进行开发测试 63。

（二）培育社群生态促进用户交流

随着用户生态系统的不断成熟，用户从被动的产品接受者变成了主动的价值创造者和产品传播者，用户参与制造成为时代主流，基于平台的用户价值挖掘已成为部分终端制造业的布局重点和竞争优势。通过构建用户社群，制造商将以更柔性的生产线、更低的成本和更高的生产率对每一个消费者的需求进行快速响应，消费者的个性化需求也将得到前所未有的满足。例如，海尔建立了开放的、以用户为中心的大规模定制生态联盟，以标准作为推进资源、产业聚合的推手，以创新驱动组织、平台、产品的迭代优化，实现基于平台的开放共享生态。

基于平台的用户社群加速形成，用户知识交流与利用形态正处于新的变革之中。平台用户问答具有知识性、社交性、问题性等多重属性，基于用户知识贡献形成的网络问答社区服务已成为企业寻求问题解答，满足自身信息需求的一种重要途径。如阿里云栖社区是面向开发者的开放型技术平台，包含博客、问答、培训、设计研发、资源下载等板块，向技术人员、企业及时分享专业、优质、高效的技术知识；腾讯云推出"腾讯云答"产品 [64]，云加社区同样设置了问答、沙龙等社区板块，其中，问答社区是腾讯云为开发者提供的一个交流平台，提供了云计算、人工智能、小程序等热门标签，提供了一个内容丰富、交流便捷、快速响应的技术交流与用户交流社区。

第十章 立足本土：
我国平台创新发展实践

近年来，我国工业互联网平台蓬勃发展，平台数量激增，在各领域涌现出众多不同类型的平台。面对形形色色的平台商、专业晦涩的技术术语和相差无几的宣传材料，工业企业很难评判各平台差异化的服务能力。本书选取目前各级政府和市场关注的综合型平台企业，从平台概况、平台核心能力、平台主要解决方案及成效、平台业务创新发展模式四个方面进行梳理总结，以供参考。

（本章各平台标题均来自企业官方愿景，仅作为读者理解平台战略和方向的参考，不代表本书观点。）

一、海尔：构建共创共赢生态圈

经过十多年互联工厂的探索，海尔于 2016 年搭建了具有中国自主产权、全球首家引入用户全流程参与体验的工业互联网平台——COSMOPlat（网址为：www.cosmoplat.com）。COSMOPlat 以用户需求为驱动，通过让用户参与从需求交互、产品设计到产品生产和服务的全流程，实现了"产销合一"的大规模定制模式。

基于开放的多边共创共赢生态理念，COSMOPlat 目前聚集了 390 多万家供应商，连接了 2600 多万台智能终端，为 4.2 万家企业提供了数据和增值服务。COSMOPlat 解决方案已被成功复制到电子、装备、汽车等行业，并主导制定了大规模定制国际标准，致力成为企业转型升级的"播种机"。

（一）平台核心能力

平台集聚能力：COSMOPlat 聚集了大量用户的有效需求，吸引了设计师、模块商、设备商、物流商等资源，形成了强大的用户和资源优势。如其开放创新子平台可实现用户和专家社群、研究机构、技术公司等的创新交互，提供一流创新解决方案；智能智造子平台可实现用户和设备商、制造商等的订单交互，实现过程透明可视。

知识沉淀能力：海尔有 30 多年的制造业实践，覆盖交互定制、开放研发、数字营销、模块采购、智能生产、智慧物流、智慧服务七大业务环节，能将用户需求小数据与智造大数据沉淀为可复制的机理模型、微服务和工业 App，从而提高企业升级效率。

平台服务能力：一是用户驱动的智造能力。COSMOPlat 具备从标准化、模块化、自动化、信息化及智能化方面进行整套升级的能力，使人、机、料互联互通，从而实现用户订单驱动的单批量为 1 的生产。二是产业链整合能力。通过联合企业上下游的设计、智造、服务等资源，形成从定制产品到定制服务的生态能力，如实现了从房车定制到智慧出行定制的升级。

（二）解决方案及成效

COSMOPlat 大规模定制解决方案覆盖全流程七大环节。

（1）用户交互解决方案：从有限选购到无限共创，让用户成为设计师。基于用户多元交互社群，将用户碎片化、个性化的需求归集整合，并不断交互迭代方案，让用户评审出符合需求的方案，并通过虚实融合技术验证其可行性，从起点确保企业制造的"高精度"。

（2）迭代研发解决方案：从封闭式到开放式，让世界成为平台研发部。以遍布全球的研发中心为触点，链接全球 320 万一流创新资源，通过需求的定义及发布、搜寻与匹配模块、项目对接模块、协商支持模块等服务，为企业转型提供创新资源支持。

（3）精准营销解决方案：从为产品找顾客到为用户找产品，促进精准对接。基于 SCRM 会员管理及用户社群资源，实现需求数据化、业务数据化、数据并联化，并将数据进行建模分析，形成用户画像和标签管理，实现千人千面的精准营销，为企业提供从用户产品需求预测到用户场景预测的服务。

（4）模块采购解决方案：从零件采购到模块采购，让供应商参与前端设计。零件商变为模块商，从按图纸提供零件转变为为交互用户提供模块化方案；企业由封闭的零件采购转型为开放的模块商并联交互体验的平台，由内部评价转变为用户评价；双方的关系由博弈转变为共赢，由买卖关系转变为利益攸关方，从而助力企业实现供应商按需设计、模块供货。

（5）智能制造解决方案：从大规模制造到大规模定制，让用户参与制造过程。通过 COSMOPlat-IM 模块，用户订单可直达工厂。通过手机端、PC 端可进行制造全过程在线办公，质量过程数据透明、可追溯。用户深度参与制造过程，可提高制造环节的精度、品质、效率。

（6）智慧物流解决方案：从工厂到用户家中，实现真单直发、按需送装。提供智能多级云仓方案、干线集配方案、区域可视化配送方案和最后一公里送装方案等，实现物流从订单下达到订单闭环的全程可视化，以用户评价驱动全流程自优化。

（7）智慧服务解决方案：从维修服务到智慧服务，让服务成为价值创造点。COSMOPlat 的智慧服务包括两个方面，一是产品变智能网器后，可持续为用户提供生态增值服务，如冰箱可提供食品农药残留检测、推送健康食谱等增值服务；二是在云数据的支持下，实现自诊断、自反馈、自报修的设备远程维保服务，并支持企业通过用户使用数据来持续迭代产品。

COSMOPlat 在全球落地了 11 个互联工厂，实现了 71% 的不入库率；通过对外输出社会化能力，赋能衣、食、住、行、养等 15 类行业生态，为全球用户带来了美好的生活体验。

IEEE、ISO、IEC 等权威标准组织让 COSMOPlat 牵头制定大规模定制模式的国际标准。这是中国企业首次主导制造模式的国际标准，具有里程碑的意义。COSMOPlat 赋能的互联工厂被世界经济论坛遴选为全球首批灯塔工厂（共 9 家），为全球制造业转型升级树立了新的标杆。

（三）业务创新发展模式

1. 聚合资源的模式：成立联盟，"产学研用金"融合发展

海尔作为牵头单位，整合产、学、研、用、资、政等跨领域资源，建立开放的、以用户为中心的大规模定制生态联盟，通过标准制定推进资源聚合、产业聚集，基于组织创新、平台创业推进产品开发和创新迭代，实现基于平台的生态资源聚合与价值共创。

2. 服务落地的模式：样板开路，用 1 个企业激活 1 个行业

房车企业康派斯基于 COSMOPlat 的转型模式已经成为房车行业

的升级样板。2018 年 11 月，除康派斯外的 5 家房车企业与海尔正式签署了合作协议，基于 COSMOPlat 来复制用户全流程参与的大规模定制互联工厂。

3．资源和需求融合的模式：增值分享的机制

在增值和分享的机制驱动下，COSMOPlat 自强化、自扩展的生态持续成长，形成了生态引力，吸引了更多资源，为更大范围的复制推广提供了成熟的技术和模式。目前，COSMOPlat 大规模定制模式已复制到 11 个区域和 20 个国家。

二、航天云网：资源无边界

航天云网 INDICS 平台（网址为：www.casicloud.com）于 2017 年 6 月 15 日在全球正式发布，该平台是由航天科工集团下属航天云网科技发展有限责任公司作为建设主体打造的，它是拥有完全自主知识产权的国内首个、国际第一批工业互联网平台。该平台以云制造为核心，依托航天科工集团在航空航天高端复杂产品研制、复杂系统集成等方面的优势，围绕生产制造全要素构建多云端形态，实现企业资源充分共享、智能制造能力高度协同、产业链各环节业务协同，促进传统产业转型升级。平台面向我国制造强国与网络强国战略发展，针对工业制造的应用需求，帮助企业重塑核心竞争力，实现"智能产品、智能制造、智能服务"的使命，持续推动工业互联网发展。

（一）平台核心能力

工业 PaaS 服务能力。平台提供弹性伸缩 CloudFoundry，K8S+Docker 两种容器化运行环境，支持应用快速部署和运行，提供700 多种开放 API 接口，构建可扩展、开放式云操作系统；面向工业领域，提供微服务引擎、面向软件定义制造的流程引擎、大数据分析引擎、仿真引擎和人工智能引擎等工业 PaaS 服务；同时，在 PaaS 层，还提供了第三方工业互联网平台应用环境，用于实现各行业工业互联网平台向主平台的接入。

平台接入能力，平台基于标准开放的工业物联网协议，提供研发、生产、仿真试验等多种工业服务的接入能力，机械加工、电子封装、环境试验等工业设备的接入能力，智能产品和智能互联产品两大类工业产品等全要素的接入能力，以及面向全产业链海量工业 App 的接入能力，帮助企业实现设备、产线、业务上云，助力企业转型升级。

工业应用能力，以 CCO、CRP、CPDM、CMOM、COSIM 为核心，提供面向设备、产线、企业和企业互联，以及智慧研发、精益制造、智能服务、智慧企业等全产业链、产品全生命周期的工业应用能力，立足航空航天领域，面向通用设备制造、节能环保、电力装备等十大行业提供应用服务。

（二）解决方案及成效

航天云网 INDICS 平台能够提供多种整体解决方案、开发者解决方案及行业解决方案，举例如下：

航空航天装备制造行业解决方案。航空航天装备制造行业的复杂产品研制往往具有涉及专业学科技术广、配套研制单位多、知识含量高、新技术多学科交叉突出等特点。满足对产业链上资源的高效配置、整合共享和交易协作，尤其是跨单位协同研制、质量要求高，且面临研制周期长、生产资源分散，多品种、多阶段、变批量的复杂生产模式等挑战。航天云网针对上述问题，构建基于 INDICS 平台的面向航空航天装备制造行业的协同设计及生产管理控制系统，支持实现制造资源/能力智能感知物联及共享协同，制造知识积累及高效重用，协同设计、协同生产及基于模型的设计生产一体化协同，使企业产品研制周期缩短 33%，产品不良品率降低 56%，生产率提高 40%。该协同设计及生产管理控制系统自建设投入使用以来，已完成了航天科工集团近百家企业 8000 余台制造设备的接入，促进了航空航天装备制造业从以工业化生产、传统管理为特征向以数字化、智能化为重要特征的转变，助力产业转型升级。

通用设备制造行业解决方案。通用设备主要包含机械制造过程中的各类设备，如工业机器人、数控机床等。通过对工业机器人和数控装备行业的了解，通用设备制造业主要面临以下挑战：一是制造商欠缺产品跟踪能力，二是使用方欠缺设备维护能力，三是服务商快速响应能力弱。航天云网针对以上问题，与工业机器人、数控装备等企业合作，构建基于 INDICS 平台的面向通用设备制造行业的智能服务运维系统，建设了机器人运行监控中心和设备管理平台，联合服务商和集成商建立备品、备件售后服务系统及设备维护保养体系，实现机器人远程实时监测，并与实时数据比对分析，预测设备异常状况，计算故障发生概率，减少非计划停机，停机率降低 25%；设备维护时间减少 30%～40%，设备的利用率提升约 18%；减少备件库存，提升设备全生命周期收益率。设备维护保养体系自 2017 年投入使用后，已完成了集团外（国内）近 40 家企业 24000 多台通用制造设备的接入，极大地提升了资源共享、能力协同水平，为设备制造企业、设备使用企业等创造了巨大的经济效益。

风电行业解决方案。针对风电企业风机管理控制能力弱，数据可视化程度低、风机维修维护成本高等问题，公司基于 INDICS 平台构建了面向风电行业的智能服务运维系统，通过规范管控、精准数据、状态监控、故障诊断和构建综合管理平台，对风机和风场进行预防性维护，实现数据驱动的智能运维模式，为用户提供全生命周期的运维服务，提升风机健康水平，延长风机寿命，提高风场效益，实现资产的最大投资回报。智能服务运维平台自 2017 年投入使用后，已完成了国内 33 个风场 1024 台风机设备的接入，提升了风机等设备的利用率，发电效率提升约 10%，服务响应时间缩短约 25%，备件库存率下降约 20%，提升风机等设备的全生命周期收益率。

（三）业务创新发展模式

在平台发展与推广方面，依托航天科工集团在航空航天高端复杂产品研制全生命周期先行先试的经验，提炼出研发设计、采购供应、生产制造、运营管理、企业管理、仓储物流、产品服务、产品全生命周期管理、社会化协同制造、创新创业十大应用领域，通过结合不同行业的主要问题，定制化解决方案，成功推广至通用设备制造、节能环保、电力装备、电气机械、新一代信息技术、模具制造、家具制造业、汽车制造和石油化工九大行业。

在区域平台建设应用方面，针对区域制造业发展瓶颈与迫切需求，首先为区域政府提供平台搭建服务，配合政府主体做好企业用户的推广和应用教育培训，收集需求进行平台的优化和完善，引导一批区域核心种子用户开展云端业务；其次，致力于促进企业业务成交的功能和服务的完善，并引入政府层面的企业服务，同时提供给政府更多宏观、微观数据分析服务，便于政府引导和管理企业。在此基础上，建设运营区域工业云，围绕大数据服务、专有云支持的区域企业协同、智能制造和两化融合等业务方向，打造立足区域、辐射全国、面向全球的工业云公共服务平台，建设开放、协同、高效、共赢的工业云端生态环境，整体提升区域信息化水平与核心竞争力。

在业务创新、服务模式创新方面，平台深度融合制造技术与新一代人工智能技术、新互联网技术、新信息通信技术，以"云制造+边缘制造"的新型应用架构推动协同研发、协同生产等社会化资源协同模式发展；同时提供产融结合服务，通过金融服务平台，在供应链金融、支付结算、股权融资等方面拉近工业企业与资金的距离，振兴实业。

三、树根互联：赋能万物，连接未来

2016 年 12 月，以"赋能万物 连接未来"为愿景的"根云"工业互联网平台（网址为：http://www.rootcloud.com/）由树根互联正式发布。"根云"工业互联网平台具有完全自主知识产权，定位为通用、中立的工业互联网平台，赋能行业生态合作伙伴、工业企业，通过合作将不同行业 Know-How 与平台能力整合，共同打造更多的工业模型和工业 App，从而提升平台对整个产业的服务能力；同时，帮助更多生产商、服务商、政府资源"上云"，共同构建服务于全社会的工业互联网产业生态。

（一）平台核心能力

（1）快速物联能力。创新性地将连接模型和物模型分开，极大地提高了设备接入的效率，大大降低了物联业务修改带来的成本，真正实现了自助、高效、低成本。

（2）先进的大数据和 AI 平台。集合大数据和人工智能团队的研发成果，提供了工业数据管理、数据开发、在线机器学习等工具平台，充分理解各数据库的分区方式、数据特征，把企业每个业务部门的数据从不同的数据库抽取、整合；通过 IDE 方式，将数据分析师的工作流式化，简化开发编程，结合内置的数据处理算子，实现一键 ETL；通过可视化界面，提供机器学习代码在线调试、数据在线训练等能力。

（3）构建开发者生态。"根云"开发者平台提供统一开发框架、行业业务组件服务、OpenAPI、SDK、基础资源环境、DevOps 和运营管理能力，赋能生态合作伙伴和工业企业快速开发、部署、运维和运营工业应用。

（4）快速构建行业云。基于多层级多租户的架构、可弹性的混合云部署架构、多级运营架构体系、开放安全的服务调用接口和技术改造能力，形成行业云融合能力中心，帮助行业龙头企业快速高效构建行业平台，积极推动行业云生态快速建设。

（二）解决方案及成效

1. 设备预测性维护

基于设备监测，实时上报设备状态，对其主要（或需要）部位进行定期（或连续）的指标监测和故障诊断，判定装备所处状态，根据历史数据中不同设备工况数据，以及发生故障的具体时间，学习排序模型，预测当前各产线设备发生故障的风险排名，预测设备状态未来的发展趋势，依据设备的状态发展趋势和可能的故障模式，预先指定预测性维修计划。该解决方案能够提高设备可靠性，延长设备使用寿命，避免对设备的过程维修和欠修，将工作率提高约30%，将维修成本降低约20%，并缩短大修工期。

2. 基于大数据分析的新型研发模式

基于所有设备的工况数据，包括工作量、使用频率、能耗、负载等重要参数，利用大数据技术对物联数据做清洗、关联、分析、聚合等操作，挖掘与产品设计、质量相关的特征量，通过改善特征量的物理实体来提升产品质量和实用性。以全样本数据、客户实际使用数据作为研发输入，指导研发设计，改善产品。

典型案例：在起重机臂架研发设计优化中，通过在外采集的数据，随时了解起重机臂架部件的实时应力、超载使用及故障情况，进行起重机臂架伸缩长度测试、材料强度分析、工作环境分析等，进而提出研发改进建议。

3. 配件预测管理

配件出入库时通过RFID，实现系统数据更新和上云；基于"根云"平台，打通CRM系统中的配件出库数据；利用众多预测模型由系统自动演算每种模型所产生的结果，与之前实际发生的需求量进行逐一对比并记录每种预测模型的误差数据，最后预测结果与实际发生的需求最贴合的预测模型就是该仓库—配件组的最合理预测模型；综合其他因素，给出订货量建议。企业可以准确定位配件需求的位置、数量和时间，进而简化维修配件的中间流转环节，明显降低维修配件的销售成本，增加用户使用原厂配件的意愿，同时也帮助制造企业大幅度提高配件预测准确性，逐步提高配件销售额。

4．能耗分析

"根云"工业互联网平台能够针对性地提供基于机器学习的窑炉能耗分析解决方案。由于 PID 的控制策略与温度传感器紧密关联，温度数据的噪声及波动会导致控制器的剧烈波动，从而使喷枪频繁调整火量、风量，造成不必要的能源消耗。该解决方案通过机器学习与算法模拟，更新了控制模型，并将其应用到 PID 控制策略中，使企业能耗降低约 10%。

（三）业务创新发展模式

基于"根云"工业互联网平台来实现行业赋能，目前已经与行业巨头联合打造了"机床云""纺织云""3D 打印共享云""空压机云""电机云""注塑云""筑工云"等数十个垂直行业云平台。

"根云"工业互联网平台也初步形成了上下游紧密衔接的产业生态格局，围绕云存储、物联通信、工业应用软件开发、产业链金融等各个环节，树根互联与华为、腾讯、中国移动、中国联通、SAP、IBM

等一批生态链企业建立了紧密的合作关系。

"根云"工业互联网平台积极开展工业互联网业务创新，树根互联与久隆财保、康富国际、浙商银行建立紧密合作关系，为客户提供准信贷服务、设备租赁、保险服务；并且与三一重工等大型工业设备企业合作，推出基于设备画像、用户画像、设备健康档案三维决策的在外货款预警服务等。

"根云"工业互联网平台首次实现了国产工业互联网平台的走出去，形成了国际竞争力，分别在德国、南非、肯尼亚等国帮助客户实现智能服务、安全生产，提升了基建效率。

四、徐工信息：为工业赋能，与伙伴共生

汉云工业互联网平台（网址为：www.xreacloud.com）由徐工集团下属企业江苏徐工信息技术股份有限公司于 2016 年 12 月创建。平台核心团队秉承徐工集团 75 年制造业历史沉淀，拥有超过 30 年制造业信息化经验，历经 10 年以上工业互联网实践积累，将 IT 与 OT 深度融合，构建了一个最懂制造的工业互联网平台。平台兼容98%的工业协议，连接了 20 多个国家，实现了异主、异地、异构数据跨行业、跨区域互联、互通和共享；采用公有云+私有云并举的方式，为客户提供低成本接入、快速上云等更贴近需求的产品与服务。目前平台已拥有 400 多家企业实施案例，服务于 64 万用户，帮助客户

提质、增效、降本。

（一）平台核心能力

1. 强大的边缘接入能力，快速实现设备互联

平台提供丰富的接入支持，支持 2000 多种设备类型的快速接入；平台的设计能够满足百万级用户接入、亿级设备接入，支持大模块的并发接入和处理。

2. 高效的数据分析能力，轻松驾驭工业大数据

平台中预置了多种工业大数据存储、管理及分析服务，贴近上层业务需求，为后续的数据分析计算提供开箱即用的算法模型，显著缩短了后续分析计算中的数据再处理路径。

3. 丰富的场景化解决方案，让平台在工业落地交付

平台沉淀了大量的工业知识和行业经验，建设了丰富的开发测试环境、机器学习工具；结合生产工艺、精益管理、智能服务、资产管理等多领域业务专家的咨询，进行技术能力适配，形成了丰富的解决方案与应用案例，让平台在企业真正落地。

（二）解决方案及成效

1. 生产制造优化解决方案

江西铜业现阶段面临的问题主要是人工剥片劳动强度大，人工成

本高；剥片效率低，对始极片损伤大，合格率低；生产数据无法有效采集和分析；环保效果不理想等。

针对上述问题，基于汉云工业互联网平台，结合设备联网采集、视觉识别、机器人离线编程、AI智能分析等技术，江西铜业对设备运行情况及生产数据进行实时采集、分析，监控设备生产状态，分析产品质量，控制产能平衡，并通过大数据分析为客户生产工艺优化、产能统计等决策分析提供便利。

通过应用汉云工业互联网平台，江西铜业提高了生产率，改造前生产7200片始极片需要多班次工作12小时以上，改造后8小时即可自动完成生产任务；提高了生产质量，改造前产品质量全靠工人经验把控，通过自动化改造，实现了产品质量可追溯，生产一致性明显提升，不良品率控制在3%以内。提高了物流效率，改造前料箱装满后需要等待生产行车空闲时转运，改造后物料自动分类、流转，装箱效率与剥片效率同步，无须等待；降低了企业人员成本，改造前需要50个熟练工人轮班来满足生产所需，通过自动化+机理模型的全面升级，改造后实现了生产过程无人化，每年节约成本600万元。

2. 工艺优化解决方案

泰隆减速机现阶段面临的主要问题是无法实时了解生产设备状况，无法实时跟踪订单加工信息；产能瓶颈明显，但设备OEE不到30%；全流程质量追溯体系不健全；设备维护成本居高不下，突发故障较多,设备保养滞后等。

针对上述问题,基于汉云工业互联网平台,泰隆减速机采用嵌入式数据采集模型,实时采集机床数据,构建设备画像,实现对机床运行状态的实时监控;利用工业互联网平台提供的数字模型和大数据分析算法,对生产现场的工艺路线、设备使用、计划排程、质量管理提供优化建议,提高了企业生产质量的一致性,降低了设备运维成本,实现了生产过程的透明化。

解决方案的应用帮助客户将设备利用率提高了 3.6 个百分点,计划达成率提高了 8.3%,一次良品率提高了 2.1%。以 BW(BL)1815型号的减速机生产为例,企业年产量为 24000 台,对一次成品率 2.1百分点的提升,可以避免 500 多台设备的返工,每年可以节省成本 300万元。

3. 经营租赁解决方案

中国铁建现阶段面临的主要问题是设备闲置率高,中铁内部的设备协同无法实现,在线交易不够透明化,设备维护保养与项目的需求不对称,设备备件储备与实际需求不匹配,无法实现对社会上设备的再次使用等。

针对上述问题,基于汉云工业互联网平台,中国铁建为客户提供面向交易服务、设备管理、经营租赁和运营管理等多方位、定制化需求的整体解决方案。

通过应用汉云工业互联网平台，中国铁建提高了设备综合复用率（盾构机由 29.6%提高至 40.9%，凿岩台车由 32.5%提高至 60%，道路机械由 58.6%提高至 73.8%，提梁机提高了 20 多个百分点，达到 63.2%）；提高了客户的社会交易占比，一方面减少了企业固定资产的投资，另一方面利用就近匹配的原则，为企业节省了大量的物流成本。设备综合复用率提升 7.7 个百分点，可以为企业节约近 1500 万元的成本。

4．产品全生命周期管理

瑞图控股（中国）有限公司现阶段面临产品无法远程运维、售后服务成本居高不下、行业客户缺乏供需交易平台等问题。

针对上述问题，基于汉云工业互联网平台，通过智能网关完成瑞图砌块、污水处理设备的数据采集，兼容设备工业协议，对砌块、污水处理设备的控制数据进行有效采集并通过网络上传至汉云工业互联网平台，全方位监控设备运行状况，快速响应设备异常，从而提高了产品运行效率，降低了产品运行维护成本，提升了产品价值。

通过应用汉云工业互联网平台，瑞图控股降低了售后和运维成本，提高了售后服务效率；为客户提供产品增值服务，辅助企业进行市场和产品的研发升级，使售后维修成本减少 30%以上，设备使用率提高 10%以上；提供第三方产能交易平台，撮合线上产品交易，打造产业生态创新模式；通过设备监控、智能运维、行业平台相结合的方式实现了设备全生命周期管理。

（三）业务创新发展模式

在行业推广方面，采用公有云+私有云并举的方式。面向大中型企业，部署个性化需求为主的私有云平台，满足客户对数据私密性的要求，打造行业典型应用；面向中小型企业，推广标准化服务的公有云平台，降低企业 IT 建设成本，形成示范效应。

在生态构建方面，引导客户主动参与，扩大生态战略合作。依靠平台能力建设和多年的业务沉淀，形成完善的生态框架，为上层业务提供快速开发、部署、测试能力。客户可基于自身业务需求进行上层应用开发，快速体验平台；通过举办工业 App 大赛，扩大平台推广范围与影响力；同时，与装备制造、工业自动化、人工智能、工业软件、信息安全、云计算等多领域企业进行生态战略合作，目前已发展超过 50 家重点生态合作伙伴，在设备连接、平台技术、平台安全、应用与解决方案等方面不断加强，形成合力。

在业务创新方面，除了采用传统的部署实施费、服务费，还创新了业务的盈利模式：以平台为企业带来的效益、节省的成本来作为平台的收益。这种模式受到广大客户的偏爱。如在能耗优化类项目中，与客户签订能源节约利润分成协议，项目实施费用由服务方承担，服务商在最终节约的能耗成本中获取收益。此类模式还运用在产品质量优化、资产利用率优化等可量化实施效果的项目中，服务商基于项目实施 KPI 进行收费，与客户达成合作。

五、富士康：兼善天下实业，赋能全球制造

富士康工业互联网平台 BEACON（网址为：www.fiibeacon.com），创立于 2016 年 1 月，是富士康集团"云"（云端计算）"移"（移动终端）"物"（物联网）"大"（大数据）"智"（智能生活）"网"（智能工作网）和机器人形成的新型工业生态系统。BEACON 平台能够连接上游的客户与下游的供应商，实现资源共享。同时，平台依托富士康在制造服务业的长时间经验积累，开发了适用于企业经营管理各个环节的八大应用：客户关系管理、供应链管理、生产智造、财务管理、研发管理、质量管理、安全管理、环保管理。

（一）平台核心能力

1. 数据采集能力

在边缘运算平台 CorePro 上，实现海量设备连接至云端，并在云端进行设备管理和数据存储的功能，同时结合云端的其他工具对数据做进一步处理、分析与可视化展现。目前平台已连接并管理 16 类，68万多个工业设备；支持各种通用的工业设备协议；可实现超过 90 类的操作控制功能。

2. 数据储存与计算能力（Dingo）

Dingo 系统能对联机的资料进行多维度分析、数据循环再生、服务的整合利用，并生成微服务组件、API 组件供开发者使用，具有可控、可管的资料接口平台，能够实现系统资源彼此共享。

3. 数据可视化能力（iDS）

iDS 为 BI 展示工具，具有丰富的、可交互的可视化功能设计 UI 面板。普通用户只需用简单拖拽的方式即可轻松完成应用页面布局，以页面图标进行数据关联。

4. 应用开发服务能力

目前平台有边缘计算接入分析系统（CorePro）、数据处理分析系统（Dingo）和数据可视化系统（iDS）。开发工具数量超过 100 个；开发语言多达 22 种；通用算法模型超过 15 种，其中行业机理模型超过 40 个；微服务组件超过 500 个。

（二）解决方案及成效

1. 设备状态监控：边缘运算物联网平台（CorePro）

普通的设备管理平台存在连接设备种类较少、数据采集点不全面、应用功能种类较少等问题。CorePro 支持设备即插即用，可以将海量设备连接至云端，并在云端进行设备管理、数据存储，并结合云端的其他工具对数据做进一步处理、分析与可视化展现。CorePro 支持各类通信协议，连接装置、产品等终端设备，提供各类操作功能，数据监控机制相当健全；数据安全性高，数据传输能够实现端到端加密，有自定义证书授权机制以管控设备连接；实现海量数据云存储，数据接入服务采用容器化部署，可弹性扩充；实现云端智慧管理设备，监控设备状态，掌控设备运行和管理，真正做到海量设备云端化管理。

CorePro 平台接入设备管理应用并实施后，设备维护费用平均降低 15%，平均寿命延长 10%，生产率平均提升 15% 。

2. 智能排单调度：库存最优决策系统

针对生产日期不稳定、人工生产排单效率低、关联性差、计划可执行性差、生产插单频繁等问题，BEACON 开发的库存最优决策系统——SMC 系统利用数据虚拟化、物联网、BEACON BI（商业智能）、大数据分析等技术打造，能够智能连接各个生产制造系统和流程，形成信息共享的热岛。SMC 系统主要包括基础设置模块、数据管理模块和排程模块三部分，通过数据源定义、数据集提取、映射关系定义、目的数据源定义和数据加载等流程来进行资源整合和处理，实现了自动检索可用项目、方案评估、智能排产、物料匹配、交期智能计算、缺料预警等功能。通过排程规划可精准掌控生产及物控的平衡，能降低库存量，也可如期交货。

方案实施后，数据可进行可视化管理、智能检测工单和停滞；对库存产品实施智能决策和排单调度，整体效率提高 30%。

3. "绿色工厂"能源管理系统（Green Connect）

为了满足生产过程中工序节能增效、生产设备运转稳定、减少故障及不良品的精细化管理和成本控制等需求，需要对生产的高能耗产线工序和设备、空调系统冰水设备、室内照明等设备进行网络化、智能化改造。同时采集和记录设备能耗数据，通过对待机时间的统计、设备利用率的量化、弹性能耗场景的分析、不良品电力因素的分析，经由 BEACON 平台进行大数据分析，制定顶层节能规划，动态调整节能措施，局部节能精细控制，全面提升生产效能。

方案实施后，实现全生产过程能耗数据实时可视化、异常能耗设备提前预警，用大数据、人工智能实现设备智能调度及智能排产，降低能耗 30%。

（三）业务创新发展模式

1. 内部推广

依托 40 多年深耕电子行业的经验，集团已将业务拓展到多个制造领域。集团首先在最具优势的电子制造领域打造试点示范单位，再逐步复制并推广到精密刀具加工、模具设计制造、机器人制造等其他行业和领域。

2. 上游供应商和下游客户推广

围绕重点行业的上下游制造企业，并基于 BEACON 平台的产品升级和技术创新，引入具备完整产业链和生态圈的合作伙伴，改善其获取持续稳定订单的能力和渠道。借助其产品研发、创新应用、先进制造、品质管控和供应链管理等优势，服务于上下游工业企业的转型升级，建立供应生态中的示范点，以点带面辐射整个供应链，保持主要客户的合格供应商体系资格，并与其建立更加长期的战略合作伙伴关系。

同时，与政府共同助力中小企业转型升级：依托平台上数万家中小企业的共同需求和研发设计能力，来发展智能制造，协同各级政府和主管部门共同推进智能制造工业互联网生态平台的搭建。重点解决中小企业智能制造水平低、能力弱的问题，通过智能制造推动工业企业提质增效、降低成本和转型升级。

六、华为：共创智能未来

华为基于在 ICT 领域 30 年积累的雄厚技术实力，于 2015 年打造了"沃土"工业互联网平台（以下简称"沃土"平台）（网址为：www.huaweicloud.com/ solution/fusionplant/）。经过 3 年多的建设，该平台以"云+连接+EI"为核心能力，形成了通用的赋能能力；通过使能行业平台，联合行业解决方案提供伙伴和具备行业 Know-How 能力的科研院所，为工业企业提供从研发设计、生产制造、经营管理、仓储物流到维护服务的端到端解决方案。

（一）平台核心能力

（1）提供基础服务框架，通过插件技术，使能可配置的解决方案。"沃土"平台通过提供的可配置的组件、可配置的技术和可配置的场景等具有可配置性的解决方案，满足各工业企业的需求。

（2）基于模型驱动的架构实现物理和数字世界的知识模型化。在系统内核方面，"沃土"平台引入基于模型驱动的工程方法进行设计，将物理和数字世界的知识模型化，从而实现物理世界和数字世界的协作、跨产业的生态协作并简化跨平台移植。

（3）边缘云与集中云协同。工业场景在边缘侧（产线、车间）产生大量数据，并且要求对数据进行实时处理。通过云—边协同，能有效提升边缘侧的数据存储和处理能力。一是通过集中云来收集边缘侧海量离线数据并完成模型训练。同时，通过行业机理模型构建判决机制，训练好的模型和稳定的判决算法可通过云—边接口下发到边缘。二是通过边缘云来完成数据的实时处理（收集、清洗），结合从集中云获得的数据分析模型/判决算法，完成数据的实时分析，对工业生产给出实时响应。

（二）解决方案及成效

1. 协同研发设计

现有的工业设计和仿真软件系统所需的专业工作站价格昂贵，License费用也非常昂贵。另外，多地、多方联合研发，也需要实现数据共享和研发协同。对于这一需求，仅靠工业设计和仿真软件本身无法有效满足。通过在"沃土"平台上构建研发设计协同平台，实现设计仿真 SaaS，可以避免高昂的硬件设备投入；可以实现按需使用，有效降低了软件购置成本，提高了资金利用率，同时也解决了移动办公问题；基于公有云平台，可连接和打通多个企业的信息系统，解决研发协同和数据共享问题，同时有效提高了数据安全性，保护了知识产权。该解决方案为东江集团了提供高性能、高可靠、快速部署的、简便安全的云设计仿真解决方案，节省了 30%左右的成本。

2. 生产设备健康管理

空压机能耗巨大，在大多数工业企业中，压缩空气系统的能耗约占企业总能耗的 10%~20%。通过将空压机接入工业互联网平台，基于工业大数据分析，精准控制空压机的运行模式，可以降低能耗，节省生产成本。通过与工业物联网平台汇川云合作，"沃土"平台工业大数据分析/机器学习服务对汇川云收集的空压机各类数据进行全面分析，构建有效的节能措施：通过统计学习发现用气模式，对空压机进气、排气、输气、用气进行全程监控；通过强化学习发现并设定合理的排气压力及对漏气进行告警；通过深度学习，对空压机各项运行参数（电机转速、润滑油温、气体湿度等）进行全面分析，发现关键能耗影响因素，进而根据用气负载进行实时调整，最终实现节能目标。该节能方案已在万德电子现场部署，通过综合采用"管道损耗模型"

和"电机监控模型",可以节省约 5%的电费。

3．工业产品远程运维

企业对已销售的产品的售后维护,面临以下痛点:对销售后设备的相关信息不了解,设备备件管理难,设备质量管理难,设备故障管理难等。上述问题导致的后果是,产品客户抱怨服务效率低,如流程烦琐、响应速度慢、故障反复发生等。利用盛原成 SCMS 系统,可通过调用"沃土"平台提供的工业 IaaS 和工业 PaaS(工业微服务管理、工业大数据管理、工业智能服务、工业 App 开发服务),以工业 SaaS 的方式向用户企业提供设备管理、远程监控、远程维护等功能。上述方案已经在罗森精工得到应用,节省约 20%的设备维护费用。

(三)业务创新发展模式

华为的基本思路是将"沃土"平台定位为基础的水平平台,通过产业协作,赋能行业平台。

在行业选择方面,"沃土"平台以信息化基础较好的行业为切入点,如石化、冶金等流程制造行业,以及汽车制造、机器人制造等离散制造行业;同时,高度关注中小企业的诉求,联合行业 ISV 及咨询服务伙伴,基于工业 SaaS,帮助中小企业完成/完善企业核心信息系统建设,助力企业实现精益生产。

在生态构建方面,通过参加重要的产业组织,与各类合作伙伴构建广泛连接，围绕"沃土"平台提供的基础能力，构建完整的工业互联网平台解决方案生态。具体来说，从两个方向发力，一是主导或参与重要技术架构和标准的讨论和制定；二是发起 Testbed 项目，针对行业面临的普遍性痛点问题，联合合作伙伴，树立行业标杆。

在业务模式创新上，重点关注"制造能力上云"，通过"沃土"平台，联合合作伙伴（生意帮等），接入宁波、台州、温州等地的中小钣金加工企业，实现制造能力共享，推动制造企业的"服务化转型"。

七、浪潮：云+数

浪潮工业互联网平台（以下简称"平台"）（网址为：http://industry. inspur.com/）是浪潮作为国内领先的云计算大数据服务商所提供的重要赋能平台之一，是浪潮"云+数"战略的重要组成部分。其目标是为国内企业提供基础计算、软件开发、企业经营等各方面的服务能力，助力企业数字化转型及合作伙伴赋能。它由浪潮在 2010 年开始建设，并于 2017 年年底正式发布。浪潮发展工业互联网有三大优势：浪潮是国内领先的云计算服务商，浪潮拥有完善的公有云+边缘云的计算基础设施；浪潮拥有 33 年企业信息化的服务经验，为超过 60 万家企业提供信息化服务；浪潮在服务器等装备智能制造方面具备全球领先的系统和经验。浪潮将推动"1+N"战略，联合合作伙伴，将数据资源、制造资源、工业知识及 App 等汇聚在云端，将工业企业、ICT 企业、互联网企业、第三方开发者等集聚在云端，通过开放共享机制，形成社会化的协同生产方式和组织模式。

（一）平台核心能力

浪潮工业互联网平台依托于浪潮全国的布局，实现了 7 个核心公有云和 50 多个地市边缘云的完整基础服务架构，可以提供区域级的低延时服务及跨区域高计算力的计算服务。

经过平台认证，硬件合作伙伴提供的智能网关设备能够实现对主流工业协议的适配与打通，通过 4 类 9 种边缘计算产品，共支持 123 种工业协议，并提供 3 类共 10 种边缘计算功能。

浪潮与世界上最大的开源 ERP 软件提供商 Odoo 合作，引领开源生态，并联合中国开源软件推进联盟牵头成立了中国开源工业 PaaS 联盟。

浪潮和工业领域的产品供应商、技术服务商、咨询服务商等在工业网关、工业路由器、工控机、工业 PaaS、工业 App 和工业数字化咨询服务等方面开始了深度合作，在能源管理、设计管理、协同设计、标识解析、安监环保等领域共同打造了数十个创新应用。

（二）解决方案及成效

1. 节能鼓风机远程运维

章鼓集团和百惠精工合作研发了节能鼓风机，同时浪潮联合展湾对该节能鼓风机进行了智能化改造设计：通过智能网关连接 PLC，采集电压、电流、油温、振动、压力等关键数据，对销售的鼓风机节能进行统一管理，从而可以通过 App 实时查看每台设备的信息；通过管理系统，实时查看该企业销售的节能鼓风机的全国分布图，以便进行远程监测及故障诊断分析；从地域和设备两个维度分析全国销售及设备运转情况，优化备件在各地区的备货，从而降低库存成本，缩短设备维/修护时间，提高客户的满意度。

2．机床产业集群

滕州被称为"中国中小机床之都"。由于市场需求萎缩，竞争激烈，加上产品档次相对较低，后服务市场体系未建立，滕州的机床企业普遍生产经营压力较大，当地产业亟待转型升级。

浪潮为滕州打造了滕州"机械机床智能制造"云平台。其围绕机床行业设计、生产、交付运行、后服务市场 4 个方面，以机床生产设备和机床产品联网为基础，通过采集机床设计、工艺、运行、状态、备品备件、物流、能耗等数据，研发三维协同设计、智慧机床管理系统、智慧能源管理系统、整机及备件物流、订单协同等云化软件和工业 App，帮助企业降本增效，实现区域产业转型升级，助力滕州从"中国中小机床之都"升级成"中国机床装备服务之都"。

3．以客户为中心的 C2M 制造模式

随着生活水平的发展和个性化需求的凸显，拉链订单也越来越向

小批量、多品种的方向演化，市场对生产体系快速响应能力的要求也越来越高，因此，拉链生产企业也越来越注重对基层生产进行管理。

伟星集团是按单个性化生产的典型代表，借助浪潮打造了以客户为中心的C2M制造模式，实现了拉链行业的"私人定制"。其通过工业互联网平台的智能排产、协同外部管理模块、推单管理、补单生产等，使生产计划有序、顺利进行，保证订单按时完成。另外，所有排程结果以各种图表汇总，并以甘特图形式表现，方便计划人员查看和调整排程方案。

项目完成后，实现了大规模订单的高级排产：伟星集团拉链日接单排产量由原来的400单提升至1500单左右；车间交货率由原来的70%提升至85%～88%；日产量由原来的20万条提升至40万～60万条；设备利用率由原来的60%提升至80%；原材料采购周期平均缩短约36小时；库存统计准确率达到95%～98%，吸引行业龙头企业YKK（LV包拉链供应商）来学习。

（三）业务创新发展模式

浪潮与各地方政府联合，推进企业上云及工业互联网建设工作：与139个省市签订战略合作协议，共同推动云计算、大数据和工业互联网；成为山东省、广东省、浙江省、湖南省、吉林省、内蒙古自治区、甘肃省7个省（自治区）50个地市企业的上云服务商；参与各地工业互联网产业联盟建设，并获得多个联盟理事长、联盟理事单位的身份。

浪潮积极开展工业互联网创新应用和典型示范：在济南章丘明水经济开发区，针对钢铁深加工、通用机床、鼓风机等行业推动设备上云；在枣庄滕州，针对机械机床产业，打造"机械机床智能制造"云平台；在泉州，针对机械装备、纺织鞋服产业，搭建智能制造工业大数据平台；在佛山，针对陶瓷产业，开展面向陶瓷全产业链的基于工业互联网和质量链的创新示范；在惠州，针对汽车零配件产业，依托工业互联网平台开展数据集成应用。

八、东方国信：大数据注入工业转型升级新动力

东方国信以"深耕工业、掘金数据、互联万向、智造未来"为发展理念，以打造自主可控、具有国际竞争力的工业互联网平台为愿景，于 2017 年 12 月 28 日发布 Cloudiip（网址为：www.cloudiip.com）。Cloudiip 深度融合东方国信 21 年的大数据、云计算、工业机理模型技术积累，面向精益研发、智能生产、高效管理、精准服务等领域，提供 167 个云化软件和 1350 个工业 App，累计服务全球 46 个国家的 2260家大型工业企业，横跨 29 个工业大类，接入炼铁高炉、空压机等 20大类 60 余万台设备，并汇聚全球上万名活跃开发者，形成资源富集、开放共享、创新活跃、高效协同的工业互联网平台生态。

（一）平台核心能力

全面的数据采集体系。东方国信自主研发了 13 种工业传感器，并在工业现场部署超过 26 万个工业传感器。平台提供支持 116 种工业协议、89 种边缘计算算法、185 个边缘智能模型的智能网关 Cloudiip-Link，具备对设备、软件、人员等各生产要素数据的全面采集能力。

高效的海量数据管理。东方国信以自主研发的行云数据库 X-Cloud 和数据治理平台 BDG 为底层数据服务环境，整合关系型数据库、时序数据库、文本数据库等多款产品，提供工业大数据存储、管理、计算、分析等服务，实现基于云计算架构的海量数据存储、管理和计算，支持万亿级关系数据的存储和计算，支持千台规模的集群管理，同时引入 DSX（数据科学）理念，实现 OT 人员自助管理和分析工业数据，将 IT 和 OT 在数据科学层面进行了有机融合。

跨行业跨领域服务能力。围绕设备管理优化、研发设计优化、运营管理优化、生产执行优化、产品全生命周期管理优化、供应链协同优化等工业应用场景，利用工业大数据和工业机理模型技术优势，构建面向炼铁、轨道交通、能源管理等 20 个行业/领域的云平台，打造以高炉炉缸侵蚀为典型代表的多个营收超过 5000 万元、行业覆盖率超过 20% 的杀手级 App。

（二）解决方案及成效

1. 工艺优化

工艺优化是实现工业企业提质增效的重要途径，也是困扰企业生产管理的重要难题。以钢铁行业为例，炼铁主反应器高炉具有巨大、高温、高压、密闭、连续生产的"黑箱"特性，而炼铁生产过程的判断和操作仍以主观经验为主，"白头发"和"盲人摸象"式操作仍在整个炼铁行业普遍存在。

通过炉料运动及受力方程的建模计算，实时显示当前高炉"黑箱"布料情况，实现高炉内部真实冶炼状态的可视化。平台通过炉体煤气流分布模拟仿真，有效帮助操作人员实现高炉更加合理、及时的操作，进而促使煤气流的分布更适合当前炉况，从而实现高炉黑箱上部和下部调剂的"可视化"。

平台通过高炉仿真建立高炉数字孪生模型，实现对高炉生产的虚拟—现实映射及智能监控。通过上部调剂量化、可视化，建立上部调剂标准，提高高炉上部调剂水平，稳定高炉操作，减少由于上部调剂不合理或滞后导致的炉况异常损失，提高高炉技术操作水平，实现单座高炉降本 2400 万元/年。

2. 设备管控

长期以来，由于设备管理制度和技术能力的限制，我国工业企业采取事后维修和预防性维修的设备管理策略，设备维修不足和维修过度的现象均普遍存在，设备故障和事故事件频发，由此造成非计划停机、资产损失，乃至严重威胁企业员工生命健康，设备管控能力急需提升。

东方国信积极推动空压机、工业锅炉、风电机组等重点工业设备上云，综合利用工业大数据、物联网、云计算、人工智能等技术，开展设备故障预测和健康管理，助力工业企业建立精细化的运维管理体系，监控设备健康状况、故障频发部件与周期，通过数据监控与分析故障的发生，提升设备的可靠性，减少生产线非计划停工，提高工厂运维效率和收益率。以风电机组为例，东方国信工业互联网平台已成功应用于全国 32 个风电场，实现 1000 多台风力发电机上云，平均为风电场节约 30%的维修费用。

3．能源管理

我国工业企业的能源需求十分庞大，并存在能源利用效率低、结构不合理、供需不平衡、污染排放严重等问题，具有巨大的节能减排空间。东方国信为工业企业提供云化能源管理系统，采用工业大数据、云计算、智能硬件等先进技术，实时采集工业现场的数字仪表、传感器数据，针对海量数据进行在线分析和挖掘，提供能源监测与可视化、综合能耗分析与预测预警、机会识别量化与节能量化监测、故障预测与设备整体效率分析及能源专家系统等应用。

东方国信能源管理系统已完成联合利华全球 368 家工厂的能源数据的接入和分析，已接入的碳排放数据占全部排放的 50%，能耗数据占全部能耗的 54%，水耗数据占全部水耗的 64%。能源管理大数据系统的实施大大提高了联合利华的能源管理效率和水平，平均为每个工厂实现能源节约 5%～15%，节水 5%～30%，减少原材料 1%～3%，节约包装 5%，取得了巨大的经济效益和社会效益。

（三）业务创新发展模式

在业务创新方面。东方国信通过投资收购超前布局工业互联网业务，2013 年，东方国信收购国内炼铁大数据领先企业北科亿力，切入工业大数据领域；2015 年，收购云化能源管理与过程优化软件平台服务商英国 Cotopaxi，开展工业互联网全球业务拓展。2016 年，东方国信成立工业互联网研究院，汇聚公司大数据技术人才和工业领域业务专家，开展工业互联网平台的研发创新。

在行业推广方面。东方国信立足现有行业子平台，横向拓展行业覆盖，例如，利用炼铁行业平台技术积累拓展冶金行业，利用轨道交通行业平台业务沉淀拓展高端装备行业。通过与行业龙头企业战略合作，开展工业互联网应用创新，例如，与北京卫星制造厂深度合作，打造增材制造行业平台。

在生态构建方面。东方国信采用工业互联网产业基金、工业互联网双创大赛、工业互联网开发者社区等方式，建设和完善工业互联网平台生态体系。其中，工业互联网产业基金提供资金支持，工业互联网双创开发者大赛、工业互联网开发者社区提供交流沟通平台，为第三方开发者基于工业互联网开展创业创新提供全方位的支持与服务，系统推进工业互联网生态建设。

九、用友：赋能云时代工业企业

基于服务制造企业近 30 年的行业积淀，用友已成为中国最大的财务软件公司和亚太最大的 ERP 软件公司。为进一步深耕工业细分领域，用友于 2017 年发布用友精智工业互联网平台（以下简称精智平台）（网址为：https://jingzhi.yonyoucloud.com）。精智平台以用友云 PaaS 平台（iuap）为基础，构建了覆盖六大行业五大领域的以工业 App、工业大数据为核心的工业智能云服务平台，赋能云时代工业企业转型发展。

（一）平台核心能力

（1）凭借用友云 10 多年企业云服务的经验，在用友 UAP 平台和开发者生态的基础上，精智平台打造了新一代用友云 PaaS 平台（iuap），降低了云计算、大数据、人工智能等新兴技术的使用难度，使得开发者和应用企业以更低成本、更快速地进行应用开发和业务创新。

（2）精智平台联合自动化行业生态伙伴共同建设了具有广泛适配性的工业物联网平台，实现了设备数据、业务系统（ERP、MES 等）

和社会化数据之间的大数据融合分析，从而支撑企业智能决策。

（3）精智平台的云化软件和工业 App 覆盖了企业生产经营各个环节，包含经营管理服务、研发设计服务、工业生产服务、产品运维服务、金融服务和数据服务，并实现了应用之间的深度集成。

（4）精智平台具有良好的生态聚合能力，已完成 20 多个行业生态的聚合，实现了工业技术、管理经验、应用知识的模型化、软件化和行业复用推广。

（二）解决方案及成效

1．生产执行优化

上海空间电源研究所是中国航天科技集团公司所属的空间电源专业研究所，主要承担"星、箭、弹、船、（探测）器"及其他特殊设备电源系统、控制设备的研究、设计、制造和试验任务，以及光伏发电和储能电源的民用产业孵化工作。

企业痛点：基于生产线单独制订计划；异常管理仍是人工汇报，层层传递；产品品质管控难；物资数据和生产数据获取难度大。

解决方案：通过集成用友 NCERP 系统、用友 MES 系统、各车间温湿度监测仪表、单体电池测试设备、焊接设备、生产调度中心、斑马打印机、霍尼韦尔条码枪、读卡器、电子看板、海康视频设备等，实现了设备数据的自动采集，并实现了工艺参数、机台状态、设备运行参数和过程记录数据的全程监控；通过与 SPC 集成，实现了全工艺过程的质量管控；通过 CPK 统计分析工序能力，提升了工艺水平；建设了可视化平台，集中显示所内各车间的生产计划执行情况、物料保障执行情况、生产设备运行情况、产品及人员分布、产品信息追溯及生产现场的视频监控内容。

实施效果：电池生产周期缩短了 40%以上，产品合格率提高到 80%以上。

2. 供应链协同

鞍钢集团目前在中国东北、西南、华北、东南、华南等地，拥有七大各具特色的生产基地，并有效掌控着位于中国辽宁、四川和澳洲卡拉拉的丰富铁矿资源，是中国最具资源优势的钢铁企业。

鞍钢集团之前面临一系列管理痛点：各个板块供应商体系相互独立，各成体系，资源无法共享，无法集中管理；集团有大量的法定招标采购业务，内外部审计非常严格，对招采的合规性有相当高的要求；各板块约束能力差；各系统中供应商总数 7 万家，但其中有 2 万家是重复的，物资分类、编码不规范程度很高。

鞍钢集团使用用友采购云服务建立了涵盖客商平台、直采平台、招采平台的统一平台，为鞍钢集团提供了一站式采购服务；统一内部、外部供应商资源、物资资源，打造生态圈，为采购全业务场景提供决策支持；采购线上化，通过合法合规的招标采购，保证采购过程阳光透明；通过寻源比价、充分竞价，使得直采价格可视化、透明化。

在采用了用友采购云服务后，鞍钢集团按照统一标准、互利互惠的要求，依托电子招标投标公共服务平台，实现招标采购全流程透明高效运行，构建了连接采购方和供应商的一站式电子采购交易市场（超市采购、比价采购、供应商管理、支付结算、在线融资）；打造了集中化管理、专业化运营、规范廉洁的供应链管理体系，以"降低成本、规范流程、提高效率、创新价值"为目标，努力建设一流的共享服务中心。用友采购云服务成功帮助鞍钢集团实现了近30000家客商集中、标准、科学的管理，打造了统一客商服务平台，优化了供应商结构，并为鞍钢集团采购工作的运行、管理、决策提供了有力支撑。

（三）业务创新发展模式

（1）与地方政府合作打造统一服务平台。已与上海市、天津市、浙江省、江西省、湖北省、湖南省、重庆市、内蒙古自治区、贵州省等省（市、自治区）开展企业上云和区域工业云平台合作，为当地企业提供各类领域云应用产品和服务，包括采购云、营销云、人力云、财务云、制造云、协同云、税务云、通信云、分析云、金融云等，从而加强信息共享和业务协同。平台作为当地工业企业与政府相关服务平台的统一入口，为企业数字化转型提供一站式购买、一体化服务，实现生产要素的优化配置，推动制造、互联网、金融和工业宏观数据等领域跨界融合，引导区域传统制造企业抓住产业发展窗口期，促进企业研发、生产、营销、供应链协作等全方位升级。

（2）通过与行业龙头企业合作，共同打造行业工业互联网平台。如与天瑞水泥合作，深入挖掘行业内的工业大数据价值，沉淀行业内的知识、模型和算法，从采购、营销、物流等方面出发，整合上下游产业链企业，共同打造水泥建材行业的工业互联网平台和工业 App，从而提升行业整体效率和能力。

十、紫光云引擎：凝聚"芯·云"力量

紫光云引擎科技（苏州）有限公司作为紫光集团的工业互联网产业总部，汇聚集团全产业能力和芯云科技动力，牵头建设了紫光 UNIPower 工业互联网平台，为工业企业提供全方位的工业云服务和智能制造系统解决方案，致力于成为助力中国制造高质量发展转型的最强引擎。目前，紫光工业互联网平台已经发布了百余种工业应用服务和多个行业的解决方案，齐聚的生态合作伙伴超过 200 家，已经为 TCL 集团、新华三集团、华亚智能等千余家工业企业提供了云服务和智能化改造的解决方案服务。

（一）平台核心能力

紫光工业互联网平台 UNIPower 的基本架构包括边缘连接层、云基础设施服务层（IaaS）、PaaS 服务层（工业物联网平台、工业大数据平台、工业应用使能平台、应用服务层和安全服务五大功能模块）。边

缘连接层具备"大互联+边缘计算"的能力，可适配各种网络环境和协议类型，支持主流传感器和智能硬件的快速接入和数据汇聚服务。IaaS 服务层采用分布式、开放架构，支持超大规模集群和 GPU 高性能计算，以及备份与容灾机制。PaaS 服务层提供工业物联网平台、工业大数据平台、工业 PaaS 商城、开发者中心等服务。目前，核心模块已全面上线，并在紫光云覆盖区域开展对外服务。SaaS 应用层发布了工业云仿真、精益云、云 WMS、云 MES、设备智能化管理、企业能耗管理、电机智能运维、电池智能管理等优质 App。

（二）解决方案及成效

1. SMT 质量大数据解决方案

在离散行业，表面贴装技术（Surface Mount Technology, SMT）生产线是电子制造行业的典型生产线，主要包括印刷、贴片、回流焊、测试包装等环节，各个环节都会对产品质量产生影响，如连锡、虚焊、立碑等，其中来自印刷环节的质量问题为 60%～70%。

平台开发了电子制造行业（SMT 生产线）产品质量大数据分析若干模型的关键技术突破及系统，研制完成面向电子制造行业的质量大数据分析方案，搭建了电子制造行业（SMT 生产线）产品质量大数据分析标准试验验证平台，构建基于逻辑回归与 RBF 神经网络融合的参数优化和阈值估计模型，实现产品质量的合理控制。同时构建基于聚类与深度学习融合的质量问题和质量特性预测模型,实现质量问题(缺陷)的提前报警和质量特性偏离趋势的提前判别。

通过该方案的顺利实施,为我国电子制造行业开展基于大数据的质量追溯、质量控制、质量预测等质量管理和分析服务提供规范化、低成本、易推广的技术支撑,从而促进电子制造行业建立高效率、高精度、实时性的质量分析和管理体系。

2. 数字孪生制造解决方案

依托紫光工业互联网平台,设计数字孪生制造模式,搭建模拟实际产品 3D 工艺设计仿真、装配精度仿真及生产制造等场景的数字模型。采集并关联研发生产工艺、制造过程、设备、质量等数据,推动多学科、多维度、多物理量的平台化集成。开展数字孪生可视化建模,以微服务和组件方式开发部署多个可调用的工业 App,实现产品制造行业研发设计与生产过程在虚拟空间的数字映射、实时监控和动态优化。

3. 网络协同制造解决方案

依托紫光工业互联网平台,构建面向区域装备制造业协同采购和销售、协同制造、工艺及能耗管理、流程控制优化、智能生产管控、产品远程诊断、设备网络智能化改造及设备预测性维护等智能服务工业互联网平台,从而实现企业采购、销售、设计、生产、制造、智能物流等资源在线发布、交易及全过程的业务管控和智能服务。

4．通用设备健康管理解决方案

随着工业互联网发展，工程制造设备变得更加高效与智能，但设备本身维护工作却仍面临巨大挑战，维护不善会使工厂的生产率降低20%，而计划之外的生产中断会使一些大型制造商每年损失数百亿美元，传统维护模式中的故障后维护与定期维护将影响生产率与产品质量，并大幅提高制造商的成本。

紫光工业互联网平台，利用物联网、大数据、云计算、机器学习与传感器等技术，提供通用生产要素设备管理及预测性维护。围绕设备全生命周期管理体系，为企业构建设备基础主数据，建立系统化、动态化、立体化的设备管理体系，形成完整的设备运行维护履历，提高设备运行可靠性，预测性维护借助算法分析检测故障发生前的机械状态，并预测故障发生的时间，同时预测性维护，还能够延长机械使用寿命。

（三）业务创新发展模式

1．赋能垂直行业工业互联网子平台

以行业龙头业务需求为导向、工业机理为基础，围绕垂直行业业务特点和共性需求，培育垂直行业特定应用场景的工业 App，建成一批能够支撑行业龙头企业数字化、网络化、智能化发展需求的工业互联网子平台，并演化为行业细分领域工业互联网平台，提升垂直行业的深度服务能力。

2. 推动平台原生工业 App 培育和传统应用云化

工业 App 是基于工业 PaaS 平台上的工业微服务组件，封装形成的面向特定行业、特定应用场景的一个个云端数字化解决方案，其本质是以应用服务的形式实现工业知识的沉淀、传播、复用和价值创造，所以工业 App 是工业互联网平台的关键，用平台的本质就是用工业App。紫光云引擎会加快推动平台原生工业 App 培育和传统应用云化，同时面向工业 APP 开发、测试、交易等全生命周期管理，完善公共服务支撑体系建设。

3. 建设工业互联网实训基地

依托地方政府积极的工业互联网政策、结合先进的软硬件配套设施及多元化的产业环境和紫光的优质资源，联合中国信息通信研究院、SAP、新华三大学、本地的教育资源及培训机构，共同建立工业互联网实训基地，培育工业互联网产业人才。

十一、阿里云：打造工业数字化服务的"淘宝网"

阿里巴巴旗下的阿里云依托自身在互联网领域的长期能力积累，牵头打造 supET 工业互联网平台（网址为：www.supet.com）（以下简称"supET 平台"），为专业服务商或制造企业提供基础性服务。supET平台致力于打造包容、共赢、开放、协作的工业互联网生态，形成工业数字化服务领域的"淘宝网"，让工业数字化转型更简单，既让工业互联网专业服务商因为使用平台的基础性服务而减少基础研发投入、提高服务效率、降低服务成本、拓展业务边界，也为制造企业提供一站式的数字化、网络化、智能化服务，让制造企业（尤其是中小企业）享受到买得起、用得上的工业互联网服务。

（一）平台核心能力

supET 平台主要是在阿里云公共云平台（IaaS）的基础上，提供三种可大规模复制、且能解决广大中小企业需求（亦可服务于大中型企业）的工业 PaaS 服务。

一是工业物联网服务，也称阿里云工业 IoT 平台服务，对工业设备实现云边端一体化的在线可视化管理，为开发者提供一站式、组态化的工业物联网开发平台，已经服务了纺织服装、电子制造、机械加工等行业。设备可以通过 AliOS Things 嵌入式操作系统、IoT SDK、边缘计算网关这三种方式灵活接入工业 IoT 平台。

二是工业 App 运营服务，实现一站式的工业 App 托管、集成、运维等服务，帮助传统工业软件开发商实现软件的平台化、线上化推广，帮助系统集成商实现"云上一站式集成"，极大地降低了中小型服务商的技术门槛和市场门槛。目前，已经吸引了优海信息、博拉科技、专心智制、极熵数据等几十家工业互联网服务商的 40 多款高价值的工业 App 入驻，成为工业互联网平台生态的重要服务力量。

三是数字工厂服务，通过统一的数字工厂平台，工厂企业用户可以方便地选择不同的软件开发商和集成服务商的软硬件产品，并且可以根据自身需求进行数据和业务应用的组合定制，在数字工厂平台中统一进行管理，大大降低了制造业企业数字化转型的实施成本和风险。

（二）解决方案及成效

supET 平台践行"被集成"的合作模式，聚集了一大批细分行业细分领域的解决方案服务商，已经成为工业数字化解决方案的汇聚地，可以覆盖纺织、服装、机械加工、汽车、电子、电力、石化、化工、水泥、制药、造纸等多个行业。

1. 服装行业产能可视化：直接服务中小企业

服装行业虽然在裁剪、物流等环节逐渐使用自动化设备进行生产，但是大部分企业的大部分生产环节还都是以人工生产为主。对于服装行业的中小企业来说，更需要减少对现有生产流程和工人操作的改动和要求，降低产品调整及工人流动对于生产的影响。

阿里云面向中小服装企业提供低侵入、高扩展的数字工厂解决方案，充分利用视频智能算法能力，减少人工干预，提高数据采集的真实性，为工厂管理内部生产、提高客户满意度提供支持。解决方案帮助服装工厂在对现有生产流程和设备改动量最小的情况下，实现自动化的产能数字化改造，结合阿里巴巴天天特价、淘工厂等线上消费或者供应链系统，通过与这些平台的订单系统对接，打通 C2M 的线上通道，帮助服装工厂与销售、供应链系统快速形成协同制造的能力，获得更多的生产订单，提升经营管理能力。

平台目前已服务了数百家服装工厂，使排产效能平均提高了 6%，交付周期平均缩短了 10%。

2．通过平台赋能，帮助中小服务商为中小制造企业提供买得起、用得上的服务

中国制造业有超过 90%以上是中小型制造业，这些企业普遍存在信息化、数据化程度低的问题。传统解决方案中，MES 系统费用高昂，实施成功率很低，大量中小型企业对于信息化、数据化的需求一直未被满足。

博拉科技通过使用 supET 平台的三大核心工业 PaaS 服务，开发出面向中小制造企业的 SaaS 化的工业互联网服务产品（博拉云协），为国内许多中小型制造企业提供灵活、标准的数字化服务，提供生产排程、计划管理、生产过程管理、质量管理、设备管理、数据追溯等功能，有效降低中小型企业的工业互联网使用门槛，提高精细化管理能力，帮助其应对快速上升的生产成本和竞争压力。与此同时，博拉科技也因为使用 supET 平台的服务，节约了数百万元的研发经费，缩短了半年多的产品研发周期。

3. 智能工厂解决方案：面向大中型企业

浙江中控作为 supET 平台服务的重要一方，在石化、化工、电力、水泥、冶金、造纸、医药等多个行业拥有丰富的智能工厂解决方案。石化行业装置过程复杂、强耦合关联，无法实现优化生产；设备复杂、多样，缺乏有效管理及维护；能源利用率低，产品单位能耗高。

中央控制室通过对装置工艺进行全面分析，建立各装置单元的物料、能量、反应等关联关系及机理模型，尽可能全面地确定过程约束和有效的调节手段，实现优化物料转化率及选择性，提高操作精度，实现卡边生产。通过对工序级、车间级、公司级和企业级的各类设备进行管理，建立设备档案，实现对设备的全生命周期管理及预防、预测性维护。通过充分考虑上下游物料能量的传递影响，建立生产过程关键单元的先控系统，对工厂电力、蒸汽等进行产耗建模和预测，在预测的基础上，建立优化调度模型，为锅炉、发电机组产汽发电负荷与下游用汽用电装置等生产负荷的最优匹配提供优化指导方案，达到装置经济运行及节能降耗。

（三）业务创新发展模式

1. 多层次的工业互联网平台

supET 平台采用"1+N"的开放协作模式，联合工业龙头企业、各类服务商等共同打造 N 个行业级、区域级、企业级的工业互联网平台。supET 平台为 N 个平台提供基础共性通用的工具和平台级服务，N 个平台为各行各业的企业提供行业性的专业服务，并在 supET 基础性平台上沉淀工业机理模型、微服务和算法等，实现协作分工与能力共享。

2．让工业 App 拥有类似手机 App 的使用体验

supET 平台打造了工业 App 的运营中心，以应用托管的方式在云平台上实现"工业 App 预集成"，通过数字工厂平台为制造企业提供一站式交易、一站式交付的类似手机 App 的使用体验，大大提高了系统集成商的集成效率，也大大降低了制造企业的选择成本和使用成本。

3．打通消费互联网与工业互联网

淘工厂平台利用零售端和供给侧的大数据、互联网技术和阿里巴巴强大的生态运营能力，成为数百万家零售中小品牌商家和数万家优质品类专业生产企业之间的连接器。supET 平台为淘工厂服务的生产企业提供低侵入式的轻量级数字化能力，在不影响生产流程的情况下，及时掌握工厂产能状态，更加精准实现供需匹配，促进网络化协同制造模式再升级。

4．尊重现实，以多种形态提供恰当的服务

大型企业、集团型企业基于生产安全等因素的考虑，对上云上平

台心存顾虑，通常会要求在企业现场部署与安全生产相关的工业互联网服务。因此，supET 平台在设计之初就考虑到了这种情况，以"云端+企业端"的混合形态为企业提供恰当的服务，适合上云的在云端服务，不适合上云或不希望上云的在企业端服务。

第十一章　环视海外：
国外平台创新发展探索

全球工业互联网平台不断涌现，平台企业参与的热情高涨，《互联网周刊》、硅谷动力、Gartner、IDC、Forrester 等机构相继发布的相关研究报告对全球工业互联网平台进行了收集、排名和分析。通过研究报告中发布的排名和分析结果，参考行业专家的意见，本书遴选了美国、德国、法国、英国、印度的共 11 家平台企业进行深入研究，从平台背景、解决方案及成效 3 个方面解答平台有何优势，平台应用该如何落地，对工业企业有何帮助等问题。

（本章各平台标题均来自企业官方愿景，仅作为读者理解平台战略和方向的参考，不代表本书观点。）

一、C3：专注颠覆性技术

（一）平台简介

美国 C3（Creative Code and Content）公司成立于 2009 年，是一家软件公司。为了应对庞大的数据量、极高的数据传输速度要求和多样的数据种类等挑战，同时实现实时数据分析，C3 基于大数据、预测性分析、人工智能、物联网和云计算等技术开发了一个全栈物联网开发平台（网址为：https://c3.ai/），用于快速设计、开发和部署 SaaS 应用。C3 还提供了一系列可配置和可扩展的 SaaS 产品，这些产品都是在其平台上开发和运行的，包括预测性维护、传感网络健康监测、供应链优化、库存优化、能源管理和基于人工智能的 CRM 等。用户可以使用平台的工具包对预先构建的 C3 应用进行调整，或者以 C3 平台作为媒介，开发满足自身需求的新应用。C3 提供的新一代智能服务，克服了阻碍应用企业自主开发工业互联网应用的障碍，已经在 20 多个企业级生产环境中得到应用。现阶段，C3 的主要客户有 Enel，ENGIE，Cisco，Exelon，Endesa，Eversource，Pella，PG&E，美国国务院等机构。

（二）解决方案及成效

1. 资源调度优化

Enel 是一家跨国能源公司，其业务范围覆盖 4 个大洲 30 多个国家。公司运营着长达 190 万千米的能源网络，服务客户超过 6500 万家，年收入超过 750 亿欧元，在意大利和西班牙运营着规模最大的、拥有 2000 万块智能电表的企业物联网系统。目前，Enel 公司正在执行一项数字化战略规划，旨在提高效率，开发新服务，将数字文化覆盖到整个产业组织层面。现阶段，Enel 公司的目标是，大规模部署 C3 的大数据、预测分析平台（PaaS）和 SaaS 应用程序。

C3 为 Enel 提供的解决方案包括：

（1）欺诈识别——用于识别和追回电力盗窃。

通过 C3，Enel 公司改变了识别和优先处理电力盗窃（非技术损失）的方法，在提高生产率的同时，为追回未付费的能源提供了渠道。为实现该功能，需要构建人工智能/机器学习算法，与 Enel 公司电力专家 30 多年的工作经验相匹配。

该方案的关键在于，能够摒弃传统非技术损失识别过程，将关注重点放在提高实地检查的成功率上，应用 C3 人工智能算法，计算根据能源回收的规模和欺诈的概率，对服务点非技术损失的潜在情况进行优先排序。

（2）预测性维护——改善资产性能。

为了提高电网的可靠性，减少故障的发生，Enel 公司在 5 个控制中心部署了 C3 预测维护解决方案。运用人工智能技术分析实时网络的传感器数据、智能电表数据、资产维护记录和天气数据，进行故障预测。

该项目使用图形网络方法，在任意时间点构建 Enel 公司的运行网络状态，以及使用机器学习框架不断学习以提高预测的准确性。

通过应用 C3 的解决方案，Enel 公司能够实现：

（1）通过应用 C3 欺诈检测解决方案，Enel 公司在意大利的平均能量回收率提高了 70%，在西班牙提高了两倍多。

（2）借助 C3 预测性维护的解决方案，Enel 公司通过提前维护和替换活动来减少运营和资金支出。

（3）通过集成来自 8 个不同系统（SCADA、网络拓扑、天气、电能质量、维护、劳动力、工作管理和库存）的数据，对数据进行分析，描绘了 Enel 公司运营资产的整体图表。

2. 能源管理

Pella 公司的主要业务是设计和制造定制的门窗，其主营业务主要是为家庭或建筑企业提供门窗设计和定制服务。Pella 公司不断改进作业流程，寻求技术创新，提高其生产制造的整体效率和优化产品质量。

2011 年，Pella 公司应用了 C3 提供的能源管理解决方案，该解决方案构建在 C3 平台上，旨在提高 Pella 公司旗下所有 10 家制造工厂的能源效率。Pella 公司通过 C3 的能源管理解决方案对整个工厂的能源消耗进行建模、分析和预测，提高了其能源使用效率，为 Pella 公司提供节约能源和降低成本方面的可行的方案和建议。

通过部署 C3 的能源管理解决方案，Pella 公司实现了整体能源成本降低 16%，单位生产能耗下降 14%，二氧化碳总排放量减少 14% 的目标。

二、Flutura：行动，不止于洞察

（一）平台简介

印度 Flutura 公司，是一家以改善"资产正常运行时间"和提高"运营效率"两个目标为核心业务的人工智能解决方案供应商。Flutura 公司开发 Cerebra 人工智能平台（网址为：https://www.flutura.com/cerebra）用于将工业互联网应用到石油、天然气、特殊化学品、重型机械制造等行业，驱动资产连接和运营连接的方案开发。现阶段，Flutura 公司与许多行业领先的企业合作，如石油、天然气行业的 TechnipFMC、Al Mansoori，GTT 等；特种化学品行业的 Henkel 和重型机械设备制造商 Hitachi。

（二）解决方案及成效

1．工艺优化

化学加工业的各环节相互依赖程度高，任何环节设备或零部件故障将影响整个生产加工过程。错误的控制器配置可能导致整个流程停机，致使单条流程线每天损失 20 万美元。流程停机也会导致添加剂的

功能降低，增加人力成本，造成资源浪费。

Cerebra 平台能够接收化学反应器阀门传感器数据，包括压力、阀门开度、温度、控制器配置信息（设定值、P-I-D 等）。Cerebra 的阀门诊断模块通过对流量特性、滞回、静摩擦力等方面进行诊断测试来评估阀门的各项功能。Cerebra 通过详尽的预测模型，显示阀门的故障情况，并能准确地看到阀门变化的程度，从而帮助操作者对停机时间进行优先排序，并将停机时间最小化。

通过应用 Cerebra 平台解决方案，实现：

（1）及时进行阀门故障检测和控制器重新校准，降低了运行成本。

（2）通过尽早发现错误的资产和不正确的配置，减少计划外的过程停机时间，每年可节省高达 700 万美元。

（3）催化剂是整个化学加工流程最昂贵的部分，通过 Cerebra 平台能够大大提高催化剂的使用寿命，降低加工成本。

（4）通过将操作条件（压力、温度按控制器输出）维持在可接受范围内，提高产品质量。

2．预测性维护

美国的哈利波顿公司是世界上最大的页岩油田设备和天然气/柴油发动机制造商之一，总部位于美国休斯敦。目前，公司严重依赖 OEM 来最小化资产故障和停机时间，希望通过平台解决两个特定的问题：一是为预测和诊断服务创建新的业务模型，为客户提供新服务；二是如何使设备能够自主生成触发传感器故障报警的备件请求，提高整体运行效率。

Cerebra 平台的预测/诊断功能能够实时接收和整合生产线上各种工业设备的数据，如酸化装置、水力压裂泵、化学添加剂装置、搅拌机、大型发电机等。收集并分析压力信号、油温信号、马力信号、转速信号、放电压力信号等，基于数据建模方法，发现设备的潜在故障，实现对设备的预测性维护。

通过使用 Cerebra 平台的预测/诊断功能，实现对设备的预测性维护，并且该项服务已成为该制造商的新收入来源，在前 3 年会为该制造商带来 1.2 亿美元的收入。

3．预测性维护和电力调度优化

某公司主营业务为提供离线太阳能电网解决方案，负责光伏电池、逆变器、电池、电网、直流负载等资产的运营和管理，其业务遍布非洲市场。现阶段，该公司面临的主要问题是：

（1）无法准确预测能源产量。

（2）无法根据场地大小与太阳能辐射率估算出应放置的最佳太阳能电池板数量。

（3）无法保证电池的可靠性，从而影响产品质量和客户满意度。

Cerebra 平台每分钟都会从离线太阳能电网解决方案中获取关键参数，如太阳能电池板参数、电池参数、传感器数据和天气数据。利用这些原始数据，Cerebra 生成了太阳能辐射效率、放电速率和生存概率等几个丰富的模型。同时，应用预测性算法准确预测能源产量和电池寿命，并通过 Cerebra 数字孪生和诊断模块的部署使得 OEM 资产的配置更加简单和更具有可扩展性。

通过 Cerebra 平台，该公司能够实现：

（1）每分钟能够收集和处理超过 150 个已部署的多个离线太阳能电网解决方案传输的信号流。

（2）能源产量预测准确性达到 93%，能够为客户提供更加可靠的解决方案。

（3）主动识别发电数据、电池放电模式和负载曲线异常情况，在电池性能显著下降之前对可能出现故障的电池组进行预维护。

4．质量管理

德国汉高公司是欧洲某工业胶粘剂制造商，在全球有超过 180 家工厂。该制造商希望通过应用平台帮助其实现在工业胶粘剂的生产制造过程中，能够实现一次合格，通过技术手段优化整个生产制造流程，减少因质量问题的返工。同时希望能够实现技术模拟生产过程，对现有流程中存在的问题进行纠正，实现更好的生产。

Cerebra 平台将实验室数据、传感器数据、工艺数据和环境条件数据整合在一起，分析影响产品质量的因素，并在该制造商旗下全球最大的胶粘剂生产工厂进行了三个月的解决方案试用。

通过 Cerebra 平台，该工厂实现了预测准确率达到 95%，并将该方案推广到 10 多个国家的工厂中，应用部署了 60 多条工业胶粘剂生产线，全球范围内共节省 3 亿美元的生产成本。

三、FogHorn：广于思、小处起、敏于行

（一）平台简介

FogHorn 是一家为工业互联网和消费互联网提供应用解决方案的"边缘智能"软件开发商。FogHorn 公司的软件平台（网址为：https://www.foghorn.io/）将数据分析和机器学习功能引入本地边缘环境中，为高级监视和诊断、机器性能优化与主动维护和操作智能系统提供了一系列新的应用程序。FogHorn 的技术适用于制造业、电力、水、石油和天然气、可再生能源、采矿、交通、医疗保健、零售、智能电网、智慧城市、智能楼宇和车联网应用领域的 OEM，为系统集成商和终端客户提供服务。

（二）解决方案及成效

1．预测性维护

在离心泵中，流体压力骤减时会出现气穴现象。压力降低会使液体的沸点随之下降，导致液体沸腾时产生蒸汽泡。这种现象多在离心泵的进口处发生，因为进口处相对压力是最低的。当蒸汽泡向压力较

高的泵出口处移动时，它们迅速坍缩（回到液态），产生的冲击波会损坏离心泵的部件。

FogHorn 的智能边缘解决方案可以实时获取离心泵传感器数据，并对收集到的数据应用数学算法进行解析，识别压力的重大变化，并在泵部件损坏发生前向操作人员发出警报。该方案还可以向主系统发送一个信号，自动将压力过大部位的流体转移到另一个泵，以防止由于压力过大造成的泵部件损坏，减少由于气穴现象造成的维护和停机成本。

2. 生产制造优化和质量管理

DAIHEN 集团是一家工业电子公司，它通过一系列输电和配电产品、分散的电力系统及焊机和工业机器人，将人与电力世界连接起来。

和今天的大多数制造商一样，可视化水平低和手工数据录入阻碍了企业创新，DAIHEN 管理团队希望实现企业数字化转型。DAIHEN 急需对企业内部进行可视化改造，全面了解生产制造的全过程，从而优化生产作业方式，改进产品质量。与此同时，DAIHEN 目前的很多操作都依赖于手动数据输入。每生产一台变压器需要 200 多次人工检查，占总生产时间的 30%。而且，由于变压器市场受到严格的监管，产品需要满足极高的质量标准才允许出厂销售，这也给数据记录增加了额外的负担。这些问题都是无法通过传统的批处理和离线数据分析来解决的。

DAIHEN 与 Energia Communications，Inc.合作部署了 FogHorn 边缘计算软件，用于实现工业变压器的自动化制造。DAIHEN 建立了一个新的 RFID 和传感器跟踪系统。FogHorn Lightning 在边缘侧提供实时数据分析和机器学习技术，以识别生产错误并及时修正，从而提高生产率。FogHorn Lightning 将 RFID 的数据和 PLC 的数据聚合在一起，用来跟踪工厂内部重要部件的位置、制造状态和每个生产步骤持续的时间。这些初始数据量会非常大，具有高保真性但同时会混有很多无用数据，FogHorn Lighting 进行实时数据清洗和预处理，并将处理后的数据统一传输至中央操作系统，使运营团队不需要进行手动检查生产更新状态。同时生产线上的每个员工现在都可以看到上游和下游的过程步骤，无须追踪生产线生产状态。

其次，环境是影响高质量变压器生产的关键。由于制造变压器铁芯的铁和铜容易受到湿气和其他污染物的污染，因此确保作业环境干燥整洁极为重要。DAIHEN 部署了传感器来收集和测量多种环境数据，包括温度、湿度、灰尘水平等，并通过 FogHorn VEL 对收集到的传感器数据进行实时分析，对产品质量进行检测，同时排除可能影响产品质量的因素。工作人员可以使用简单易懂的语言输入质量规则并进行实时的迭代。

有了新的 RFID 和传感器系统，DAIHEN 可以了解零部件是如何储存的，产品是如何制造和组装的，它们正处于哪个制造阶段，以及每一步需要多长时间。DAIHEN 经过 6 个月的部署，在工厂 70%的面积部署新系统，每年能够节省 1800 小时的人工记录和不准确的规划。DAIHEN 还需要 6 个月的部署时间，新系统可 100%覆盖工厂，每年节省 5000 小时劳动时间该方案也将推广到其在日本的几个工厂。

四、GE：成就不凡创想

（一）平台简介

GE（美国通用电气）公司是世界上最大的装备制造与技术服务企业之一，业务范围涵盖航空、能源、医疗、交通等多个领域。GE 公司于 2013 年推出 Predix 平台，将数字技术与其在航空、能源、医疗和交通等领域的专业优势相结合，向全球领先的工业互联网公司转型。Predix（网址为：www.predix.io）平台的主要功能是将各类数据按照统一的标准进行规范化梳理，并提供随时抽取和分析数据的能力。

Predix 平台是面向工业互联网的 PaaS 平台，连接机器、数据、人员以及其他资产。平台使用分布式计算、大数据分析、资产数据管理和 M2M 通信等领先技术，提供广泛的工业微服务，为企业能够提供生产力。Predix 对外开放，可以和业界其他合作伙伴进行"互操作"，将各种工业资产设备和供应商相互连接并接入云端，同时提供资产性能管理（APM）和运营优化服务。

Predix 的主要组件包括：Predix Machine、Predix Cloud、Predix Services。

（1）Predix Machine：一个软件层，负责从工业资产收集数据并将其推送到 Predix Cloud，以及运行本地应用程序（如边缘分析）。Predix Machine 安装在网关、工业控制器和传感器上。

（2）Predix Cloud：一个全球性、安全的云基础架构，针对工业工作负载进行了优化，并符合卫生保健和航空等行业的严格监管标准。

（3）Predix Services：提供开发人员可以用来构建、测试和运行工业互联网应用程序的工业服务，并提供一个微服务市场，开发人员可以发布他们自己的服务，并从第三方获取服务。Predix 平台使客户和合作伙伴共同优化其工业业务流程。

（二）解决方案及成效

1．生产制造优化

PSEG（公共服务企业集团核公司）是美国十家最大电力公司之一，也是新泽西州最大的电气服务供应商，承担着为 220 万用户提供电力服务和为 180 万用户提供天然气服务的业务。PSEG 拥有和运营着各式各样的发电厂，主要分布在中大西洋地区和东北地区，年均发电量约 12000 兆瓦。

PSEG 公司面临的主要挑战是：在当前用电需求上升和燃料价格

波动的形势下，维持其已有发电设备的正常运行，向用户提供稳定的电力和天然气输送，同时保证利润。PSEG 从希望对发电站数据进行分析和挖掘，了解发电站的实际运作情况，并基于分析结果，因地制宜，制定适合特定发电站的运作计划，提高现有发电站的发电效率，帮助其在运营和市场方面做出更好的决策。

Predix 团队以其下属林登发电站为试点，开展工业互联网平台应用。通过为发电机加装传感器获取其运行数据，根据数据分析结果为 PSEG 制定更具营利性的运营策略。与此同时，建立 M&D 中心以帮助优化发电厂发电主要指标，包括系统利用率、热力性能及运筹灵活性。

基于 Predix 平台，PSEG 现已实现实时故障报警，将设备异常运行情况实时通知发电站管理人员，实现预防风险性运营；建立在云端信息基础上的可视化、洞察力和操作，让管理者关注并实现持续性改良规划，包括抓住机会改善热力性能、提升运筹灵活性和可靠性；热耗率方面实现最高四分位数，降低生产成本；发电机燃料启动成本最低化；整个发电站第一年提升可靠性 1%，相当于 2 万亿美元价值。

2. 能源优化

A2A 是意大利最大的多元公共事业公司，现需要升级其下属的基瓦索发电站，使其能够对电网不断变化的需求做出更好的响应，从而在竞争激烈的市场中快速提升生产率。为了重新启动其升级后的电厂，要把满足排放要求的机组的最低负荷水平降低。因此，A2A 公司需要大幅地提升其机组运行效率，同时降低对环境的负面影响。

在意大利北部的伦巴蒂大区，Predix 团队在 4 个联合循环发电站的 9 台 9FA 燃气轮机上部署了 GE OpFlex 软件。在基瓦索发电站，Predix 运用 OpFlex 的 Dry Low NOx 2.6+燃烧技术对 2 台 9FA 燃气轮机进行了升级改造。Predix 部署了数字化解决方案来收集机器内部的传感器数据，应用分析算法，帮助 A2A 公司发电站管理层理解如何通过 OpFlex 控制软件更好地应对市场情况，降低运营成本，减少发电站对自然环境的影响。

通过应用 Predix 数字化解决方案，A2A 实现了每台机组满足其排放要求的最低负荷水平降低到 65MW；实现最低化的机组启动燃料费用；OpFlex Fast Ramp 方案使得负荷变化率达到每分钟±50MW，是普通值的 2.5 倍。

五、MAANA：知识驱动商业价值

（一）平台简介

MAANA 是一家以知识为中心的技术独角兽公司，其自主开发的MAANA 知识平台（网址为：https://www.maana.io/knowledge- platform/）能够加速知识的探索与利用，以知识驱动商业价值的开发。MAANA 知识平台作为一个分析平台，能够将大数据分析应用到业务运营中，使公司能够多线程分析数据，缩短了从原始数据到持续监测过渡所需的时间。同时，通过将大数据分析与应用相配适，能够为数千名员工提供更好的决策指导，优化企业关键资产和业务流程。

（二）解决方案及成效

1. 预测性维护

当油泵出故障时，拆卸和更换部件的成本非常高，不仅涉及石油生产停止，还涉及动员大量人力、物力耗费巨额资金将故障油泵从井下拉出并更换新泵。油泵的设计初衷是能够适应恶劣的井下环境，进行正常采油工作，目前的困难是，如何根据特定油井的地质和环境条件，选择合适的油泵，在不需要耗费大量人力、物力等成本进行维护的情况下，保证油泵正常运行较长时间。石油公司需要从各个油井中提取数据，生成可操作的建议，以帮助优化油泵的选择。

该石油公司使用MAANA知识平台帮助维护人员为每口油井选择合适的油泵，并预测可能发生的故障，实施有效的预测性维护策略。维修专家利用该平台从各种来源（如运行报告、油泵故障报告、油泵传感器数据和高频数据流）收集与现有油泵运行相关的数据。在现场，工作人员负责描述从井中取出故障油泵时观察到的情况，人工输入与故障油泵检查相关的数据。此外，该公司还在油泵的运行过程中收集了详细的传感器数据。通过应用MAANA知识平台，该石油公司能够根据油井实际情况选择最适合的油泵，并通过对历史数据、机器数据和人类语言数据的分析对油泵进行预测性维护。

2. 供应链管理

某医疗诊断设备制造商面临着大量零部件的库存积压问题，低效的零部件订购模式每年占用了近 3000 万美元的现金流。公司希望通过减少不必要的零部件订购降低 30% 的库存，改善现有现金流情况。

为了找到造成现金流被占用的根本原因，并寻求合适的解决方案，该公司决定应用 MAANA 知识平台，通过与专家的合作，从各种数据源识别出相关信息，这些数据源能够提供历史信息，包括来自 XELUS（公司的服务库存管理和需求规划软件）和 SAP 的 ERP 的数据。通过 MAANA 知识平台的分析显示，该公司位于亚太地区的现场工程师占比仅为 3%，但有 95% 退回的用于维修和更换的零部件是来自该区域。

平台抓取多个数据源，并结合过去服务中所遇到的问题进行分析，并构建了新的零件订购模式，向维修工程师提供优化建议，能在保证一次维修率的同时，降低零部件库存问题。

在应用 MAANA 知识平台后，该医疗设备制造商能够减少 67% 的零部件订单，同时能够定位是哪个区域的现场工程师的零部件退货率较高，并有针对性地进行整改，使得公司整体库存积压问题得到缓解，减少了不必要的现金流占用。

六、PTC：在竞争中领先一步

（一）平台简介

美国参数技术公司（PTC 公司）于 1985 年成立，公司总部位于美国马萨诸塞州。公司主要提供产品生命周期管理（PLM）、计算机辅助设计（CAD）、应用程序生命周期管理（ALM）、供应链管理（SCM）和服务生命周期管理（SLM）等服务和解决方案。

PTC 公司根据在工业软件领域的经验积累推出了 ThingWorx 平台（网址为：www.ptcchina.com/internet-of-things/technology-platform-thingworx）。ThingWorx 是一款端到端的技术平台。它使工业互联网应用程序的开发者可以快速连接、创建以及部署企业级的工业互联网应用。ThingWorx Foundation 连接了 ThingWorx 的所有组件，为开发者提供创建完整工业互联网应用最简单的路径。

ThingWorx 平台主要提供的组件包括基于 Kepware OPC Server 的工业协议转换和数据采集、源于 Axeda 远程资产管理解决方案的 ThingWorx Utilities 设备管理、基于机器学习的 ThingWorx Analytics 大数据分析、基于 CAD 产品数字模型和 Vuforia 技术集成的 ThingWorx Studio、数字孪生等服务。除此之外，平台还包括 ControlsAdvisor、Production Advisor、AssetAdvisor、Navigate 等用于应用创新的功能模块。目前，在平台上大约有 21 个企业级应用、142

个插件、77 个认证产品。

（二）解决方案及成效

1. 故障诊断

ABC 制造公司在全球拥有 27 个生产基地。现阶段，ABC 公司在利用收集到的数据时面临两个主要问题：一是收集到数据的规模大、复杂度高、差异性大，需要消耗大量的人工成本来做数据处理和评估；二是由于数据分析本身需要耗时，无法直接将实时获取的数据投入使用。

ABC 制造公司采用 ThingWorx Analytics 技术进行预测和分析。该技术使用人工智能和机器学习技术自动从数据中发现、学习模式，构建预测模型并进行验证，能够将处理后的数据信息发送到大部分类型的终端。ThingWorx Analytics 能够快速分析数十亿个信息点，以确定在环境温度是 77～79℃的情况下，当生产 2 号线运行 4467ANX 时，发生的特定的故障模式。

通过 ThingWorx 平台，ABC 制造公司实现：

（1）数据聚合：云解决方案使"大数据"聚合，自动检测设备运行模式、运行异常情况，并在停机、生产错误或发生故障之前，标记机器进行提前维护。

（2）远程设备诊断：获得设备实时的状态报告，维护人员能够远程诊断设备的状态。

（3）数据分析：应用数据挖掘、预测、诊断和嵌入式智能技术，使生产线更加智能。

2. 状态检测

IOTATOI（I-O-TA-Toy） 是 Power Agent Systems 的一个部门，能够提供一种低成本的方式来管理和协调实时全面监控所需的各种因素。从数据收集到运营管理再到分析和数据集成，IOTATOI 提升了收集和处理工厂设备和系统生成信息的能力。

IOTATOI 开发了一种通用监控系统（UMS）的边缘服务器，通过数据收集监控制造工厂、采矿场和化工厂的备用电池组。根据 UMS 在监控备用电池组方面的经验，IOTATOI 能够将其系统扩展到任何可以被传感器监控的场景中去，如振动、热量、温度和流量等的监控。为了更好地适配各种应用场景，IOTATOI 部门需要升级现有系统的中间件，使其更具可扩展性，从而允许他们动态查看信息并进行基准测试分析，将数据输入到分析引擎中去，并创建更具操作性的视图。

IOTATOI 已经开发出连接所有传感器并将其产生的数据信息传输至中心位置的物理能力。在此基础上，应用 ThingWorx，为 IOTATOI 提供了无缝缩放信息、从任何位置查看信息、将信息推送到任何位置等能力。

IOTATOI 创建 mashup、设置传感器、配置数据将要发送到的位置，并在数据传送时启用预先配置的所有内容和功能。客户在站点部署数据中心，验证解决方案是否按配置方案运行，并能够以较小成本监控设备上的多个传感器。

通过使用 ThingWorx，IOTATOI 能够实现：

（1）远程设备诊断：获得设备实时状态报告，使维护人员能够远程诊断设备的状态。

（2）系统灵活性：能够更加快速和低成本地进行应用程序的开发和改进。

七、QiO：数据创造价值

（一）平台简介

QiO 是一家位于英国的软件公司，于 2015 年发布 QiO Foresight 平台（网址为：https://qio.io/qio-foresight- platform），旨在快速提高企业运营效率，增强生产力和安全性；同时，为工业工程师模拟、预测、协作和优化业务流程提供技术帮助，以实现企业整体业务的优化。当前，工业企业需要做到实时的无缝连接，还需要无论何时何地都能够基于数据创造价值。QiO 为适应复杂的工业环境，专门开发了基于本地云的开源架构。

（二）解决方案及成效

1．预测性维护

一家石油&天然气生产商希望能够从关键油泵设备中获取实时数据，以提高其可靠性，从而实现原油产量的整体提高。以现有技术手段，难以将已有监测系统低成本地扩展到数千台电动井下泵。油泵是原油生产过程中的关键资产，任何对油泵性能的影响都会导致生产损失和潜在的安全问题。

预测性维护解决方案用于提取超过 1900 万条设备记录，拥有 985 个分析模型。预测性分析能够集成油泵从设计到运行各个环节的数据（包括温度、轴承故障、泵故障、电机损坏和电机泄漏等）和油泵性能，并分析建模。

通过应用预测性维护解决方案，该生产商在 3 个月的时间内，客户记录的数据处理速度提高了 4 倍，IT 成本降低了 45%。同时，减少了由于意外停机造成的每小时约 50 万美元的收入损失。

2．能源管理

Lloyd's Register 受一家英国船舶运营商委托，对燃油消耗量进行分析。该运营商需要一种基于软件的解决方案，实现实时接收高频传感器数据，并提供船载数据分析模型和可视化数据定制服务。并且，该解决方案还需要有良好的复用性，能更快速、更低成本地推广到该船舶运营商的其他船队中。

过去，每个船舶上都装有传感器，以不同的频率产生大量数据，并以不同的格式进行输出，在每次航行结束时，由人工来进行数据的批量检索，并进行数据处理和分析。整个流程耗时几个星期，才能产生一份静态的 PDF 格式的报告，难以实时调整设备。

QiO 与 Lloyd's Register 展开合作，在 4 周内构建并部署了端到端数据摄取、可视化及其他相关解决方案，并将该方案部署在了能够与移动设备安全兼容的云平台中。每天有超过 4500 万个数据点大约 300 万行的数据通过 50 多个信道，以 20kHz 的速度传输进云平台中，通过平台接受外部数据，并执行数据标准化操作，将数据源进行增强、计算和可视化输出，为船舶运营商提供了拖放、动态仪表板和基于传感器实时数据的可定制图表服务。

通过应用该解决方案，船舶操作员现在可以将船舶航行的历史记录和实时数据相结合，基于平台进行故障分析，监测燃料过度使用的异常情况，并进行维护。根据该船舶运营商的分析，应用解决方案后的每一次航行燃油效率能提高 5%～8%，每艘船每年可节省燃料成本约 20 万美元。

3．预测性维护和人力资源调度优化

在安全墨水行业，解决方案供应商通常制定严格的客户服务水平协议（SLA），采用维护流程、现场技术人员和预防性维护计划，以达

到设备的生产目标。供应商在维持 SLA 上花费了大量的时间和精力，且计划外的停机对整体运营效率产生了负面营销，极大影响企业利润率。而且由于在客户端的操作依赖专家的专业操作知识，使得该协议不易扩展。

预测性维护解决方案使用预测分析手段生成决策，构建设备故障的数字孪生模型，并生成可行性方案。该方案能够合理利用现场知识和人员专业知识，提高现场技术人员的效率。同时，在不影响客户满意度的前提下，提高设备可靠性，安全性和合规性，使得整体成本最优化。

八、SAP：让世界运转更卓越

（一）平台简介

SAP Cloud Platform IoT 可以将设备连接到 SAP 云平台，从而在工业互联网应用中使用设备传入的数据。它提供了工业设备规模化的从注册到退出的全生命周期管理功能，通过各种各样的物联网协议安全地连接到远程设备，对边缘端或云端的传感器数据进行收集、处理和存储，把 SAP 云平台上的数据提供给应用程序进行调用。SAP Leonardo IoT 平台（网址为：https://www.sap.com/products/ leonardo.html）可以划分为 4 层。

（1）边缘层-SAP Leonardo Edge：提供边缘端的协议转换、数据持久化和数据分析等一系列服务，将数据发送到云端，同时支持在边缘端执行关键的业务流程。

（2）平台层-SAP Leonardo Foundation：提供原始数据的接入能力、海量数据的处理能力、与业务系统的集成能力，并提供端到端的工业互联网应用开发工具集。

（3）应用层-SAP Leonardo Applications：覆盖6大领域的应用，实现产品互联、设备互联、车队互联、基础设施互联、市场互联、人的互联。

（4）桥接层-SAP Leonardo Bridge：提供一个可配置的基于岗位的业务场景，建立业务数据与工业互联网应用数据的关联，实现智能化的业务解决方案。

其中 SAP Leonardo Foundation 和 SAP Leonardo Bridge 都是基于 SAP Cloud Platform 的技术。

（二）解决方案及成效

1. 优化资产数据管理和维护方案

Alliander 是一家能源网络公司，为荷兰大部分地区提供可靠、负担得起的和可获得的能源。现阶段，Alliander 公司需要实现以下目标：

（1）提高资产寄存器（Asset Register）的数据质量，该寄存器是跨电网使用的所有资产（如燃气管道和电缆）的中央存储库。

（2）通过准确填写所有资产缺失的技术数据，如材料或施工年份，优化现有资产维护和管理方案，降低维护成本和监管风险。

（3）寻找新的解决方案，原有资产数据管理方案是基于现有规则的解决方案，耗时巨大、无法检测未知模式且需要大量专家参与。

根据 Alliander 公司的需求，SAP 为其提供：

（1）将内部业务知识与 SAP 数据挖掘技术相结合，快速提高数据质量。

（2）SAP 的数据科学组从数据本身提取规律，并自动完成丢失的资产数据补充。

通过 SAP，Alliander 实现：

（1）更高的数据质量。数据准确性更高，技术数据完整性达到100%。

（2）更低的成本。利用更少的工作和精力就能够完成数据质量管理工作，每年用于资产维护的成本仅占总成本的 1%～2%。

2. 车队状态监测与运营优化

ARI 使用物联网技术、远程信息技术和预测分析技术，为客户跟踪和报告车队运营过程中的每项工作（从驾驶员活动到燃料数据、车辆维修等），通过这些信息了解哪些环节存在时间或金钱上的浪费，然后相应地调整业务策略。

从前，ARI 的主要做法是通过收集运营各个方面的数据，从订车到再营销再到司机行为，来控制客户的总成本，提高驾驶员安全性。

在应用 SAP Leonardo 平台后，ARI 能够对驾驶员的安全性、驾驶员行为、车辆维护、燃料状态等进行实时数据监控，帮助 ARI 客户更快地做出正确的运营决策，提高车队的运营效率，并为驾驶员提供更加安全的驾驶保障；使用 SAP HANA 对车辆维护、发动机、轮胎、变速箱等数据进行预测分析，在客户提出需求之前就将其可能需要的信息推送给他们；平台具备的物联网和远程通信技术能够连接资产、驾驶员和供应商，提供全方位深入的运营洞察力；减少跨流程的手动通信，提高运营效率，增加价值，降低整体成本；帮助客户了解他们如何消费、为什么消费，以及如何避免过度消费和避免车辆故障的能力。

通过 SAP Leonardo，ARI 实现 2 秒接收车辆新传输过来的数据；每月通过 SAP HANA 可以远程处理 1TB 的数据；96% 的呼叫中心数据交互是通过机器学习算法处理的。

九、施耐德：创新无处不在

（一）平台简介

施耐德电气公司是全球著名的电气设备制造商，并为 100 多个国家提供能源整体解决方案。施耐德于 2016 年发布 EcoStruxure 平台（网址为：https://www.schneider-electric.com/en/work/campaign/innovation/platform.jsp），探索将数字技术与其在电力设备等领域的专业优势结合，实现施耐德集团制造设备的互联。

EcoStruxure 平台包括三个层级，第一层是互联互通的产品，产品涵盖断路器、驱动器、不间断电源、继电器和仪表及传感器等。第二层是边缘控制。边缘控制层可以进行监测及任务操作，简化管理的复杂性。第三层是应用、分析和服务。应用可以实现设备、系统和控制器之间的协作，分析则通过运营人员的经验形成模型，用模型促进改善策略的形成，提升决策效率与精准度，服务提供可视化的人机接口，实现业务控制和管理。

EcoStruxure 平台目前已联合 9000 个系统集成商，部署超过 45000 个系统。平台主要面向楼宇、信息技术、工厂、配电、电网和机器六大方向。

（二）解决方案及成效

1. 电力行业资源调度优化

可再生能源的充分开发和利用不断增加，能源分配比以往任何时候都更具挑战性。意大利最大的电力输送供应商 Enel 希望调整配电网络的效率，充分利用可再生能源，力求在 2050 年实现碳中和。

Enel 公司选择了 EcoStruxure ADMS 配电管理解决方案，ADMS 可为电力公司的配电系统提供规划、运行、模拟和分析等全套功能。同时，该方案配备了全面的、多功能的工具包，可帮助复杂电网的电力公司，将电力中断和能源损失降至最低。Enel 公司采用配电网络的可视化运算模型，包括电压管理、分布式发电、频率控制、需求侧响应和其他智能电网数据管理的详细模型，并允许智能电网充分利用现有系统上收集的所有数据，将其编译到智能中央系统，进行分析并给出最佳的解决方案，实时调节供需平衡。

通过 EcoStruxure ADMS 配电管理解决方案，Enel 公司实现：

（1）可再生能源占比超过 40%。

（2）采用 ADMS，估计每年节能约 144 千兆瓦时。

（3）二氧化碳排放量每年减少 75000 吨。

（4）可在实施绿色能源过程中降低社会成本和运营成本。

2．生产制造优化

上海宝钢股份有限公司需要对热轧 1580 智能车间进行升级改造，搭建一个自动化、无人化、智慧化的平台来实现产品的生产管理。

施耐德电气为宝钢股份 1580 热轧智能车间升级改造项目提供的解决方案：

（1）无人行车行业解决方案及全套产品（包括断路器、变频器、可编程控制器、安全可编程控制器、开关、软件管理平台及 EMS 能源管理系统等）：通过全套自动化产品解决方案对设备运行生产状态实现精确控制，从而实现无人值守，并有效降低人力成本及人员安全。

（2）优化吊装及物流系统算法：改造车间，安装特殊传感器等关键设备，确保无人化值守后的运行状态。

（3）互联互通系统：实时监测所有设备的运行状态，实现生产设备的数字化运营，以及供应链管控和分析决策过程的智能化水平。

1580 智能车间已进入无人操作、自动运行状态，运行结果稳定。目前，行车全自动投入率稳定在98.5%以上，共减少了 20 个工人。功能考核期间，项目经受了满负荷生产的考验，日均产量达 10500 吨。板坯库倒垛率由原来的30%提升至现在的 70%～80%，有效提升进出库物流管理系统，杜绝物品丢失。

十、西门子：博大精深—同心致远

（一）平台简介

西门子股份有限公司是全球电子电气工程领域的领先企业，业务主要集中在工业、能源、基础设施及城市医疗 4 大领域。西门子于 2016 年推出 MindSphere 平台（网址为：https://new.siemens.com/global/en/products/software/mindsphere.html）。该平台采用基于云的开放物联网架构，可以将传感器、控制器以及各种信息系统收集的工业现场设备数据，通过安全通道实时传输到云端，并为企业提供大数据分析挖掘、工业 App 开发以及智能应用增值等服务。

在工业设备的数据采集方面，西门子提供了 MindConnect 工具盒子，可以让设备轻松连接入网。MindSphere 平台主要依托网关型硬件产品 Nano，向上连接 MindSphere 的云端，向下连接西门子众多具有以太网通信能力的硬件产品，以及支持通用协议的其他品牌产品，完成数据采集与传输。如果设备的通信协议比较特殊，用户可以基于 Nano 中的开源软件自行开发设备通信与数据采集程序。

在数据分析方面，MindSphere 平台融合了自主开发的 Sinalytics 分析平台，该平台整合了远程维护、数据分析及网络安全等一系列现有技术和新技术，还能够对机器感应器产生的大量数据进行整合、保密传输和分析。据西门子公司提供的资料，Sinalytics 分析平台主要是被用于提升对燃气轮机、风力发电机、列车、楼宇和医疗成像系统的监控能力。

目前，MindSphere 平台的数据分析和应用开发能力实现了重大优化。西门子通过与 IBM 合作，将 Watson Analytics 融入 MindSphere 中，为 MindSphere 提供了多个分析工具，包括预测分析、规范分析和认知分析。在 2017 年汉诺威工业博览会上，西门子展示约 50 种工业 App，包括了降低安全风险、提升互联设备和工厂的可用性等功能。除此之外，西门子正在与源讯、埃森哲、Evosoft、SAP 和微软，以及亚马逊云服务（AWS）和 Bluvision 等开展合作，强化工业 App 产业生态的构建。

在工业应用方面，MindSphere 平台向下提供数据采集 API，既支持开放式通信标准 OPC UA，也支持西门子和第三方设备的数据连接；

向上提供开发 API，方便合作伙伴和用户开发应用程序。MindSphere 平台应用开发也是基于 Cloud Foundry 框架构建，既搭建完整的大数据预处理、存储及分析的技术框架，融合了西门子以前在若干个领域积累的分析模型与算法，也提供开放的接口，便于用户嵌入满足个性化需求的分析算法模型。

（二）解决方案及成效

1. 能源管理

西班牙 Gestamp 公司为汽车制造商提供设计、开发和生产新型金属组件和零部件服务，打造更具安全性、更加轻便的新型汽车。Gestamp 在 20 个国家设有代表处，用于生产车身部件、底盘和机械部件。现阶段，Gestamp 共计拥有工厂 97 座，研发中心 12 个，另有 9 家工厂正在建设中。

目前，Gestamp 工厂面临着能源消耗不断增长的挑战，Gestamp 希望能够以公共平台为媒介，基于实时数据了解所有机器和设备的运行情况，并根据数据对设备进行优化，使其更高效地运行，这一举措也能够大大减少能源的消耗和二氧化碳的排放。

西门子 MindSphere 的能效平台利用大数据优化能源消耗，现已在西班牙、德国、英国、法国和波兰的 Gestamp 工厂投入运营。工厂安装了数据采集设备，每小时可收集约 4000 万个数据点，并通过云传输到位于西班牙塞维利亚的西门子智能电网控制中心管理平台，使 Gestamp 能够实时评估和优化其所有工厂的电力和天然气消耗，再根据能源消耗模式构建算法，识别并警告设备中的任何故障。平台能够使用数据分析工具对能耗数据进行处理，实现预测性维护、生产流程管理，并根据未来的生产需求预测能源消耗。还可以针对设备的行为进行建模，使其以一种协调的方式尽可能高效地运行。

通过西门子 MindSphere 的能源效率平台，Gestamp 能够将其工厂的能源消耗和二氧化碳排放量减少 15%。Gestamp 计划将该平台解决方案扩展到欧洲以外的 16 家工厂。

十一、Uptake：创造人机协作的世界

（一）平台简介

Uptake 是一家利用预测性分析技术和人工智能技术进行设备检测的工业互联网初创企业，成立于 2014 年。

Uptake 的产品是一个提供运营管理的工业互联网平台（网址为：https://www.uptake.com/platform），该平台可利用传感器采集前端设备的各项数据，然后利用预测性分析技术以及机器学习技术提供设备预测性诊断，进行车队管理、能效优化建议等管理解决方案，帮助工业客户改善生产力、可靠性以及安全性。目前，Uptake 正在与铁路、采矿、农业、建筑、能源、航空、零售业的伙伴展开合作，

联合开发针对特定行业的平台和应用，向行业用户销售预测性分析软件和服务。

（二）解决方案及成效

1. 故障诊断与生产制造优化

Palo Verde 是美国最大的核电站。在美国最大的五个核电站中，有三个是由其运营的。Palo Verde 也面临着商业挑战：需求疲软、可再生能源普及率上升，以及电力价格下跌带来的市场压力日益增大。

以前，Palo Verde 是根据原始设备制造商（OEM）为核工业提供的标准建议，制定和管理设备预防性维修时间表。这种策略依赖于通用性的维护指导，对设备所发生的非常规故障，无法及时识别和解决。

Uptake APM（资产绩效管理）解决方案能够站在成本节约的角度提供维护策略优化服务，基于设备的具体情况，以数据为中心，提供优化建议，增加维修的有效性、降低维护成本、提高资产的正常运行时间和可靠性。

通过使用 Uptake APM，Palo Verde 制定并实施了新的设备维护策略，消除或延长了预防性维护任务的频率，提高了运行安全性，改善了电力生产，确保 Palo Verde 以最低成本保障设备的可靠性。Uptake APM 使 Palo Verde 能够评估：

（1）特定设备故障模式。

（2）快速匹配可用于解决这些故障模式的维护方案。

（3）评估执行或不执行指定维护的风险。

（4）以预期经济价值衡量在成本和预期设备可靠性方面的维护有效性。

通过应用 Uptake APM，Palo Verde 实现每年节省 1000 万美元的费用，占原有成本的 20%；将用于预防性和纠正性维护的年度工作时间减少了 37%；提高了综合生产能力；通过消除不必要的维护，提高了操作安全性，将工人暴露在辐射下的时间减少了 57%。

2．生产制造优化与资源调度优化

美国一家大型设备经销商由于缺乏资源和熟练的技术人员，在为客户提供高质量服务方面面临挑战。该设备经销商拥有 14 个不同的独立系统来管理其客户服务交付。但是，由于该经销商对其服务渠道缺乏全面的可见性，整体业务面临着员工生产力落后、客户满意度下降、服务盈利能力下降等问题。此外，由于与技术人员的沟通存在局限性，造成不合理的人员行程安排，导致整体调度效率低下，把时间浪费在无用的行程管理上，而不是花费在能为企业带来业务收入的商业活动上。经销商需要一个整体的系统，不仅要提供清晰的可视化和流线化的工作流程，还要测量关键的服务指标，使客户了解整个服务过程，更好地管理技术人员资源。

经销商以前同时管理 14 个不同的系统，这带来了重大的管理挑战、信息丢失或延迟，以及客户参与度低等问题。Uptake 平台提供的 ServiceLink 建立了一个工作订单系统，该系统改进了整个工作流程中的关键环节，使其对服务如何执行及在何处可以改进有了清晰理解。

（1）优化数据输入。

① 通过简单的数据录入简化了烦琐的人工录入。

② 轻松捕获修复和纠正数据。

③ 在定制的可视化仪表板中对任务进行优先排序。

④ 降低预先输入功能的出错率。

（2）提高其通信能力。

① 根据该设备经销商首选的通信方式（如电话、电子邮件或短信）自定义维修状态更新通知所采用的通信方式。

② 自动化内部工作流程警报，用于判定工作订单是否接近其承诺完工日期，使经销商能够更好地管理客户的期望，按时交付订单。

③ 直观的日程安排选项，让合适的人更快地找到合适的工作。

（3）获得强大的数字知识库，可捕获故障代码和维修历史经验，减少故障排除和维修时间。

设备经销商在一个系统中跟踪和管理所有的服务交付情况，提高了生产率，优化了技术人员的工作安排，并减少了用于任务管理的时间，为该设备经销商每年节省了近 90 万美元的成本。

应用篇

工业企业的诉求——数据驱动，转型致胜

虚实之间 工业互联网平台兴起

全球工业企业面临数字化转型的巨大压力，现有模式在新一代信息技术的冲击下难以为继，急需寻找新竞争优势。工业互联网平台助力工业企业数字完成化转型，并为其提出了切实可行的解决方案，为了解决工业企业痛点问题，应用场景应运而生。现阶段，工业互联网平台应用场景可分为设备/产品管理、业务与运营优化、社会化资源协作三大类，能够帮助工业企业实现降低成本、提高效率、提升产品和服务品质、创造新价值四大成效。

本篇遴选国内外 95 家平台的 410 个案例，按照应用场景、成效、行业等维度对其进行拆解剖析，力求真实呈现我国工业互联网平台应用实效，解答工业企业应用工业互联网平台能够做什么，解决了什么，获得了什么价值等问题，推动工业互联网平台研究从理论讨论走向落地应用。工业互联网平台解决方案与传统工业 IT 架构解决方案相比，实现了从流程驱动的业务系统转变为数据驱动的平台应用新范式，为工业企业提供基于数据的新技术、新方法、新服务和新价值。当前，基于工业互联网平台的解决方案集中在数字化程度高、应用价值大的行业，并对解决行业痛点问题带来了新思路和新对策。

第十二章 转型升级：
工业企业数字化转型迫在眉睫

近年来，全球工业经济形势发生深刻变化，能源和原材料价格持续攀升，资源与环境约束进一步强化，工业竞争格局深度调整，工业企业同时面临着外部环境变化和传统运营模式难以为继的压力，数字化转型迫在眉睫[71]（见图 12-1）。

图 12-1 我国工业企业发展面临的挑战

一、企业经营环境发生重大变化

工业发展面临个性化需求升级、行业竞争重新洗牌、新技术变革、国家战略引导等多方面变化。一是互联网和信息技术发展迅速，在社会各领域广泛渗透，推动消费方式、产品形态和供需关系发生重大变革，工业企业面临以个性化需求升级为代表的市场挑战。二是数字化商业模式推动业务模式变革，重塑制造业竞争格局，一批工业企业依托工业互联网成功开展服务化转型，并形成新业务增长点，传统工业生产方式与运营模式受到的挑战日益严峻。三是以 CPS、物联网等为代表的新技术持续推动制造技术变革，显著提高工业生产智能化水平，给工业企业全要素生产率的提升带来机遇。四是通过新技术提高制造业竞争力是国家战略需求，随着政策引导与支持力度不断加大，制造业与互联网融合发展试点示范经验不断积累，工业企业迎来转型升级发展良机。

二、工业企业现有模式难以为继

近年来，我国工业增速放缓，规模以上工业企业增加值增速从 2007 年的 18.5%逐步降低至 2017 年的 6.6%，多重因素持续挤压工业企业利润空间（见图 12-2）。一是生产成本攀升，2018 年上半年，规模以上工业企业每百元主营业务收入中成本为 84.42 元 [72]。在土地和劳动力价格持续上涨、资源和环境约束趋紧的形势下，中国制造的比较优势被逐步削弱。二是产品与服务质量管控尚存差距，工业企业以中小企业为主，受到资金、技术、成本约束，部分中小企业对质量管理重视不足，管理方法相对落后，导致产品可靠性与客户满意度低，影响品牌声誉与产品的可持续性竞争力。三是交付能力不足，信息技术在制造领域的深入应用导致产品交付周期和产品迭代周期大幅缩短，传统规模化生产方式已经难以满足柔性化、敏捷化、协同化的订单交付需求。四是创新能力不强，大部分企业仍处在技术含量和附加值较低的"制造—加工—组装"环节，创新主体地位未能充分体现，工业企业创新投入与发达国家企业差距明显。

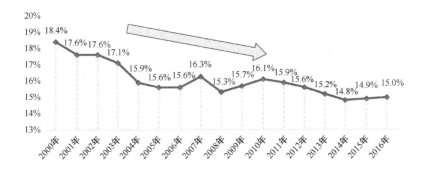

图 12-2 规模以上工业企业税前利润率变化趋势（2000—2016 年）

资料来源：国家统计局

三、工业企业核心竞争力诉求逐步演变升级

技术进步在引发数次工业革命的同时，也牵引着企业核心能力体系的变革。规模化和高效生产能力成为工业机械化发展进程中企业核心能力的代名词。随着工业电气化发展，企业更加重视在大规模生产的基础上，强化成本降低、质量合格等方面的能力。进入互联网时代，相对于企业发展面临的各种挑战和问题，企业核心能力总是显得不足，难于适应或满足内外部环境和条件的快速变化。互联网时代的企业发展，就是要激发企业技术、装备、系统、流程、组织和数据的综合价值，持续打造适应时代发展需求的新型能力，培育形成企业互联网发展背景下的竞争新优势。我国企业普遍关注信息化环境下的六大类能力，包括研发创新类、生产管控类、供应链管理类、财务管控类、经营管控类、用户服务类能力。但是，每一类能力的内涵和企业的关注重点与传统工业时期相比已经发生了很大变化：从关注技术产品本身的成本、质量、效率等方面向关注用户价值、快速满足用户个性化需求转变（见图 12-3）。如研发创新类能力从产品性能提升向实现基于客户需求的快速定制研发，产品研发、工艺设计、生产制造一体化，在线、异地协同研发等延伸；生产管控类能力从规模化生产转向关注大规模个性化定制生产管控、基于用户订单的柔性生产等；用户服务类能力从渠道建设转向关注远程诊断与服务、客户互动与敏捷服务、

产品全生命周期追溯等。更具代表性的是，构建生态系统能力成为行业领军企业共同追求的新目标，通过整合企业内外部优势资源，构筑开放的、边界不断扩大的产品生态、企业生态、产业生态，打造企业命运共同体，营造新的群体竞争 [73]。

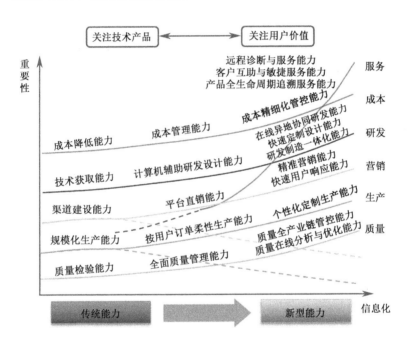

图 12-3　工业企业核心能力体系变迁图

资料来源：国家工业信息安全发展研究中心

第十三章　落地生花：
问题导向的应用场景

一、工业互联网平台应用场景是什么

全球目前有数百家工业互联网平台企业，《互联网周刊》、硅谷动力、McKinsey、Gartner、IDC、Forrester 等机构也纷纷发布工业互联网平台相关报告，我们根据权威机构排名和实际案例情况，从全球 200 多家工业互联网平台企业中选取了 95 个平台企业，随后，按照三个维度对案例进行筛选：一是从工业企业角度，案例应以企业生产制造的环节为核心，推动工业企业数字化转型。二是从工业互联网角度，案例需应用工业互联网相关技术，推动数据跨越物理界限和管理界限流通共享，助力工业互联网生态形成。三是从应用成效角度，案例的成效应获得工业企业和应用提供商的共同认可，并在官方渠道公开发布。

以此为据，我们选取了成功实施的 410 个案例进行研究与分析。

工业互联网平台作为新一代信息技术与制造业深度融合的产物，已成为新工业革命的关键支撑和深化"互联网+先进制造业"的重要基石。工业互联网平台为工业企业转型中的痛点问题提供了可行的解决方案，能够帮助工业企业突破内部发展瓶颈、整合外部资源、顺应市场需求，实现数字化转型。现阶段，工业互联网平台应用场景可分为设备及产品管理、业务与运营优化、社会化资源协作三大类，总的来说，降低成本、提高效率的需求在全球范围内都是推动工业企业实施工业互联网平台应用的最大动力，针对高价值设备的管理和针对业务过程的优化两大场景应用分布较集中，业务转型和创新应用分布较分散（见图 13-1）。

图 13-1　工业互联网平台应用整体情况

数据来源：国家工业信息安全发展研究中心

目前，国内外应用案例在应用场景方面表现较为一致，状态监测与报警、生产制造优化和按需定制分别占据三类应用场景中的第一位，而产品全生命周期管理、技能优化和产融合作则均为全球范围内应用较少的场景。可以看出，应用收益、实施技术难度、多方协作复杂度都成为当前工业企业选择应用工业互联网平台考虑的因素，难于实施的通常是协同合作和价值共享要求高的项目，而对技术要求高的设备预测性维护，由于其带来的应用价值高而不乏应用者。具体应用场景分类及案例分布如图 13-2 所示。

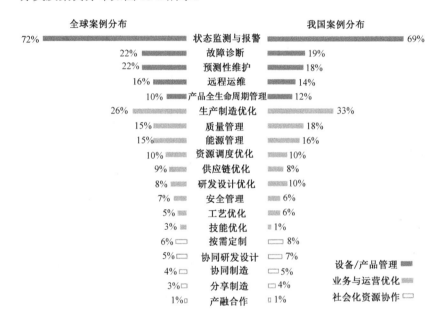

图 13-2　工业互联网平台应用场景案例分布

数据来源：国家工业信息安全发展研究中心

基于应用场景的分类，我们在对我国 62 家平台企业应用场景与成效匹配度自评调研中发现，目前平台应用能够帮助工业企业实现降低

成本、提高效率、提升产品和服务质量、创造新价值四大成效，具体
成效分类及三大场景应用成效分布如图 13-3 所示。

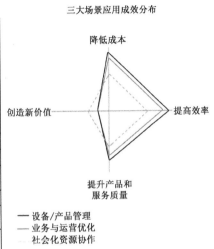

成效分类		
降低成本	降低用工量	减少故障损失
	降低运维成本	降低能耗
	减少资源浪费	减少安全事故
提高效率	优化业务流程	提高生产柔性
	提高资源（设备物料）利用效率	缩短交付周期
	提高员工工作效率	提高供应链运作效率
提升产品和服务质量	缩短研发周期	降低次品率
	降低产品故障率	产品追溯
	加速产品/服务更新迭代	提升客户满意度
创造新价值	带动投资	数据即服务
	增加客户生命周期价值	增加客户数量和范围
	新的市场营销策略	新商业模式获得的收入增长

图 13-3　具体成效分类及三大场景应用成效分布

数据来源：国家工业信息安全发展研究中心

从平台应用的成效来看，各个成效之间的关系并非是割裂的。
通常一个平台应用纵使有特定的目的，却能给企业带来多个方面的
提升。

平台应用成效在降低成本方面主要表现为降低人员成本、降低运
维成本、减少故障损失、减少资源浪费、降低能耗、减少安全事故等。
其中降低人力成本是目前最显著的成效。比如富士康科技集团帮助深
圳富桂精密工业有限公司运用大数据技术，对生产设备调机参数变化

信息和加工程序之间的对应关系进行分析建模，再通过人工智能进行
决策并远程控制执行系统，实现智能调机调参，从而降低生产现场对
人的依赖，减少现场操作人员88%，平均调机时间减少60%。同时，
降低成本还体现在降低运维成本、减少安全事故等方面。如新疆金风
科技股份有限公司帮助国华能源投资有限公司巴彦淖尔分公司进行风
电整合、分析风电设备的相关数据，形成风电设备的综合健康管理系
统，系统上线后可减少运维成本上亿元、降低90%的次生事故。

平台应用成效在提高效率方面主要表现为，缩短研发周期、提高
员工工作效率、提高资源利用效率、提高生产柔性、缩短交付周期、
提高供应链运作效率等。比如航天云网基于 INDICS 平台 CAX、
CPDM、CRP 等各类工业 App，实现应用企业与外协、外购单位的研
发设计并行协同和资源能力共享，从而将产品研发周期缩短40%、资
源配置率提升50%、生产率提高33%。

平台应用成效在提升产品和服务品质方面主要表现为，提升产品
出厂合格率、降低产品故障率、实现产品可追溯、提高客户参与度、
加速产品/服务更新迭代、提升客户满意度等。其中提高产品质量是工
业互联网平台应用的主要成效，也是工业企业的重要诉求。

平台应用成效在创造新价值方面比较多样化，主要表现为数据即
服务、新商业模式获得的收入增长、新的市场营销策略、增加客户数
量和扩大客户范围、增加客户生命周期价值、带动投资等。如某水泵

厂商通过大型水泵远程监控平台提升设备监控、远程运维与预测性维护能力。该水泵厂商通过提供备件服务、保养服务、故障诊断等服务，优化营业收入结构，售后服务收入占总收入比重达40%，逐步实现从卖设备到卖"设备+服务"的转型，成功将数据变现。再如树根互联公司为装备制造业专业保险公司久隆财保的核保、定价等提供基于数据分析预测的客观、有力的参考，实现精准决策、个性化保费定价及高效假案评判。树根互联利用这一新商业模式成功进入保险行业。

核心设备在线管理和业务运营优化是当前企业应用平台的主要切入点，提质降本增效作用明显。总体来看，平台应用在优化已有业务方面成效显著，主要体现在提质降本增效方面；而在开拓新业务方面则略显逊色，开展工业互联网平台应用所创造的新价值较为有限。具体而言，针对高价值设备的在线管理和针对重点业务与运营环节的优化两大场景应用较为普遍，降低成本、提高效率及提升产品和服务品质是推动目前工业企业实施工业互联网平台应用最大的动力。社会化资源协作创新性强，在创造新价值方面取得的成效明显好于其他两大应用场景，但由于涉及主体多、实施难度大、应用模式较为分散，总体成效略显不足。

当前，工业企业转型需求迫切，工业互联网平台助力制造业转型升级日益成为全球共识。受制于商业模式、企业文化、投资收益、技术路线等多方面的挑战，平台应用虽然发展良好，但仍有很多工业企业持观望态度。还需以应用价值引导工业企业研发和使用平台，以应用实效推动工业互联网平台应用迭代发展。

二、国内外工业互联网平台应用有何不同

在应用场景方面，我国企业呈现出大建设大投入、创新多元化的特点，而国外企业的应用则更有针对性，创新聚焦在新产品、新服务的推出。

（一）大建设大投入 VS 小应用大作用

近年来，我国工业企业对信息化的重视度越来越高，已有不少大企业在生产运营的各个环节建立多套信息系统，使得相关环节的成本得以控制、效率得以提高。然而，当前工业企业信息化体系的构建较为封闭、独立，缺少统一数据标准，形成了大量的"信息孤岛"，无法及时、准确、全面反映出企业生产运营的真实情况，不利于企业管理层做出最优判断和决策。

工业企业可将各个独立的系统"云化"，将其纳入统一的云平台，消除"信息孤岛"。系统集成是中国大型工业企业非常主流的一种工业互联网应用。例如：伟星股份整合其供应链管理系统、销售管理系统、采购管理系统、库存管理系统，实现了小批量生产、快速交付，形成了成本端的相对优势，实现了传统制造企业的华丽转身 [74]；江苏井神盐化股份有限公司实现生产车间（供料混配料）、生产线（包装）、装

箱、码垛及气力输送、数字仓储、物流一卡通等自动化系统的综合集成 75。该类型的应用通常在有一定信息化基础的大企业中实施，且涉及企业多个部门，呈现出规模大、投入大的特点。

相较于国内企业"大手笔"的复杂应用，国外企业的应用显得更加小巧、简单。国外企业能够准确把脉，找出自身痛点，并找准工业互联网的切入点，锁定最适合自己的应用，实现 IT 和 OT 的结合，做到以最小的投入，获得最大的收益。例如：New England Biolabs（NEB）通过给存放产品的冰箱加入 IoT 模块，实现对产品使用情况的实时交互。基于这个简单的应用，NEB 取得了超预期的成效。一方面，NEB让客户了解实验材料的库存状况，帮助其加快实验速度；另一方面，NEB 可实现供应链优化，同时可推出有针对性的营销策略，并有效规划未来产品路线图，形成用户企业双赢的局面 76。

由此可看出，工业企业部署工业互联网应用并不是只有"高投入高回报"的单一模式。企业需要从自身的业务出发，找准急需解决的问题，同时结合工业互联网主流的应用模式，有望实现"以小博大"。

（二）多元创新应用 VS 数字业务应用

工业互联网的应用目前主要集中在设备/产品管理和业务与运营优化，创新方面的应用占比较低（12%）。在创新应用方面，国内企业和国外企业存在显著区别。国内企业的创新应用呈现出百花齐放的态势，在创新应用的各个模式都有所涉及。例如：

（1）按需定制+协同研发设计：荣成康派斯新能源车辆股份有限公司通过交互定制平台直接连接用户，了解房车用户的需求和痛点，实现房车的按需定制；同时又通过模块采购平台与模块商共同开发房车设计，实现协同研发设计，使得产品更好地满足用户体验[77]。

（2）协同制造：中国第一汽车集团公司通过工业互联网平台实现与近百家供应商生产制造协同，生产率提升 8%。制造协同体现在三个方面：客户与制造企业协同（客户化订单生产与实时互动），制造企业内部及外部供应商协同（精细化高效运营），人与装备协同（数据驱动智能决策）[78]。

（3）分享制造+产融合作：淘工厂连接有加工需求的淘宝卖家和工厂，集合了 15000 家工厂，为小微电商卖家提供生产加工服务。同时，淘工厂为淘宝卖家提供金融授信和担保交易。淘宝卖家支付货款时可使用授信额度，大笔交易全款支付，不用再担心资金问题[79]。

（4）创新定价模式+数字化产品：北京大豪科技股份有限公司对绣花机等纺织设备进行改造，使用云平台服务，帮助其实现从硬件收入到按成果收取服务费的模式创新，包括硬件收入对应的服务费用及基于平台软件的内容收入（花样打版等）[80]。

（5）产品即服务：某水泵厂商通过大型水泵远程监控平台提高设备监控、远程运维与预测性维护能力。该水泵厂商通过提供备件服务、保养服务、故障诊断等服务，优化营业收入结构，售后服务收入占总收入比重达 40%[81]。

国外企业在创新方面大多集中在基于物联网模块开发的新产品或新服务上。比如：

（1）新产品：Waterous 推出了行业内第一款在消防车上使用的数字化水泵。该水泵可通过消防车内的可触摸控制面板进行远程操控。通过与平台企业合作，Waterous 大大缩短了新产品的研发时间，降低了研发成本[82]。

（2）产品即服务：某天然气/柴油发动机制造商利用某平台，充分挖掘机器数据，开发出故障诊断、预测性维护等功能，实现机器数据变现（在项目实施后的前三年创收 1.2 亿美元）[39]。

三、核心设备为何成为当前应用的焦点

设备和产品管理在工业互联网应用中数量最多、范围最广，75%的案例涉及设备和产品管理。对大部分工业企业来说，保证设备的正常运行是生产制造的前提，监测设备（对设备制造商而言）或产品运行状态数据能够及时而有效地发现并解决问题，从而有效降低因设备故障带来的维护成本和因非计划停机带来的生产损失。然而，在传统模式下，设备维护成本高、难度大，工业企业需成立设备维护部门，按照小修、中修、大修的频率定期对设备进行检修，即便如此仍然很难保证设备无障碍运行。目前，从事设备维护的主体有设备制造企业、设备使用企业及专门进行设备维护的服务企业，导

致设备维护知识分散而难以积累。当工业互联网能够大幅降低设备维护成本时，围绕设备或产品的故障监测和维护成为了工业企业应用中最迫切、最重要的需求（见图13-4）。

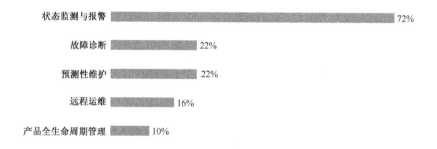

图 13-4 全球工业互联网平台设备/产品管理应用细分场景案例分布

数据来源：国家工业信息安全发展研究中心

目前，状态监测与报警（72%）覆盖行业多、应用范围广，故障诊断（22%）、预测性维护（22%）、远程运维（16%）和产品全生命周期管理（10%）四类应用相对较少，设备数据利用程度有待提高。故障诊断、预测性维护和远程运维能够基于采集的数据进一步对工业设备运行进行分析，查找问题产生的原因（故障诊断），通过远程方式满足地理位置偏远、现场运维较为困难或成本过高的工业运维需求（远程运维），甚至可以基于历史数据或实时数据对即将出现的问题进行预判（预测性维护）。企业设备维护成本越高，这三类应用需求越强烈。而产品全生命周期管理涉及研发设计、生产制造、市场运营、售后服务等全流程各环节，对于大部分企业来说，技术、管理的难度极大，目前仍处于探索阶段。

（一）设备状态监测是应用最广泛的基础应用场景

状态监测应用是唯一覆盖全部调查行业的通用应用。大多数企业采集设备数据是为了实现状态监测，虽然传感器技术大幅减少了低数字化水平设备的数据采集成本，但监测需要相关工作人员对工业知识的深度理解，否则企业会陷入不知采集什么数据、有数据不知道如何用的困境。目前应用设备状态监测的企业，主要有两个目的：一是通过为设备增加特殊传感器，对从前未知的领域进行监测，从而更加精准地掌握企业生产运行状况，减少生产过程中的不确定性（详见案例 13-1）。二是通过将设备连入平台，通过对设备实时状况的监控，实现更加精细化的生产管理，这往往会和业务运营优化应用存在联系（详见案例 13-2）。

案例 13-1 状态监测（一）

案例名称	酒钢为高炉加装传感器化解黑箱难题
面临问题	钢铁行业炼铁主反应器高炉具有巨大、高温、高压、密闭、连续生产的"黑箱"特性，其中存在气、固、液多相流及复杂物理化学反应的数字化解析难度壁垒，目前炼铁生产过程的判断和操作仍以主观经验为主
解决方案	通过建立高炉设备的数字孪生模型，实时显示高炉内部布料情况，掌握从前难以获悉的冶炼状态。基于仿真结果，帮助操作人员更合理、及时的对高炉设备进行操作
应用成效	单座高炉降低成本 2400 万元/年

案例 13-2 状态监测（二）

案例名称	佛山华数机器人有限公司通过连接工业机器人提高设备利用率
面临问题	机器人设备及数据采集单点使用，所有设备独立使用。机器人制造商维修响应慢、运维成本高。机器人使用商在应用过程中存在非计划停机，严重影响排产计划，设备备件损耗高
解决方案	开发"工业机器人智能服务中心"App，在工业机器人产品中加装传感器，采集关节轴末端坐标、关节轴电流等运行参数，利用 IoT 网关，对传感器数据进行采集及预处理，并传送至平台。通过平台为机器人制造商（华数机器人公司）和使用商提供设备台账管理、运行工况监测、关节轴电流异常报警、故障维修维护等功能。围绕工业机器人的运行状态、设备故障率及整体生产率等数据，与历史数据、同型号产品数据进行对比，建立综合分析模型等
应用成效	设备均为可管理设备，接入数据包含工业机器人的运行状态、转角、轴电流、故障信号、振动、噪声等；设备的空机率降低20%，设备的生产力和利用率提升约15%；缩短设备维护时间30%～40%

设备/产品状态监测是工业企业的普遍需求，原本无法观测的设备/产品数据被实时观测、监控时，首先能够带来人工巡检的成本下降，因此，这也是无人化工厂建设的第一步。此外，设备和产品是工业互联网的原始数据来源，业务和运营优化、业务转型和新模式等其他应用都要基于原始数据进行分析和挖掘，从而实现更深入、更广泛的应用。

（二）故障诊断帮助有效提高一次性维护率

从目前的应用状况来说，设备故障的预防仍然难度很大，故障之后尽量缩短维护时间是应用最主要的目的。在传统模式下，设备出现故障后，维护商派维护人员进行检测和维护，但是维护人员通常很难在到达设备现场之前判断维修所需配件，因此造成一次性维护率偏低。维护人员到达设备现场确认问题，回仓库取配件，再回来维护可能需要几天甚至十几天时间，造成巨大的停工损失，影响生产交付。基于工业互联网平台的故障诊断能够建立故障模型，在故障发生的第一时间传递信息，根据故障模型分析出故障原因，并提示维护人员可能用到哪些配件，为维护人员提供帮助。

故障诊断的应用范围，极大地提高了一次性维护率，降低了人工成本（详见案例13-3）。

案例13-3 故障诊断

案例名称	广州柴油机厂股份有限公司基于工业互联网平台实现故障配件精细化管理
面临问题	售后维修服务响应时间长，一次修复率不高；原厂配件销售受到市场其他品牌冲击，售后服务成本居高不下
解决方案	利用快速、低成本的柴油机设备联网、监控，故障发生时能准确定位故障范围和配件种类，提前按需调配配件库存，配置维修人员，提高一次性维护率，减少设备维修费用
应用成效	一线服务有效响应时间从原来的4小时缩减到最快15分钟。简化维修配件的中间流转环节，降低维修配件的销售成本20%。减少长尾型号配件的库存数量

（三）预测性维护对设备数字化水平要求较高

预测性维护是工业互联网平台的核心应用，在理论假设中，预测性维护构建设备的数字孪生模型，并实现一组数据催动一虚一实两套设备运行，从而根据设备实时运行数据和状态数据，推测设备是否需要提前维护。

目前，预测性维护和预防性维护占所有案例的比例不足三成，并且大部分更依赖历史数据的分析和预防，基于实时数据的预测性维护少有成功案例，部分平台能够做到基于易出故障的某些部位的实时数据变化趋势，在故障发生前几天预警（详见案例 13-4），设备知识和数据分析技术还需进一步融合。

案例 13-4 预测性维护

案例名称	Holmer 通过预测性维护降低运维成本
面临问题	农机对季节性连续生产要求较高，农忙季出现问题可能直接导致全年成本损失
解决方案	通过收集操作记录、资源消耗、地理位置、机器状态监控（柴油消耗、电池状态、润滑、液压、磨损等）数据和农场状态（土壤状态、收成情况、甜菜品质等）的可视化，实现对设备的预测性维护
应用成效	帮助 Holmer 降低维护成本，提高效率，并建立农机预测性维护样本点，有望在全球每年超过 1500 亿元的农机产业中实现规模复制

（四）远程运维需求集中在设备地理位置分散的企业

在设备地理位置分散的企业中，人工巡检、运维成本居高不下，即便如此，一旦出现设备故障也很难在第一时间发现，数据往往都是通过人工方式从设备端拷出，传回到数据中心再进行分析计算，导致原本损失不大的小故障拖延成大故障，甚至带来对周边环境产生巨大影响的次生事故。远程运维能够有效解决这一问题，对偏远地区的设备进行实时数据监测，发现问题并及时处理，尤其是在石油、风电等大型装备方面，能够大幅降低设备宕机带来的损失（详见案例13-5）。然而，目前远程运维应用偏重于监测而非控制，大多数工业企业出于生产安全的考虑及网络传输的时延，对远程控制仍然持保留态度。

案例 13-5　远程运维

案例名称	某全球石化企业应用大数据解决方案削减维护成本90%
面临问题	偏远地区天然气供应链设备分散，管理难度大，维护的人工成本极高
解决方案	收集、整合并规划从全世界偏远地区的供应链设备获取的传感器数据，进行实时数据分析、预测性分析与预防性维护，提示有可能出现的问题与故障，并提供远程解决方案，降低成本损失
应用成效	在全世界范围内提高了对生产与供应链数据的访问能力，能源利用率提高1%，节省了80%的开发时间和90%的维护成本

（五）产品全生命周期管理尚处于探索期

工业互联网平台可以帮助工业企业实现产品全生命周期管理，由于产品全生命周期管理覆盖了产品研发设计、生产制造、市场运营、售后服务等全流程的各个环节，并需要将各环节的数据有机结合，实现以售后促进研发设计、以生产优化促进交付销售、以数据流通降低成本等成效，这对大部分企业来说都是难题。因此，目前大部分此类应用都各有侧重，而非真正覆盖了全流程：对于设备制造商来说，产品全生命周期管理的重点在于设备出厂后的维护，因此大部分平台的做法是对设备进行实时监控，围绕设备的使用、故障及资产管理形成设备监测、故障诊断、预测性维护、远程运维及设备贷款管理等（详见案例13-6）。对于消费品制造商来说，产品传回数据能够帮助企业了解消费需求，快速响应市场，并将相关信息反馈设计部门进行设计改进，提升设计研发速度以实现柔性生产和个性化定制（详见案例13-7）[83]。

案例13-6 产品生命周期管理（设备端）

案例名称	三一集团收集工程机械工况信息支撑研发决策
解决方案	通过在外采集的数据，将机械使用和故障情况的实时数据用于测试分析，对研发改进提出建议 对海量工程机械设备工况信息进行分析，分析操作人员行为和设备工作情况，为营销回款和售后服务提供强有力的数据支持。通过分析单台车的超载次数，甄别风险客户；通过不同吨位车型的超载分析，为开发新车型提供决策支持数据
应用成效	帮助企业更加了解设备出厂后使用状况

案例 13-7　产品全生命周期管理（产品端）

案例名称	Monday Motorbikes 利用使用数据改进电动摩托
面临问题	城市通勤困难，自行车太累，摩托车太重，电动摩托成为更优选择，但电池状况又是大家关注的焦点
解决方案	研发制造了与智能手机相连的电动摩托车，平台提供具有提取、组合和分析设备信息所需的性能，安全性，实时管理和分析功能，以支持实时决策和系统控制。在摩托车的 28 个点采集数据，用于研发、电池优化、预测性维护和软件/固件更新
应用成效	降低充电成本 0.21 美元（按完全充电计算）； 行驶范围增加至 50 英里

四、关键环节为何成为解决效率问题的抓手

在生产制造环节，工业企业关注投入成本最高、产生价值最大的场景，通过处理和分析生产过程的各类数据，优化生产过程、改良运行模式，在业务和运营框架下，出现了两类较为典型的应用场景，一类是基于特定环节的应用场景，如研发设计、生产制造、工艺优化、供应链管理等，通常集中对某一环节的工序、工艺等进行优化；另一类是基于特定需求的应用场景，如资源调度管理、能源管理、质量管理、安全管理、技能提升等，通常是为了满足某种需求而分析涉及该需求的各个环节的数据，进行统筹协调。各应用细分场景案例分布如图 13-5 所示。

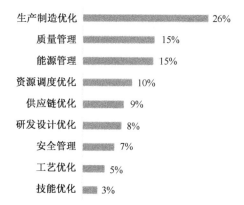

图 13-5　全球工业互联网平台业务与运营优化应用细分场景案例分布

数据来源：国家工业信息安全发展研究中心

（一）研发设计环节的平台化有助于缩短产品迭代周期

设计仿真环节的成本较高，应用聚焦于复杂系统设计和快速市场响应。大型交通设备制造行业，如高铁、船舶、飞机等，总体设计的技术要求高、难度大、参与单位多，仿真的重要性不断提升（详见案例 13-8）[84]。此外，服装、家具、电子产品等消费品，由于品种扩张的速度快，跟随时尚潮流的要求高，在研发设计阶段的技术性虽然不如设备制造更强，但市场响应速度的要求却非常高（详见案例 13-9）。

案例 13-8　研发设计优化（设备端）

案例名称	中国商用飞机有限责任公司建立大型客机总体方案综合设计系统
面临问题	大型客机总体方案综合设计系统定位于民机概念设计、方案设计和部分预发展阶段，系统涵盖适应性与经济性、布局、外形、布置、重量、气动、性能、操稳、载荷、气弹等专业领域
解决方案	系统以民机技术经济性要求为设计输入，为下游提供数字样机基线模型；基于本系统完成初步设计后，形成初步产品结构树，转入以 CATIA/Windchill 为核心的详细设计平台进行工程化设计
应用成效	实现了总体方案的快速设计、更改，加快了设计过程迭代速度，提高了总体方案设计过程的整体效率。实现了设计工具的互联互通和集成，提高了总体方案的设计、建模和分析效率，降低系统使用门槛。提高了总体设计过程的规范性、可控性、可追溯性

案例 13-9　研发设计优化（产品端）

案例名称	松山湖工厂探索工艺设计管理系统缩短产品试制周期
面临问题	从设计到制造数据传递的过程，信息点多（700+）、非结构化文件格式多（28种）、转换次数多（34 次），基本靠人工手动或半自动解析，仅松山湖工厂每年就要耗费大量人力（约 500 人）
解决方案	搭建 MPM 系统（制造工艺设计管理系统），建设制造资源信息库，构建数字化的产品 BOP（Bill of Process）和工厂 BOP，1 秒处理制造信息、实现信息"0"人工转换，提升制造效率、支撑试制周期/DFM 文档类问题减少。实现产品数字化建模、DFM 验证、BOP 设计、虚拟验证全过程的数字孪生方案
应用成效	缩短产品试制周期 20%；实现了融合协同作业，一键生成 WI，一键编程（时间由 2 小时缩短到 10 分钟内）

（二）生产制造过程优化是最主流的业务需求

目前应用最广泛的是对生产过程的控制和优化（26%），应用集中在提高生产自动化、减少人工作业、自动物料选配等领域，部分应用能够在此基础上做到对工业知识和数据算法的融合应用（详见案例 13-10）。

案例 13-10　生产制造过程优化

案例名称	某钢帘线生产制造企业产线精准管理
面临问题	工人劳动强度大，人工成本高；能耗大，成本控制困难；自动化程度低，不能敏捷、及时地响应市场需求
解决方案	建设智能物流配送系统、智能库房系统、可追溯标识系统、集成调度系统；引入 RFID 技术、工业机器人、AGV 等硬件设施建设钢丝线湿拉智能生产线、工字轮智能包装生产线，实现数据驱动的网络化智能化生产；关键设备接入工业互联网平台，工业物联网网关采集运行数据，实现设备远程监控和能耗监控；生产线接入平台，采集生产线生产运营数据，实现生产线精准运营和调度
应用成效	机器人取代工人从事劳动强度大、重复性工作，工人劳动强度减少 70%；资源调配效率提高 50%，设备利用率提高 35%，生产计划完成率和准时率提高 35%；实现能耗可视化，能耗降低 10%

工业大数据支撑非生产过程决策。对于作业环境和工作流程都具有高度复杂性、随机性、无序性的大型设备，如交通设备、机械设备、盾构设备等，作业过程需要高技能水平人员进行实时判断，数据分析能够发挥重要辅助作用（详见案例 13-11）[85]。

案例 13-11　非生产过程的决策优化

案例名称	飞机发动机厂商帮助提供飞行信息支撑飞行员决策
面临问题	最大限度地降低由于航班延误带来的拖延成本与维护开销，对于航空业来说是关键性的问题
解决方案	以前所未有的规模收集与汇总来自世界各地的分散资源的数据。系统处理的数据类型包括由飞机无线发送的引擎性能快照、"黑匣子"数据、技术日志、航班飞行计划及由第三方提供的预测与实际的天气情况数据。微软 Cortana 智能套件帮助企业对丰富的数据集合进行分析，大规模执行数据模型，准确地探测出运营反常现象，帮助客户规划出相关行动
应用成效	应用数据提升航班飞行可靠性和有效性，减少地面停留（AOG）时间，降低燃油成本，实现预测性维护

（三）工艺优化涉及企业核心竞争力难以平台化推广

工艺优化是大多数企业的普遍追求，目前主要有两类应用，一是通过对历史数据的分析和挖掘，计算出新的工艺参数配比（详见案例 13-12）。二是通过传感技术辅助流程行业在靠经验控制的过程增加数据支撑，帮助操作者更好地了解和处理工况，达到工艺优化的目的（详见案例 13-13）。但由于工艺通常会涉及工业企业核心竞争力，在某些关键环节的参数配比信息较为敏感，企业对于此类数据上平台充满顾虑。成功落地实施的项目基本都是本地化操作的项目，或将数据分析与落地应用分割处理，并在开发应用时签订保密协议，以保护企业内部数据不外泄。工艺优化应用通常都为企业自用，很难复制推广。

案例 13-12　工艺优化（过程监控）

案例名称	山东伊莱特重工股份有限公司提升产品质量
面临问题	钢球冶炼工艺的核心是淬火的出入水温度、淬火时间，冶炼工艺需要提升
解决方案	通过改造智能温度采集设备，使用智能网关采集整个钢球淬火过程的数据，进行设备远程监控。通过监控设备数据，对不良品进行管控。目前正在联合各方技术力量进行 M2M 边缘侧实时反向管控模型及边缘应用设计，目标是实现在淬火池等设备温度出现偏差时，进行温度实时智能调整
应用成效	整体产品质量提升 3%以上

案例 13-13　工艺优化（数据挖掘）

案例名称	中策橡胶集团有限公司应用"工业大脑"进行工艺优化
面临问题	橡胶密炼（橡胶生产的核心环节）过程中不同胶源地、加工厂、批次等数千个复杂因素都会影响橡胶块质量
解决方案	将生产端的各类数据进行深度运算和深度学习，在短时间内处理分析，匹配最优合成方案，极大地稳定了混炼胶性能
应用成效	门尼值标准差（密炼工艺关键参数）降低 14%，密炼时长减少 10%，密炼温度降低 6%，大大降低了能耗，良品率提升 5%，半年内成功提升混炼胶平均合格率 3%～5%[86]

（四）供应链数字化、平台化打造产业新格局

在竞争激烈的市场中，供应链上下游企业探索基于工业互联网平台的合作模式，一是能够实现上下游企业的链状优化，原材料提供商可以提高产品响应速度，满足市场定制化需求；物料使用企业可以快速获取物料，加快订单交付速度（详见案例 13-14）。二是能够以核心

企业为中心进行协作优化，对于主要种类繁多的供应商协作的企业，核心企业发挥统筹协调作用，基于平台探索协作模式，提高供应链配置效率（详见案例 13-15）。

案例 13-14 供应链优化

案例名称	宝山钢铁股份有限公司与上汽通用五菱汽车股份有限公司合作优化供应链
面临问题	订单交付二段式管理，管理系统多，未实现全程信息实时共享、可视；订单交付以按月模式为主，全程供应链周期长，渠道库存高，市场响应速度慢、供应链抗风险能力弱化；信息不对称，导致厂内制造与厂外渠道在供应链协同上存在诸多盲区
解决方案	以智慧制造的理念和方法应用智慧供应链协同，关注客户感知，研究以汽车板用户为代表，基于全程供应链的协同模式，实施"按需求拉动组织生产"，提高交付精度、缩短交货周期、降低供应链库存，实施低库存成本、低资金占用、高效率响应、稳定可靠的供货保障协同解决方案，巩固并不断提升宝钢在供应链安全性和保障性方面的竞争优势
应用成效	供应链全程周期平均缩短 10%。渠道库存整体下降 25%

案例 13-15 供应链优化

案例名称	中国航空发动机集团公司实现"小核心大协作"
面临问题	航空发动机是一个复杂的系统工程，在"小核心大协作"的生产模式下，外协、外购供应商覆盖全产业链且数量庞大，原材料性能指标、质量要求高，需要进行精益管控，提高资源配置效率，提高原材料库存周转率，降低供应链整体成本和供应风险

解决方案	基于工业互联网平台搭建供应链管控系统，提供供应商管理、精益采购、供应链网络优化等应用；通过灵活的供应商管理功能，实现供应商的全生命周期管理，支撑航空发动机集团基于卡拉杰克模型的集团采购策略落地；通过线上供需对接平台的搭建，实现采购模式创新，降低成本；通过线上数据共享及流程整合，实现对供应链全流程信息的跟踪
应用成效	有效管控供应商数量，供应商数量在原基础上减少10%，减少供应过于集中风险20%，通过对供应商绩效的有效管控，实现供应商产品质量合格率提升5%；采购资金占用比例减少5%，库存周转率提升5%；供应链信息传递效率提升50%

（五）资源调度优化为生产和管理加入润滑剂

资源调度优化是工业企业在运营优化环节中的另一个重要应用，主要应用在两个方面，一是生产能力的调度和优化，既可以发生在企业内，通过生产线实时数据分析，对空闲设备进行调度优化，提升设备整体效率（OEE）（详见案例13-16）；也可以发生在企业之间，如能源行业支撑电网调度优化（详见案例13-17）。二是技术人员的灵活调度，如某商务空调企业通过定位问题空调和最近的维护人员，优化人员安排，缩短维护人员的旅途时间（详见案例13-18）[87]。

案例13-16 资源调度优化（提高设备OEE）

案例名称	佛山韦仕达实业有限公司基于平台实现设备OEE提高
面临问题	无法实时了解生产设备状况，无法实时跟踪信息，设备空置率较高
解决方案	围绕工厂产能、产线和机器人产品的运行状态、设备故障率以及整体生产率等70多类数据和相关故障预测模型，与历史数据、同型号产品和产线状态综合分析模型等（如在云端的开机率、运行率、故障率、OEE及故障报警）相结合，进行设备综合效率优化
应用成效	通过云平台显著提高OEE（设备综合效率）指标，将空机率从20%降低到10%

案例 13-17　资源调度优化（新能源调度）

案例名称	青海国电建成区域能源互联生态
面临问题	新能源规划缺少全面准确的数据支撑，目前功率预测普遍不准，弃风、弃光现象成为行业痛点，有些地区弃风弃光率甚至超过一半
解决方案	构建工业算法和数据模型，具备远程监测、智能监控、生产运行管理、业务智能分析及设备故障预警等功能，为新能源电站"无人值班，少人值守"运营模式转变提供科学手段。整合多方数据资源与第三方服务商，如引入多个功率预测系统第三方服务商，在平台上开放竞争，带动预测系统服务商不断自我提升基于大数据平台，开发针对新能源企业的集中监控、功率预测、设备健康管理、共享储能、备件联储等21项大数据业务应用。构建区域能源互联的雏形，接入6家企业29座新能源场站及负荷侧大用户
应用成效	为包括大唐、鲁能、绿电等新能源企业及政府、金融机构等29家客户提供新能源大数据服务

案例 13-18　资源调度优化

案例名称	电力公司通过数据分析提高电力预测精准度，降低并网难度
面临问题	可再生能源间歇性、不稳定性等特征导致并网率较低，造成电力浪费，电力公司、发电企业和C&I客户在盈利能力和电网稳定性方面面临挑战
解决方案	传感器实时连接、测量、监控和管理能量传递和性能。获取其他相关数据，通过算法洞察影响可再生能源的关键因素，例如天气状况。构建机器学习模型，综合考虑市场、发电能力、需求、天气、定价数据及内在限制等，制定最优的发电、配电和交易计划
应用成效	实现智能化供需对接，将运营利润提高到122%。增加150%的交易量，创造灵活的能源能力。自动优化能源调度、操作和交付，降低发电成本6%。最大限度地利用可再生能源，满足使用清洁能源的目标

（六）能源管理在部分行业发展成熟

能源管理进入过程优化类应用前三位。能耗优化是工业企业的普遍需求，尤其在电力、石化、钢铁、建材等能源密集型行业中，支撑设备运行的电能和燃料消耗在成本构成中占比较大，节约能源的需求迫切（详见案例13-19）。此外，在火电站、水泥厂、炼铁厂等环境外部性较强的企业，废气废水的排放会带来负面社会影响，政策管控压力也成为企业节能减排的需求动力（详见案例13-20）。

目前在某些领域中，能源管理已经形成了十分稳定的分支产业，楼宇能源管理已经是物联网平台的一个重要的组成部分，如施耐德对外宣传自己是能效管理领域的领导者；我国电力行业能源管理也形成了较为成熟的体系。面对工业互联网平台的迅速发展，能源管理的服务商面临挑战和选择。

案例 13-19　能源管理

案例名称	华能重庆珞璜电厂调整锅炉参数降低能耗
面临问题	锅炉掺烧的效率多年未有突破，原有的性能试验成本十分昂贵，并且性能测试是间隔性的，无法对锅炉掺烧进行实时调整
解决方案	将火电厂热力系统按照设备进行拆分，分别构建18个设备的热力学模型，并基于模型求取设备煤耗，进一步得到机组发电技术煤耗、发电热效率、锅炉效率、汽机效率、煤热系数等指标。分别对总风量、炉膛压力做关于发电技术煤耗的线性回归计算，即找到总风量、炉膛压力发生变化的时间和发电技术煤耗的影响量；对高加水位、除氧水位、低加水位分别做关于高加煤耗、除氧器煤耗、低加煤耗的线性回归计算，找到设备水位变化对发电技术煤耗的影响量
应用成效	节约标煤 7480 吨，每吨标煤 800 元，全年节约 598.4 万元左右（理论值）

案例 13-20　能源管理

案例名称	A2A 实现满足排放的能源管理
面临问题	需要升级发电站，提升效率，同时降低对环境的影响，要把满足排放要求的机组的最低负荷水平降低
解决方案	对 9FA 燃气轮机进行了升级改造。运营优化的数字化解决方案来收集机器内部的传感器数据，应用分析算法支撑发电站管理层进行市场决策，降低运营成本，满足环保要求
应用成效	每台机组其满足排放要求的最低负荷水平降低到 65MW 负荷变化率达到每分钟±50MW，是普通值的 2.5 倍

（七）质量管理成为机器视觉的应用前沿

产品质量优化是工业企业关注的重要环节，次品率会直接影响企业生产成本和品牌声誉。目前，基于工业互联网平台的质量管理已经超出传统工业质量检验的范畴，在传统工厂中，质量检验是在生产制造结束之后进行的。由人工进行质量检查，通常会伴随三类问题，一是人力资源有限，如果每个产品都要检测，将带来巨额的成本；二是人工误差难以避免，依靠人眼和经验来识别问题会存在较高的失误率，三是人工监测难以识别某些问题，这就需要借助工具、表计，质检时间将被拖长。

机器视觉为质量管理提供了新的思路，机器视觉在测量精度、纠错率、速度等方面都远高于人工质检，并且具备了前所未有的灵活性，能够在生产过程中发现问题并予以修正、及时止损。目前，机器视觉在工业互联网平台的质量管理应用中占据的比重正在不断增加，为工业企业产品质量提升带来了新的方向（详见案例13-21）。

案例13-21　质量管理

案例名称	协鑫光伏公司调整参数把控质量
面临问题	光伏切片生产工艺十分精密，湿度、温度、砂浆上下部温度、导轮上下部温度等上千个参数实时影响生产，人工经验很难100%地保障产品质量 协鑫光伏太阳能电池硅片生产出现了次品率升高的情况，由于难以定位原因导致生产率降低，生产成本升高
解决方案	在无任何的硬件投资的前提下，依靠深度学习计算，形成参数曲线，在生产过程中实时监测和控制变量，降低能耗 （1）将标准化车间所有端口的数据传入阿里云ET工业大脑，通过人工智能算法，对所有关联参数进行深度学习计算，精准分析出与良品率最相关的60个关键参数，并搭建参数曲线，在生产过程中实时监测和控制变量。一旦变量超出模型范围，监测系统会及时预警 （2）构建核心部件的健康指数模型，在识别关键因素的基础上进行参数推荐，最终提升良品率
应用成效	通过对太阳能电池硅片生产过程进行最优参数的推荐，切片良品率提升了1%，为企业节约了巨大的成本

（八）安全管理成为流程行业关注重点

目前，大部分安全管理需求来自流程行业，如钢铁、化工、采矿等，由于其工序不间断，对于设备运行期间不出事故的要求极高。设备一旦出现损坏，不仅会影响企业利益，还会带来一定的社会影响，如发电机停机、空压机爆炸、高炉损坏等都容易造成人员伤亡、破坏环境，工厂意外事故层出不穷，安全生产需求迫切。政府对企业安全生产的管控力度要远高于其他行业，工业互联网平台能够提供设备运行和人员作业的实时数据，通过降低操作失误，快速判断故障来降低安全事故（详见案例13-22）。此外，通过对安全事故重点设备进行分析和数据挖掘，形成设备运行管理的新数据模型，并从设计、布局等方面进行优化，减少安全事故发生率（详见案例13-23和案例13-24）。

案例13-22 安全管理（采矿业—国内）

案例名称	矿井通过监控井下作业实现安全管理
面临问题	高家堡矿井是山东能源淄矿集团在陕西彬长矿区开发建设的第二对现代化大型矿井，矿井地质条件复杂，具有井深水大、高地压、高地温、高瓦斯、高承压水、软岩、煤层易自燃等问题
解决方案	借助平台整合人力资源管理信息系统、矿井地理信息系统（GIS）、井下人员定位系统、井下现场视频监测数据，实现对井下人员作业情况的监控、井下作业环境安全情况的监测和井下各类设备运行状态的监控 （1）井下人员监控。围绕保障井下人员安全作业的主题，实现井下人员的精确定位，在发现安全隐患时，能够实时掌握处于风险点人员的情况，并通过通信联络等相关系统将风险信息定向推送给位于风险点周边的人员；依据对井下人员行为的全面分析，如人员轨迹分析、井下不同场所人员分布及密度分析预警等，优化井下作业标准规程，实现对井下作业的科学管理 （2）现场监测。基于工业视频联动机制，在GIS一张图上，或是从调度大屏上，或是从管理驾驶舱中，方便、快捷地调出工业视频，为矿井安全监测提供第一手视频信息，实现视频资源的有效、实时应用

解决方案	（3）设备监控。以关键设备（供电、排水、运输、提升、提风等）的全生命周期档案信息为基础，着重采集设备运行参数、环境信息和相关视频等数据，利用互联网、移动互联、社交网络等技术手段，将设备隐患、状态异常等警示信息，以手机短信方式及时推送给煤矿相关专业部门的负责人和集团相关部门的负责人
应用成效	（1）安全、高产、高效 （2）精益化管理：提高产能、降低消耗、消除浪费。通过年度重点工作和经营指标、工作和指标分解后的任务追踪、工作和指标异常后的问题处理、工作和指标异常后的问题督办跟踪 4 个关键，有效地提高产能、降低消耗、消除浪费

案例 13-23 安全管理（钢铁行业）

案例名称	钢铁厂通过监控冷却壁避免重大生产事故
面临问题	冷却壁是高炉重要冷却设备，其运行管理直接制约高炉一代炉役寿命，现场经常会出现由于冷却壁损坏导致高炉漏水炉凉事故，甚至会出现炉体破损、烧穿等重大生产事故。冷却壁全生命周期管理优化是高炉生产中重要的一环 高炉冷却壁寿命低的主要原因有选型不合理、设计不合理、监测不到位、生产使用维护不到位、研究认识程度低等
解决方案	冷却壁设计人员将冷却壁初设图纸上传至平台，通过平台仿真模拟设计冷却壁设定参数下的热面温度场分布，一方面能够判断初设冷却壁的冷却能力是否合理，另一方面能够判断冷却壁是否存在冷却"盲区"，通过模拟结果进行迭代优化，指导冷却壁生产 冷却壁安装之前通过冷却壁热态和冷态试验，研究其挂渣能力和影响因素。高炉线上冷却壁通过热电偶、流量计等检测仪对实时生产状态进行在线监测，通过平台数据建模和分析，利用平台开发工具形成冷却壁安全运行监测 App，实现冷却壁生产状态在线可视化管理。最后通过对冷却壁破损实体调研，分析验证冷却壁运行效果，进一步指导冷却壁设计的升级优化，从而实现冷却壁全生命周期管理优化

续表

应用成效	通过冷却壁全生命周期管理优化，实现高炉冷却壁安全管理长寿的同时促进高炉长周期的高效稳定运行，更重要的是有效降低了高炉安全事故的发生。通过冷却壁全生命周期管理，实现冷却壁实时在线监控，通过安全监测 App，延长冷却壁使用寿命，保障高炉操作炉型的合理稳定，有效避免炉况波动，能够有效降低高炉消耗，保守估计降低吨铁燃料消耗 5kg/t，全国推广之后，年可创效100 亿元

案例 13-24　安全管理（采矿业—国外）

案例名称	力拓集团（Rio Tinto Group）Kennecott 矿场增加设备可靠性，消除安全隐患
面临问题	矿山数据类型复杂、数据来源各异，数据标准难以统一，信息传递、沟通和交流困难较大，导致遇到安全风险时无法及时定位故障设备，容易导致重大事故
解决方案	以可靠性为中心的设备管理方案，为设备、系统和工厂创建健康指数，将它们显示在仪表板上，团队可以确定哪些资产导致了问题的发生
应用成效	增加设备可靠性，提高信息传递速度，降低风险隐患 [88]

（九）技能提升成为平台化赋能的重要手段

依托大数据技术的工业技能提升，成为规模化应用的切入点。IT变革了传统"传帮带"模式，通过经验和知识的模块化、软件化，能够降低专业技能培养成本，快速形成企业学习曲线，并且能够通过知识管理帮助员工进行技能培训和作业指导，如空中客车集团（The Airbus Group）将操作手册软件化、智能化，并利用智能眼镜帮助操作员标记操作位置和操作信息，将失误减少到零，提高生产率的同时减少培训成本（详见案例 13-25）[89]。对于一些应用场景多、应用领域广的通用设备，基于工业互联网平台建立工业知识库，不仅支持在某一企业内应用，还可以被推广至同行业企业中，甚至可以跨行业应用（详见案例 13-26）[90]。

案例 13-25　技能优化

案例名称	空中客车集团（The Airbus Group）利用新技术降低飞机组装工人的培训成本和技能要求
面临问题	飞机由数千个移动部件组成，在组装过程中，工人的速度和准确性对企业获得竞争优势至关重要
解决方案	（1）基于操作手册形成操作知识库，实现操作知识智能识别和自动推送 （2）通过 AR 智能眼镜进行人机交互，进行条形码扫描、云数据检索、语音命令，飞机的座椅位置可迅速精确到毫米级，并检查准确性和质量
应用成效	（1）操作人员不需要依靠手册就能实时地从智能眼镜接收操作数据，提高操作者满意度，减少培训需求，增加灵活性 （2）错误率降低到零，生产率提高了 500%

案例 13-26　知识管理

案例名称	MAANA 建立油泵知识管理系统
面临问题	油泵应用领域广泛，但是维护知识沉淀在专家脑海中，传授起来比较困难
解决方案	MAANA 建立的油泵知识管理系统，维护专家使用该平台收集多种来源的油泵数据，如泵故障报告、泵传感器数据和高频数据流等，通过分析这些数据来预测泵故障的可能性，并验证故障原因相关的各种假设，为油泵维护工人提供故障判断和油泵维护知识
应用成效	提高设备维护水平，降低维护服务的技能门槛

五、新模式、新业态究竟带来什么样的价值

　　社会化资源协作应用是工业企业变革转型的突破口，一是跨部门、跨企业的数据汇聚和共享往往能带来事半功倍的效果，涌现出一批协同研发设计、协同制造等模式；二是人工智能、虚拟现实、数字孪生等引领新技术应用的风潮，新技术应用于下一代产品成为工业产品的新发展方向，出现了按需定制、分享制造等模式；三是金融正在成为支撑实体经济发展的重要手段，在工业领域不断出现产融合作的新探索。然而，数据表明，大部分企业对新模式的应用持审慎态度，导致社会化资源协作只在个别行业中分散应用，应用价值复制推广模式还在探索（见图13-6）。

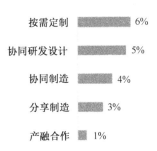

图 13-6　工业互联网平台社会化资源协作应用细分场景案例分布

数据来源：国家工业信息安全发展研究中心

（一）协同研发设计将资源配置化繁为简

目前，异地、多方协同设计已经成为部分工业行业发展趋势，这样不仅能节约软件成本，还可以优化企业资源配置。协同研发对数据资源的共享要求较高，工业互联网平台能够帮助企业快速搭建设计数据共享资源池，从而实现从设计到仿真、从企业内部到跨企业、从硬件到软件的系统性整合（详见案例13-27）。

案例13-27　协同研发设计

案例名称	航天某院针对装备进行协同设计
面临问题	复杂系统特点的装备，须开展多学科虚拟样机研制与生产，实现总体设计部与专业部、厂所，研发设计协同和资源能力共享
解决方案	建立研发设计及工艺管理系统，实现统一的技术状态管理、质量管理、成本管控及物资供应。基于工业互联网平台CAX、CPDM、CRP等，实现与外协、外购单位的研发设计并行协同、资源能力共享和项目精细化管控
应用成效	产品研发周期缩短40%、资源配置率提升50%以上，减少设计更改50%以上

此外，从我国工业互联网平台的发展情况来看，在产业集群内应用协同设计成为政府推动工业互联网平台落地的一项务实举措，目前在某些研发设计成本高、需求变化多的产业集聚区，基于工业互联网平台的协同研发设计正在发挥其优化资源配置的作用，为产业集聚区的中小企业提供帮助（详见案例13-28和案例13-29）。

案例 13-28　协同研发设计（产业聚集区）

案例名称	横沥县模具产业园协同研发
面临问题	区域中模具生产企业集群效应虽初具规模，但急需整合完善产业链资源；模具定制化业务发展较为缓慢，研发及自主创新能力薄弱
解决方案	利用工业互联网平台 搭建模具行业云，基于政府鼓励政策促进区域内模具企业上云，实现企业间的协同效应，为生产企业提供与客户、供应商协同的能力 通过提供云端智能 App，连接区域内各企业，落地实施云端设计工艺协同，实现基于图文的协同，基于模型的协同、基于 BOM 的协同，可完成跨企业协同场景下，基于模型的协同签审业务，并且保持产品结构、BOM 结构的一致性
应用成效	模具企业可节省 5%～10% 的直接材料成本、降低 10%～20% 的开发成本、降低用于质量保证方面的费用 15%～20%；降低制造成本 10%；可提高库存流转率 20%～40%、加快进入市场时间 15%～50%、提高生产率 25%～60%

案例 13-29　协同研发设计（产业聚集区）

案例名称	赣州家具产业园协同研发
面临问题	企业研发和创新能力弱，本地设计资源匮乏；企业信息化、智能化水平发展程度参差不齐，采用的技术手段落后；尚未建立用户可参与的协同设计模式，产品同质化严重；实木家具定制业务发展缓慢，缺少定制家具柔性化制造支撑体系，供应链协同与社会化协作制造能力不足
解决方案	依托航天云网（INDICS+CMSS）工业互联网平台，建设家具制造云专区——康居网，基于政府鼓励政策促进园区内企业上云，实现企业间的供需协同效应，为生产企业提供与客户、供应商协同的能力。构建设计师联盟，整合设计师资源，为企业提供设计服务；应用云 CAD/CAE、CPDM、VR 展示等工业 App，开展家具在线协同设计。汇聚产业链中的上下游资源，借助协作配套 App，调用采购预测模型、供方优选模型、供方评价模型，实现企业云端供应链协同和能力配套

解决方案	通过平台有效集成不同设计企业、生产企业及供应链企业的业务系统，以协同供应链、协同研发、协同生产、协同售后为核心支撑，解决定制家具协同设计、客户个性化需求与工厂大批量生产有机结合的问题
应用成效	已入驻企业 14878 家，聚集设计师 141 人，设计机构 67 家，为企业节省 5%~10%的直接材料成本、降低 10%~20%的开发设计成本。上线云 ERP、云售后、物流、家具定制、VR 营销等 39 个工业 App，可降低企业生产、经营和售后等成本 5%~10%，提高协作效率 10%~20%

（二）协同制造拉近产业链上下游距离

目前，在一些精密设备制造行业出现了分工协同生产的趋势，协同制造需要在时间上有一定的一致性，工业互联网平台恰到好处地解决了这个问题，能够帮助此类企业与其他企业进行协同制造，实现企业的转型升级（详见案例 13-30 和案例 13-31）。

案例 13-30　协同制造（汽车行业）

案例名称	一汽实现汽车协同制造
面临问题	一汽面临的问题是：如何利用先进的工业互联网平台，对汽车全价值链进行赋能，成为汽车企业转型升级的关键
解决方案	（1）一汽集团利用启明星云工业互联网平台，开发新一代智能联网汽车产品，实现内外协同研发，主要功能包括产品定制化管理、数字化产品设计、基于模型的开发、生产智能互联、基于大数据的研发创新、云研发平台众创协同 （2）一汽本埠整车厂与外埠分公司制造协同，通过平台为近百家供应商实现生产制造协同，生产率提升 8%。协同制造主要包括科学化排产、透明化管控、智能质量控制、柔性生产、智能物流、关键资源监控、调度与优化

续表

解决方案	（3）为一汽提供精准营销支持，实现用户需求精准定位。利用平台内部客户数据及互联网数据，实现潜在客户画像、线索追踪、与用户转化 （4）打造智慧锡柴 App 平台，提供车联网服务，包括安全防护、智能物流、故障维修、分时租赁、寻车停车等应用
应用成效	（1）一汽本埠整车厂与外埠分公司、近百家供应商实现生产制造协同，准时化供货，生产率提升 8% （2）云应用层面实现汽车产业链全覆盖，包括 3000 家上游零部件及原材料供应商，10000 家下游经销服务商，200 万辆入网车辆及 700 万名车主

案例 13-31　协同制造

案例名称	河南航天液压气动技术有限公司实现协同制造
面临问题	高端液压气动元件和管路属于产品最底端配套件，需要与总装总成单位建立紧密协同机制；产品质量要求高，工艺流程复杂，交付周期短，需要与外协外购单位建立资源能力协同机制；属于多品种单件小批量生产模式，需要建立快速敏捷的智能柔性生产系统
解决方案	基于工业互联网平台，构建总装总成单位、外协外购单位等集成制造系统，实现研发设计和工艺设计并行协同，实现资源能力共享协同；引入六关节机器人、AGV 等智能装备，建设 CNC 加工设备柔性生产线和发动机管路智能生产线，实现单件小批量订制模式的柔性生产；CNC 设备接入平台，采集关键设备运行数据，实现关键设备远程运维和监控；实现产线接入航天云网平台，采集生产线生产运营数据，实现工艺优化和质量优化
应用成效	产品研发设计周期和工艺设计周期缩短 45%；设备利用率从 40% 提高到 85% 以上，CNC 车间用工数减少 60%，生产计划完成率和准时率提高 35%；产品质量和一致性得到大幅度提升

（三）按需定制帮助企业灵活生产

按需定制是工业企业快速响应市场、增加产品灵活度的方式之一，然而大部分按需定制都还停留在理论阶段，真正落地实施还存在成本高、难度大等问题。工业互联网平台能够帮助工业企业建立按需定制的标准规则，面向行业进行推广应用（详见案例 13-32 和案例 13-33）。值得一提的是，海尔集团凭借其在家电行业个性化定制的优势，通过了首个国际个性化定制标准，并向全球推广。

案例 13-32　按需定制—房车行业

案例名称	荣成康派斯打造自驾式房车整车及房车零部件、汽车定制改装
面临问题	面临市场同质化、制造成本高、交货周期长、碎片化采购的难题，其前端通过特定渠道销售，无法直面用户需求，没有一流设计团队参与设计；而后端的制造环节面临采购成本高，其原材料占总成本达到 75%；交货周期长达 35 天/车；碎片化采购，采购周期长，成本高，库存高，回款周期长
解决方案	围绕房车大规模定制，从交互定制（DIY），模块采购（HDY）及智能制造（IM）3 个点切入转型 （1）通过 COSMO-DIY 实现企业直接连接用户，了解用户的需求和痛点，并联模块商参与产品设计 （2）采购方面，通过 COSMOPlat 房车家园平台聚集房车企业及上下游共 132 家企业，针对包含无花镀锌板、拉丝不锈钢等 8 种大宗物料进行集约采购，并且将座椅、帐篷及房车框架供应商集中产业园 （3）通过实施 COSMO-MES（数字化工厂平台），对制造流程进行流程优化，再植入海尔制造 T 模式 （4）和 COSMOPlat 围绕智慧出行场景，打造从传统房车到智能网器房车再到智慧出行平台，实现交互迭代，出行体验增值
应用成效	制造周期下降到 20 分钟一辆车，交货期从 35 天下降到 20 天

案例 13-33 按需定制—材料行业

案例名称	中建钢构实现数据驱动的大规模个性化定制
面临问题	企业迫切需要建设平台用以满足装配式建筑新材料高效率、大规模、个性化生产需要
解决方案	（1）实施数据驱动的大规模个性化定制。根据客户的需求结合施工现场条件，依托平台完成数字化设计，同步展示 3D 效果并且根据设计结果自动计算材料用量和建设预估费用。数字化设计方案通过平台可直接下达至工厂进行生产，从设计到运维的过程全程可视 （2）充分使用人工智能技术，实现总部智能决策与任务分配，协调 5 大制造基地的任务协调和过程管控，并实现供应商和客户设计交互和进度跟踪
应用成效	借助 CPS 平台，现已初步实现数据汇聚、大数据存储、数据安全保障、工业数据清理和分析及工业数据展现和应用的能力

（四）分享制造探索制造能力交易模式

在传统工业模式下，生产能力与生产工艺被同时封闭在工厂内部，很难被其他企业所用。在去产能过程中，基于工业互联网平台的分享制造提供了生产能力交易的机会，基于平台的数据和算法，能够帮助生产能力及其价值进行更精准的衡量，因此生产能力交易从不可能变为可能。目前，生产能力交易可以解决小批量多品种产品快速交付问题（详见案例 13-34），或者解决重型高价生产设备供需信息不平衡问题，（详见案例 13-35），也可以基于闲置重资产的租赁为轻资产企业赋能（详见案例 13-36）。

案例 13-34　分享制造

案例名称	淘工厂实现服装行业分享制造
面临问题	随着电商发展的加快，淘宝服装卖家存在找工厂难、小单试单难、翻单备料难、新品开发难等普遍问题 另外，一部分纺织服装工厂从 OEM 向 ODM 转型升级，行业产能过剩、产品同质化、订单减少等问题日益严重
解决方案	打造了柔性供应链协同服务平台，把线上零售端数据和线下生产端数据打通，整合分散闲置的资源，将工厂产能商品化，实现精准供需匹配 (1) 将线下工厂数据化搬到线上，并对提供的工厂信息进行第三方验厂（淘工厂可帮助工厂开展轻量化、低成本、低侵入式的数字化改造。花费 5 万元左右，安装 20 多个摄像头，可在不干扰工人生产的前提下完成整个生产流程的监测和数据的收集，实时反馈到工厂负责人的手机上） (2) 让工厂将产能商品化。工厂开放最近 30 天的空闲档期，让电商卖家快速搜索到档期匹配的工厂 (3) 厂商与电商的精准匹配。电商可以通过频道、搜索快速找到最合适的工厂，柔性化程度高的工厂将被优先推荐 (4) 金融授信加担保交易。淘宝卖家支付货款使用阿里授信额度，如果发生店铺倒闭，阿里金融承担损失并追偿 (5) 交易规则保障。入驻淘工厂平台的工厂需要缴纳一笔生产保障金，保障买家成品的质量和交期问题，如果发生交易纠纷，平台介入处理
应用成效	(1) 提升了柔性生产与订单快速响应能力。目前淘工厂已经入驻超过 2 万家工厂，并且通过联手阿里云 IoT 团队帮助企业进行数字化改造 (2) 新进入者不用自建工厂，就可以委托现有的产能加工制造，推动服装个性化定制 (3) 增强了工厂订单的灵活性，有助于工厂竞争力的进一步提升

案例 13-35　分享制造

案例名称	中国铁建公司对外提供闲置设备能力
面临问题	设备供需不匹配
解决方案	徐工信息根据中国铁建公司经营租赁业务现状，为其定制化设计了基于工业互联网的经营租赁平台 （1）盘活设备，高效管理。优先盘活闲置的重点机械设备，利用互联网技术实现设备的网联化、智能化，降低设备闲置率 （2）模式创新，业务拓展。利用平台进行管理模式、交易模式、经营模式的创新，带动和促进公司设备租赁业务的快速发展，带来更多经济效益
应用成效	通过实施基于工业互联网的经营租赁平台，中国铁建公司的经营租赁业务得到大幅提升：设备闲置率下降 30%、运营成本降低 43%、租赁业务收益提高 37%

案例 13-36　分享制造

案例名称	十堰圣伟屹公司探索生产力租赁模式
面临问题	工厂拥有乘用车的轴类、盘类精密零件，新能源汽车的电机转子、轮毂、轮架、壳体等零部件的批量制造能力，空闲设备较多，设备利用率低
解决方案	改造安装智能数控系统，并接入工业互联网平台能即时查看机床实际运转信息，进而通过接入生产力租赁平台和交易服务平台，将生产能力出租给其他企业使用
应用成效	用于孵化小微企业创业，助力小微企业实现轻资产运行

（五）产融合作促进金融支撑实体经济

工业互联网平台正在推动服务业向工业领域渗透，工业企业基于工业互联网平台与金融机构合作，针对设备研发设计、生产制造、售后服务等各环节发挥作用。目前，工程机械领域广泛应用贷款业务来降低设备的购买门槛，对设备进行贷后管理和保险定价成了企业需要解决的问题。一方面，设备运行状况和开机率能够体现当前企业开展业务的情况，有助于金融机构管理信贷风险（详见案例 13-37）；另一方面，重型机械的保险定价原本只能用一刀切的方式，基于工业互联网平台能够通过实时数据传输、运行状态监测、故障信息收集等手段和方式帮助保险公司设计更加合理的保险定价方式，从而更好地以金融服务实体经济（详见案例 13-38）。

案例 13-37　产融合作—贷款

案例名称	放贷机构通过获取设备状况信息降低贷款风险
面临问题	金融机构一旦放贷，只能通过企业提交材料了解其运行情况，存在一定的风险
解决方案	根据设备运行情况、开机率、状态信息、地理位置等实时数据的采集，帮助金融机构更客观地了解企业运行状况
应用成效	降低贷款风险

案例 13-38　产融合作—保险

案例名称	久隆财保帮助挖掘机保险进行精准定价
面临问题	挖掘机的当前健康状态评估以及未来健康衰退趋势难以预测
解决方案	根据模型成果开发用于精算定价与风险选择的数据产品，协助保险公司的精算和产品研发部门在用户使用场景、风险管理上提供技术、数据及运营支持，并根据挖掘机质量评估指数结合其他变量信息，帮助其完成 UBI 产品及延保产品的定价
应用成效	挖掘机 UBI 保险产品，对于平台上有数据跟踪的三一重工的每台挖掘机设备，可以做到精准的个性化保费定价。对保险公司核保、定价、产品创新等都提供了基于数据分析预测的客观有力的参考

第十四章 创新驱动：
催生工业发展新动能

一、平台型解决方案与传统模式有何不同

　　工业互联网平台解决方案关键在于针对工业应用场景，通过各类机器设备、人、业务系统的互联，促进数据跨系统、端到端的流动，基于数据分析、建模、利用，实现数据驱动的生产和运营闭环优化，形成新的业务模式和新的业态。与传统工业 IT 架构解决方案相比，工业互联网平台解决方案实现了流程驱动的业务系统转变为数据驱动的平台应用新范式，为工业企业提供基于数据的新技术、新方法、新服务和新价值（见表 14-1）。

表 14-1 基于工业互联网平台的解决方案与传统工业 IT 架构解决方案对比

对比	基于传统工业 IT 架构的解决方案	基于工业互联网平台的解决方案
技术架构	（1）封闭大系统 （2）垂直紧耦合架构 （3）专用接口或中间件 （4）长开发周期 （5）系统整体升级成本高 （6）本地部署	（1）大平台+小 App （2）分层、微服务架构 （3）开放 API （4）敏捷开发 （5）小范围升级业务逻辑 （6）边缘+云端部署
工业数据	（1）数据获取来源有限 （2）独立系统、信息孤岛	（1）更具广度和深度的数据采集 （2）在线实时管理和应用 （3）易于整合和集成数据资源
工业应用	（1）工业知识依靠老师傅经验 （2）存在工业知识空白 （3）工业知识被封装在工业软件中，无法复用 （4）面向流程的共用软件系统	（1）经验知识固化成平台核心资源 （2）解耦成工业机理模型，灵活组合和管理 （3）基于数据和新技术易形成新知识 （4）面向独特角色的专用 App
价值模式	（1）线性价值链 （2）资源自用，技术创新长周期	（1）互联互通的价值网络 （2）资源开放共享，技术创新快速迭代

（一）数据采集、流动、集成、分析、应用等闭环管理是平台解决方案核心

平台解决方案扩大了数据采集的范围。随着物联网、云计算、大数据等技术的发展，逐步解决了数据采集数量少、来源单一、精度低、成本高等问题，增加设备设施、生产管理、作业环境可感知的深度、广度和精度，可以解决原来因数据缺失、延时和粗糙，而无法精准管理的问题。如东方国信为工业高炉加装特制传感器，打开炼铁设备内

部"黑箱"，实现生产过程的透明化。

平台解决方案增强了数据应用的时效性。在传统模式下，数据被储存在边缘侧或独立的系统中。基于工业互联网平台的解决方案通过在线、实时处理和应用数据，大大提高了生产和运营状态的感知、分析、预测和决策闭环优化速度。如树根互联通过平台联网监控柴油机设备，故障发生时迅速定位故障范围和配件种类，按需调配配件库存，配置维修人员，提高维护响应时间和一次性修复率。

平台解决方案拓宽了数据应用的领域。工业互联网平台解决方案能够打破企业传统业务烟囱式发展模式，实现跨越地域、跨越组织的设备、业务、环境之间的数据流动和协作。如中船重工通过基于工业互联网平台的在线可视化作业指导应用，实现面向跨地域、跨企业的在线可视化作业指导及生产作业状态的在线反馈，作业指导文件下发时间缩短了95%，反馈时间缩短了90%。

（二）平台解决方案改变工业知识积淀和创新的路径

平台解决方案将经验判断进行模块化、软件化。我国工业发展过程中积累的大量有价值的工业知识经验没能沉淀下来，工业软件数量少，且系统内知识无法拆分提取，难以复用。"传帮带"模式仍是工业知识传承的重要途径，人才培育需要花费几年甚至几十年时间，人才流动将为企业带来不可预估的损失。工业互联网平台解决方案改变了工业知识传递途径，基于平台上汇聚的工业机理模型和微服务组件，工程师能够以更低的成本和更高的效率，更具拓展性地开发工业 App。如索为将精密设备的知识软件化、模块化，经过数据分析、计算和验证，形成真正可信、可用的工业 App，为工业知识积累提供有效路径。

平台解决方案应用大数据、人工智能推动知识创新。我国工业发展长期采用粗放式生产管理方式，企业研发、生产、销售、服务、管理等各环节都有很大优化空间。平台解决方案能够应用大数据、人工智能等技术手段对工业大数据进行深度挖掘，推演出难以被洞察的新型解决方案。如兰光通过记录数控机床的关键部件磨损及衰退状态，利用大数据推演和模型运算，预测设备故障趋势并提前发送提醒，改变了需要依靠老师傅判断、设备定期维护等传统解决方案，避免突发性重大故障带来的损失。

（三）平台解决方案支撑构建工业创新价值网络

平台通过工业资源汇聚、整合建立新型工业价值网络。工业互联网平台以数据为驱动，整合社会化资源，数据的交互、流通推动传统以业务流程为基础的单向价值链条向价值网络过渡，促进各类主体能够基于平台进行网络化协同。如宝信构建数据通道，与多家下游汽车用户进行数据和业务层面的互通互联，以用户需求拉动组织生产的模式，降低供应链库存成本、缩短订交货周期、强化核心用户黏性。

平台基于社会化资源推动应用和创新双向迭代。在传统模式下，工业企业进行独立技术创新，随后通过专利、品牌等手段，用很长一段时间来消化吸收技术创新带来的收益。平台上共享的资源能够帮助减少大量的重复劳动，并且将通用经验改造成标准化、模块化的应用开发工具，开放给平台上所有企业和开发者，鼓励更多参与者加入工业互联网平台。以应用迭代提高技术创新速度，推动工业技术从长周期向短周期过渡，形成工业数字经济新格局。

二、平台新模式、新业态激发产业发展新动能

与其说工业互联网平台是一种技术创新，不如说它是已有技术在工业领域的应用模式突破。物联网、云计算、大数据、人工智能等技术在工业领域被工业体系吸纳、消化、融合，在平台实践中，工业领域的新模式、新业态逐渐浮现，将成为推动产业发展的新动能。

工业互联网平台推动工业企业生产方式和组织管理模式变革。工业互联网平台增加了工业企业内外合作的机会，各类服务突破传统制造业在时间和空间上的界限，打破工业传统生产方式、组织结构，重新定义了工业企业。一方面平台以数据驱动，突破工业企业内外割裂的生产方式。基于工业互联网平台能够整合产业链上下游企业由单链条串行的生产方式转变为多环节并行的协作方式。例如，汇聚产品使用数据，既能实现对产品的维护服务，又能将使用数据反馈回生产部门和设计研发部门，从而调整产量，改进下一代产品，实现对产品全生命周期的管理。另一方面平台为产品赋能，形成工业企业新的分工

方式。工业互联网平台推动设备制造商实现产品即服务的转型，从产品交易模式转变为基于产品服务收取增值费用的租赁模式，对于设备制造商，要扩大其产品服务部门的人员和成本；对于产品使用方，则能够削减购置和管理设备的成本，从而达到轻资产运作。

工业互联网平台正在加速制造业服务模式创新发展。工业互联网平台改变了生产制造的服务模式和知识创新、应用模式，工业经济新驱动力正在缓慢生长。基于平台的预测性维护、员工作业指导等应用，正在形成新的工业服务模式。如设备维护，其原有模式是在工业企业内部设立维修部，按照固定计划对所有设备进行统一管理和维护，或是由设备制造商或第三方服务商在设备出现问题时提供现场维护服务。而基于工业互联网平台的预测性维护能够有机融合设备构造、维护技巧、数据技术，形成针对每台设备自身进行的"个性化"维护。平台汇聚的微服务组件、工业机理模型、工业 App 等开放资源，将颠覆工业知识创新和应用模式。部分平台已创建开发者社区，从工业企业、自动化企业、系统集成商等组织吸纳工业应用的开发者，一些平台还为开发者的应用、机理模型等提供定价模式，推动实现工业知识平台化共享机制。

基于平台的工业数字经济正在萌芽。社会分工开始出现变化时，企业就要依靠自身洞察力及时决断，对企业作出战略性调整，工业互联网平台正催生工业领域的数字经济变革。按需定制、生产能力交易、智能化产品等服务，正在引领工业逐渐从封闭走向开放。数据流通正在促进工业行业林立的状态发生"化学反应"，原本清晰的组织界限正在逐渐模糊，合作不仅仅出现在上下游企业，而且还向更广泛的空间拓展，同行企业从原本的竞争关系转向竞合关系（Co-opetition），个人消费者成为参与产品设计和制造的产消者（Pro-consumer），工业网络逐渐成型。供应链金融、UBI、融资租赁等产融合作创新服务，推动工业向其他领域延伸、拓展、融合。如针对高价值设备的地理位置、开工时间、运行轨迹等设备使用数据，为设备提供贷后管理，或为保险公司提供定价依据，推动形成基于工业能力的新型信用体系，重新定义人与人、人与物、物与物之间的关系。

第十五章 行业纵深：
垂直深耕的新脉络

一、国内外行业发展究竟有何不同

　　现阶段虽然工业互联网平台建设者已有初步共识，但工业企业对工业互联网平台的作用和效果的认知却存在差异，并不是所有工业企业都有意愿基于工业互联网平台开展转型升级。调研发现，一方面，工业企业普遍认为目前部分平台解决方案与企业痛点问题的匹配度不高；另一方面，大多数工业企业希望获得更具经济价值的解决方案。

目前，应用集中在数字化程度高、应用价值大的行业，机械和电力行业占据半壁江山（见图 15-1）。

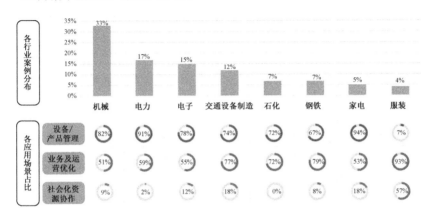

图 15-1　应用企业主要行业分布

数据来源：国家工业信息安全发展研究中心

离散行业工业互联网应用覆盖了所有类型，在附加值较高的研发设计和市场服务两端环节都有应用。85%的设计环节应用都在离散行业，如机械、交通设备制造等，设备制造的工序更多，人员参与率更高，产品复杂度也更高，蕴含的工艺知识复杂度更高，同时带来更加丰富的应用场景。离散行业几乎涉及所有社会化资源协作的应用，数字化、智能化产品的创新趋势明显。例如，90%以上的产品全生命周期管理案例来自离散制造业，基于工业互联网平台，产品使用数据能够反馈到设计、生产、销售环节，从而影响企业决策。

流程行业的产品同质化程度较高，过程控制优化成效明显。流程行业通常处于产业链上游，市场复杂度、不确定性都相对较低，同时，生产过程自动化水平较高，应用需求较为传统，集中在减少生产过程中的物料浪费和提升产品质量上。流程行业反应器等关键环节存在工业知识积累的空白，操作仍然依靠经验判断，如何通过数据分析来实现工序之间的有效衔接，通过工序控制来保证以最少物料消耗达到最优质量和产量是当前的主要难点。

目前，平台应用较具特色和初见成效的工业企业主要集中在电力、石化、钢铁、交通设备制造、机械、家电、服装、电子等行业，这与行业特点、信息化水平等因素息息相关。总结平台可解决的业务痛点、平台解决方案、主要应用成效等方面的应用成效，可以看出总结不同行业推进平台建设和应用的切入点和路径。

二、电力行业：新旧发电融合发展增加并网难度

电力行业是全球经济发展的基础产业和战略支撑产业，具备技术密集和装备密集特点。随着能源革命进入新阶段，全球电力行业已达成共识，智能化、市场化、生态化是推动能源革命进程的动力源，电力行业信息化、数字化转型已成为必然趋势。近年来，随着经济增长的放缓，电力行业信息化转型需求已经逐步从快速增加供应量向精细化供配方向发展，电厂在数字化改造方面的投资增速逐步放缓，而电网信息化投资尤其是智能电网建设，已成为拉动电力行业数字化转型

的主要动力。

全球可再生能源发电占比逐年提升，火电、水电、风电、光电等融合发展趋势明显，但仍然存在发展痛点：一是发电设备管理问题，由于发电有连续生产需求，设备故障会导致巨大损失，无论火电、水电、风电还是光伏发电，都需要提高设备维护水平。尤其是风电、光伏发电等，其设备地理位置偏僻，分布分散，管理和维护难度大、成本高。二是并网调度问题，目前各类电力来源需要协调调度，对发电功率预测提出了挑战。新能源电站电压调节能力有限，易引发次同步谐波等，给系统安全稳定运行带来了不利影响；而电站出力不确定性致使电网潮流复杂多变，增加了电网运行控制难度。安全问题和功率预测问题导致并网吸纳难，弃电率居高不下。

作为工业互联网平台应用普及度较高的行业之一，工业互联网平台成为电力行业解决设备远程维护、新能源并网消纳问题的重要途径。目前，电力设备制造商、大数据服务商与发电企业开展合作，通过平台接入源、网、荷实时数据，利用大数据分析建模，开展体系性的调度、管控服务，一方面支持新能源实现"无人值班、少人值守、区域化检修"模式；另一方面提高新能源并网率与整体用电效率（详见案例15-1～案例15-7）。

案例 15-1　四川某水电站——预测性维护（华能集团）

应用企业简介		四川某水电站
痛　点		传统在线监测无法识别故障，故障严重后再去维修会造成非停等重大经济损失
对比	传统解决方案	在线监测、人工巡检、定期维护
	平台化解决方案	（1）基于设备原理，构建智能故障预测模型 （2）根据模型的特征量数据，测出水导轴承转频、低频、倍频特征值变化趋势 （3）根据实时数据、故障预测逻辑和桨叶开度不均匀故障模型，判断设备故障状况，并提前预警
成　效		（1）实现对转轮连杆机构螺栓断裂故障提前 8 天预警 （2）故障预测成功后，可节约转轮返厂修复费用 50 余万，减少修复时间 50 天，降低发电损失

案例 15-2　国华巴盟风电——远程运维（金风科技）

应用企业简介		国华巴盟风电公司是神华集团的子公司，以开发内蒙古自治区巴彦淖尔市乌拉特中旗风力资源为主营业务
痛　点		（1）风电设备地理位置偏僻、设备分散，人工巡检、维护成本高 （2）风电设备运行不稳定，设备故障频出 （3）一些关键零部件的故障导致的次生事故，造成直接或间接损失超千万元
对比	传统解决方案	人工值守、人工巡检，故障维护周期长
	平台化解决方案	整合风力发电设备的设计数据、环境数据、运行数据、运维档案等数据资源，深入分析并挖掘基于机理的机组失效模式，掌握故障的演化过程与性能退化趋势，形成故障诊断、故障预测、健康管理和寿命预估为一体的综合健康管理系统

续表

成 效	每年降低运维成本上亿元；如某关键零部件故障可提前 72 小时预警，可降低 90%的次生事故，减少直接和间接损失千万元

案例 15-3 鲁能新能源集团——电力调度优化（昆仑数据）

应用企业简介		鲁能新能源集团有限公司隶属鲁能集团，业务覆盖江苏省、内蒙古自治区、新疆维吾尔自治区、甘肃省、河北省等地区风能、太阳能资源开发
痛 点		新能源场站发电功率预测准确度低、电网调度难，影响新能源发电并网消纳
对比	传统解决方案	传统的功率预测系统部署在电站侧，功率预测数据由电站侧上报，一个电场一个周期内只能使用一个企业的设备和系统，切换企业的服务成本高、周期长，系统只能现场升级，服务升级优化成本高、周期长
	平台化解决方案	(1) 集中功率预测系统部署在中心侧，集中预测和上报，在线快速升级优化，无须现场维护优化 (2) 对每个电站功率预测系统运行的情况进行监控和管理，监控管理气象及功率预测准确率数据、上报率数据、气象站设备运行状态数据、电网考核数据等 (3) 引入多家功率预测企业，为多个电站提供功率预测服务
成 效		(1) 提高功率预测准确率，降低电网考核费用 (2) 短期、超短期预测平均准确率普遍提高了 2～6 个百分点，部分厂家的功率预测准确率提高超过 10 个百分点

案例 15-4　意昂公司——电力调度优化（GE）

应用企业简介	意昂公司是一家领先的电气公司，主营发电和电气零售
痛　点	由于天然气价格高昂，能源需求低，电力售价低，欧洲很多联合循环燃气发电站都不能实现经济调度
解决方案	开发了 OpFlex 先进控制技术改造包，实现灵活、可靠的联合循环启动，改造包由 OpFlex Variable Load Path (VLP) 方案和 OpFlex AutoTune MX 方案组成。前者能够自定义燃机载荷和排气参数，以最佳匹配低循环需要；后者帮助调整全自动燃烧室，在整个载荷范围和 VLP 运行区间保证燃机的可靠运行
成　效	联合循环机组启动增速 40%，成本降低 50%，结果与未升级前发电站相比，运营时间增长高达 60%

案例 15-5　欧洲某电力公司——预测性维护（C3）

应用企业简介	欧洲最大的联合电力公司之一
痛　点	公司需要对发电设备故障进行准确诊断、预测，从而减少故障对运营产生的影响
解决方案	（1）C3 预测性维护解决方案首先在欧洲一个拥有 4 个 700 兆瓦燃煤发电机组发电厂上运行 （2）监控和分析工厂的水泵系统，包括汽轮机和水涡轮泵 （3）超过 80 个设备传感器以每 10 秒的频率读取数据和保存在 OSI Soft PI 历史数据和 SAP 系统里的维护日志 （4）采用机器学习算法预测由密封流体流失、振动引起的故障和执行异常检测 （5）解决方案为用户和操作人员提供了最长 3 周的故障预警，具备很高的置信度，错报概率低

续表

成 效	（1）简化全球运营流程，发电成本（资本支出和运营/维护运营及维护保养费用）降低 7%~10% （2）预测提前期更长，可提早安排维修任务 （3）提高预测准确性，如资产失效预测率 （4）减少或避免计划外的紧急维护任务 （5）最大限度地提高能源生产的可靠性和调度承诺

案例 15-6 某发电厂——生产制造优化（Hitachi Vantara）

应用企业简介	某发电厂
痛 点	由于分布式能源（DER）的增长，发电厂在盈利能力和电网稳定性方面面临挑战 （1）可再生能源的产量会随天气变化而波动 （2）可再生能源间歇性的高波动性对电网的完整性产生负面影响 （3）传统能源作为一种后备能源运行，会造成污染、浪费且效率低下
解决方案	Hitachi 的 Lumada 平台可整合和分析所有来源的情报，形成一个单一的数据库，创建一个增强的虚拟发电厂 （1）传感器实时连接、测量、监控和管理能量传输和性能 （2）通过数据分析可以洞察影响可再生能源的关键因素，如天气条件 （3）分析说明并关联市场动态、天气和资产状况如何影响能源供应，以平衡能源需求 （4）使用机器学习模型根据市场、容量、需求、天气和定价数据，以及固有的限制，优化生产和交易计划
成 效	（1）围绕供应与市场需求建立情报，将运营利润提高到 122% （2）能源交易量提升 150% （3）自动优化发电计划、操作和交付，降低 6%的发电成本 （4）最大限度地利用可再生能源，以实现清洁能源的目标

案例 15-7   RES——远程运维（Sierra Wireless）

应用企业简介	Renewable Energy Systems（RES）是世界上最大和最成功的风能公司之一，并在 20 多年来一直处于该行业的前列。该公司参与的风能项目包括研究、开发、工程、建筑、维修、发电和销售
痛　点	（1）风电场建设在较偏远的地区，从风电场站点收集试验数据成本较高 （2）研究人员访问远程站点收集数据需要花费大量的时间和精力 （3）数据的时效性不够（通常数据滞后为一个月以上）
解决方案	Sierra Wireless 与其商业伙伴 Mobile Electron（一家无线数据系统集成和咨询公司，专门从事远程遥测和数据收集解决方案）合作，为 RES 在全国多个风电场站点推出无线远程监控解决方案 Sierra Wireless 向 RES 提供自己的 Airlink 网关。这是一种低成本、坚固的无线数据解决方案，使风电场设备和 RES 区域办事处之间能够进行双向通信。 Mobile Electron 向 RES 提供开关键集成和咨询服务，包括无线射频传播分析，以在给定的市场上选择最佳的无线运营商；与众多运营商谈判无线数据协议，并提供具有静态 IP 地址的调制解调器，以实现永久连接
成　效	（1）简化的远程监控解决方案——RES 实现站点关键数据的自动采集 （2）通信的改善——RES 现在拥有持续的、实时的双向连接，以及远程风电场设备和区域办事处之间的通信 （3）改进操作——即刻识别和传递风力监测设备的任何技术问题 （4）降低运营费用——不需要技术人员到现场采集数据 （5）更好的战略规划——RES 拥有更多的人力和数据来有效分析风电场的运行情况，使 RES 及其客户能够做出更好的财务决策和商业决策 （6）立竿见影的 ROI——该项目在 6 个月内收回成本

三、石化行业：节能压力+安全减排监管要求

石化行业是全球经济的重要支柱，具备产业链条长、产品覆盖面广、设备资产密集的特点。全球石化行业整体信息化水平较高，正在由传统工业向高度集约化、高度知识化、高度技术化工业转变；但整体来看，地域性差异仍十分明显，行业内部信息化水平也参差不齐，其中信息化基础好的巨头企业成为应用工业互联网平台的主力军。

石化行业在全球范围内都是一个危险性高、能耗高、工艺复杂的行业，目前面临的主要痛点有两个。一是在安全和环境方面，政府和社会对于安全生产、节能减排的关注度不断增加，对石化行业提出更严格的要求；二是在工艺技术方面，我国与国外仍有较大差距，主要依赖已知经验，知识的积累和传承缺少相应的工具。工业互联网平台在安全管理、技能优化、设备管理等方面能给石化企业提供创新的解决方案（详见案例15-8～案例15-14）。

案例15-8　中石化——安全管理（石化盈科）

应用企业简介	中国石化集团是中国最大的成品油和石化产品供应商，也是世界第一大炼油公司
痛　点	石化行业是一个高危行业，具有高温高压、有毒有害、连续作业的特点，一旦发生重大事故，会对社会和环境造成严重危害

对比	传统解决方案	主要通过传统信息技术或人工方式进行安全管控、风险识别
	平台化解决方案	（1）通过一体化安全管理工作平台，推进系统的高效协同，随时了解企业安全管理的运行状态，提高安全预警水平，缩短应急响应时间 （2）系统实现设备设施、作业区域等风险管理对象结构化及标准化，帮助企业将检查问题、识别风险、发生事故关联起来，助推安全管理从被动反应到主动前瞻
成效		简化工作程序、节约成本、提高工作效率；规范企业安全管理程序和工作流程，建立风险档案，提高安全管理水平；降低事故发生概率、减少经济损失

案例 15-9 山东某地炼企业——技能优化（中控）

应用企业简介		山东某地炼企业是一家以石油化工为主业，集石油炼制与后续深加工为一体的大型民营企业，产品包含高效能燃料、高端化工品、高性能材料 3 大板块
痛点		（1）信息不流通导致工序衔接不流畅、管理粗糙、安全生产存在较大隐患 （2）缺乏积累和分享知识经验的工具和渠道，大量实践没能沉淀成可复用的工业知识
对比	传统解决方案	（1）通过 MES 等信息化软件整合工厂上层管理信息，但是下层的 DCS 操作工无法获取这些信息 （2）企业大部分有价值的经验和知识都掌握在老师傅身上，通过"老带新""手把手教""口口相传"的模式进行传授

续表

对比	平台化解决方案	（1）基于 supOS 工业操作系统的工业大数据集成平台，解决工厂内部数据开放共享问题，无论工厂的操作工还是管理者都可以获取工厂的所有信息
		（2）基于平台提供工业机理模型、组件及开发环境，帮助实现工业知识经验的模块化、软件化
成　效		（1）积累 20 余个面向石化行业的工业机理模型和 App 应用
		（2）实现多工况的问题跟踪、智能交接班、多岗位协同操作，从而减少操作班组 30% 的工作负荷
		（3）构建了新老员工的知识传递和分享平台，降低企业的员工培养成本，新员工的成长周期缩短 50% 左右

案例 15-10　中石油——设备预测性维护（中油瑞飞）

应用企业简介		中国石油天然气股份有限公司是中国最大的油气生产和销售商，以油气业务、工程技术服务、工程建设、油装备制造等为主要业务
痛　点		（1）企业各监测系统分散且独立运行，管理人员无法全面及时地了解生产和设备的实时情况及异常信息
		（2）企业内故障诊断和预测专家数量稀少，不足以满足数量庞大的设备故障诊断与预测需求，故障诊断专家经验无法显性积累，需要长时间进行培养
		（3）存在设备过度维修或欠维修的问题
对比	传统解决方案	（1）关键设备主要通过定期关停机器来执行预定的维护方案（更换零件，检查等）
		（2）巡检和点检通常由设备维保人员进行，占用人员数量多，数据利用率低

对比	平台化解决方案	（1）设备故障诊断：保存重要机组和设备状态历史数据，设置数据清洗规则，基于各类匹配分析算法和故障诊断规则库，定时或实时对设备进行故障诊断，及时发现设备的潜在故障，并给出故障诊断结论、诊断依据、处理建议等
		（2）对关键设备进行预测性维护保养：结合实时监控机器的运行状态和设备历史运行数据，通过大数据建模进行预测性维护，提前发现潜在的故障，降低事故发生率，减少设备过度维护
成　效		油田天然气压缩机的三保周期从 10000 小时提升至 12000 小时，平均每年节约三保费用 3757 万元；减少设备计划外大修比例，每年可节约 1864 万元大修费用

案例 15-11　某化工制造商——质量管理（Hitachi Vantara）

应用企业简介	一家全球领先的化工产品制造商
痛　点	一家全球化工产品制造商要求采取一种减少召回的解决方案： （1）在产品生产过程中就能够识别产品故障 （2）通过改进操作性能来提高生产率 （3）实时确定产品缺陷的根本原因
解决方案	（1）该解决方案集成了深度感应摄像头，可生成三维模型，实时测量和分析工人的动作 （2）将人、机器、物料数据整合在一起，构建生产标准行为模型 （3）通过将实时生产活动数据与标准行为模型进行对比，实时识别生产过程中的行为偏差，避免出现产品质量问题 （4）及时检测在装配线发生的故障和缺陷，以便快速反应和采取纠正措施 （5）通过实时分析、智能预警和可视化工具，减少生产事故 （6）通过多级可追溯系统查询产品序列号，以确定缺陷产品

续表

成 效	（1）生产成本降低超过 10%，每年可节约数百万美元
	（2）产品在出货前几乎零缺陷
	（3）明显提高产品质量和工人生产力
	（4）减少产品召回次数，有效避免昂贵的召回费用

案例 15-12 某石化巨头——安全管理（Cisco）

应用企业简介	某石化巨头
痛 点	天然气泄漏给炼油厂带来巨大的安全隐患。由于检测天然气泄漏的传感器通常安装在固定位置，炼油厂无法准确定位泄漏的精确位置，全员疏散会延误开工时间，影响生产
解决方案	Cisco 基于其 Kinetic 平台为客户提供一套气体检测和监控解决方案（有线+无线）： （1）工业无线网络覆盖整个炼油厂，可在任何位置进行气体检测，如在炼油厂，工程师配备移动气体探测器，并在关键位置配备固定无线气体探测器 （2）实时气体监测测量信息通过无线基础设施从气体检测器发送到 Cisco 移动服务引擎（MSE）。这些信息包括对 H_2S、LEL、CO_2 和 O_2 等气体的测量，以及传感器和工程师在工厂中的位置 （3）此数据将从 MSE 传递到 Kinetic 平台。Kinetic 平台接收数据，使用企业定义的规则和关键性能指标（KPI）对其进行处理，并通过操作仪表板中近乎实时的气体监测和检测风险图将数据转化为生产活动。操作、维护和安全团队可以看到仪表板，并基于历史数据，进行天然气泄漏预测、自动规划疏散路线

续表

成 效	（1）节省气体检测费用
	（2）节约因气体检测而延误的生产时间、提高生产率
	（3）提高安全生产水平
	（4）该解决方案为客户节省约 140 万美元/年

案例 15-13　某碳氢化合物制造商——安全管理（Flutura）

应用企业简介	最大的碳氢化合物制造商之一
痛 点	安全生产是石化行业中最复杂的问题之一。传统的安全研究方法，如过程安全管理、职业安全管理等，往往将安全问题分解为多个独立的部分，跟踪滞后的安全指标。在这种情况下，对安全风险暴露的实时可见性极其有限，而世界上最大的碳氢化合物生产商之一正面临着这一挑战
解决方案	安全事故是人机交互及控制这些交互的过程失效的结果。Flutura 在 Cerebra 平台整合所有设备机器数据、员工生产活动数据、生产流程数据。平台接收到的信号包括机器事件（如泄漏、压力变化和流量计数）、处理相关数据（如审计和维护）和人员相关数据（如操作员专业知识）。Flutura 通过采用复杂的风险建模算法量化资产、流程和人员相关的安全风险水平
成 效	（1）通过量化安全风险，生产小组在工作过程中对安全有清晰、正确的判断，并能够确保他们手上有正确的信息采取主动行动，避免由于机器故障导致的安全事故
	（2）Cerebra 平台通过分析生产设备的运营情况，对设备进行有效维护，从而使设备的寿命延长 40%

案例 15-14　某化学加工厂——工艺优化（Flutura）

应用企业简介	某化学加工厂
痛　点	（1）化学加工业各流程之间相互依赖程度高，某一资产/部件的故障/失效会影响整个生产流程 （2）错误的控制器配置致使流程停机，导致每条生产线每天损失 20 万美元 （3）计划外停机会导致催化剂的功能降低，也会增加人员成本和能源成本
解决方案	（1）Cerebra 平台整合化学反应器阀的传感器数据 （2）Cerebra 阀门诊断模块通过流量特性、滞回、静摩擦力等多种诊断测试来评估阀门功能 （3）Cerebra 解决方案提供了阀门故障的指示，以及精确的可见性变化程度，这有助于操作者通过详尽的预测模型合理安排停机时间
成　效	（1）及时检测阀门故障和控制器重新校准，降低运营成本 （2）通过及早发现错误的配置，减少计划外停机时间，每年可为每个反应堆节省 700 万美元 （3）提高催化剂的使用寿命，这是整个过程中最昂贵的部分 （4）提高产品质量

四、钢铁行业：去产能压力和高品质需求不均衡

钢铁工业是国民经济的基础产业，具有技术和劳动密集、前端流程、后端离散等特点。作为人类社会进步所依赖的重要物质基础，钢铁工业发展水平如何，历来是衡量一个国家工业化水平高低和国家综

合国力的重要标志，美国、日本等经济发达国家无不经历了以钢铁为支柱产业的重要发展阶段。目前，全球钢铁企业信息化处于平均水平，以我国为例，有超过 1/3 的企业仍处于信息化改造的起步建设阶段。鉴于各钢铁企业多呈现"一业多地"现状，常规管理模式已经不适应高品质钢材的要求，信息化建设和工业互联网平台的应用成为推动钢铁行业改革创新、可持续发展的重要手段。

钢铁行业面临的主要痛点：一是行业整体存在高耗能、高排放问题（钢铁行业每年消耗约 6 亿吨标准煤，约占全国煤炭消耗总量的两成），给企业带来较大的成本和环保压力；二是生产作业环境恶劣、高炉"黑箱"原理复杂，炼铁过程的实时监控和数据系统集成难度大，企业无法及时应对工况变化与异常，管理经验和操作知识无法沉淀；三是下游产业个性化、多元化需求提升，流程型大批量生产的钢铁工业难以满足汽车、机械等定制化产品的生产要求。

基于工业互联网平台，对炼铁高炉等设备开展实时运行监测、故障诊断、能源调度管理，通过将经验和知识模块化、软件化实现技能优化，不断探索基于平台的按用户需求的制造模式，成为钢铁企业基于平台转型升级的重要路径（详见案例 15-15～案例 15-18）。

案例 15-15　某钢铁企业——能源管理（东方国信）

应用企业简介		某钢铁企业
痛　点		钢铁市场环境复杂多变且竞争日益激烈的发展趋势，原材料价格与市场需求波动频繁，能源消耗难以精细化管理
对比	传统解决方案	计划性生产，原料、生产、销售之间信息割裂，生产计划调整周期较长
	平台化解决方案	通过平台端经销商行为的数据分析，制订满足市场需求的生产计划。以高炉稳定生产为中心，结合原料价格、成分，综合考虑铁、烧、球、矿的联动，形成基于铁前大数据分析、现代智能算法的一体化配煤系统与一体化配矿系统，实现工序协同的一体化精细用料，达到产品成本全局最优
成　效		有效降低熔剂消耗水平，烧结熔剂降低 16 千克/吨，成本降低 2.61 元/吨，大炼铁工序全年共取得效益 7349 万元

案例 15-16　酒泉钢铁——设备状态监测与工艺优化（东方国信）

应用企业简介		酒泉钢铁集团是我国西北地区最大的碳钢和不锈钢生产基地，拥有采矿、选矿、烧结、焦化到炼铁、炼钢、热轧、冷轧等完整生产工艺流程
痛　点		炼铁高炉具有高温高压、内部密闭不可见、连续生产的特性，存在复杂物理化学反应，给技术操作带来巨大压力。高炉类型多样化，部分高炉冷却壁损坏严重，存在安全生产隐患
对比	传统解决方案	企业生产操作和工况分析以人工经验和主观判断为主，"白头发"和"盲人摸象"式操作在整个炼铁行业普遍存在

续表

对比	平台化解决方案	（1）基于高炉仿真与机理模型实现"黑箱"可视化：通过高炉仿真建立高炉数字孪生，对炉料运动及受力方程进行建模计算，从传热学、炼铁学等机理层面建立预警标准，实现对高炉生产的虚拟—现实映射与智能监控 （2）对上部调剂进行操作指导，实现工艺优化：通过炉体煤气流分布模拟仿真、上部调剂量化和可视化，建立上部调剂标准，促使煤气流的分布更适宜当前炉况
	成　效	提升铁水质量稳定性 20%；单座高炉每年降低成本 2400 万元，减少碳排放 20000 吨；冶炼效率提升 10%

案例 15-17　宝山钢铁——供应链协同制造（宝信）

应用企业简介		宝山钢铁股份有限公司，全球领先的现代化钢铁联合企业
痛　点		（1）产业链信息不对称，导致厂内制造与厂外渠道在协同上存在诸多盲区 （2）订单以按月交付为主，供应链周期长、抗风险能力弱，渠道库存超高 （3）管理系统多，数据未打通；前后工序的缺陷信息不通，不利于工序协同，导致切损率高。数据分散，质量工程师工作效率低
对比	传统解决方案	（1）宝钢股份汽车板产品由用户自行订货，或由地区公司根据渠道库存及用户生产计划，预测 $N+2$ 个月订货需求后按月向总部订货 （2）数据采集频率低，缺少高效的数据分析工具

续表

对比	平台化解决方案	（1）按需定制：构建数据通道，与多家下游汽车企业进行系统数据的互通互联，基于平台实现客户生产计划自动接收与管理、需求转换与订单管理、供应链库存管理、物流方案管理、预测指标分析管理，实现以用户需求拉动组织生产的模式 （2）数据可视化：构建大数据平台，采用边缘计算、异构网络对车间信息进行全面的采集处理、数据可视，通过对生产过程、工艺指标的实时监控，全线减少操作人员 （3）建模辅助决策：基于仿真系统和数据分析工具，开展能耗分析、故障分析、异常排查、工艺优化、预测生产等辅助决策
成　效		供应链周期平均缩短 10%、渠道库存整体下降 25%、废次率降低20%、质量异议下降 30%

案例 15-18　ArcelorMittal——工艺优化（Schneider）

应用企业简介	ArcelorMittal 的 Dunkirk 工厂是西欧最大的钢厂
痛　点	（1）钢铁厂必须确保全年无休的运行：任何关闭都会产生连锁效应。如果炼钢炉冷却，需要 1～2 天才能恢复到正确的熔炼温度 （2）遵守欧洲环保法律：减少现场大气中的粉尘含量，以及减少 Dunkirk 工厂的碳排放量
解决方案	Dunkirk 工厂在 Schneider EcoStruxure 平台上采用 EcoStruxure 工厂架构和 Modicon M580 自动化系统，通过改进除尘工艺以提高钢铁质量、改善工作环境： （1）EcoStruxure 工厂架构将各个环节的设备、信息连接在一起，可以更好地控制从铸造到管理办公室的整个过程 （2）Modicon M580 的 CCoF（动态更改配置）功能允许维护和工程团队在不停止生产的情况下更新自动化控制系统 （3）以太网连接使 M580 更加灵活、安装简单、易于远程控制

成 效	(1) Dunkirk 工厂在运营方面取得了更大的灵活性：维护团队可以在不停工的情况下对设备、系统进行维护或更新
	(2) 可实时监测粉尘浓度，使钢材质量更恒定，现场工作条件得到改善
	(3) 确保生产连续性，提高其整体生产力

五、交通设备制造行业：复杂系统的协同能力不足

交通设备制造行业是世界经济的先行产业，具有混线生产、工序复杂、技术门槛高等特点。伴随行业技术创新更迭和经济全球化进程显著加快，全球交通设备市场呈现出强劲的增长态势，产业链各主要环节也日益展开全球化配置。目前，全球交通设备制造行业信息化水平较高，尤其是航空等高技术产业已基本实现信息化建设，成为开展工业互联网平台应用的重点领域。

交通设备制造过程是复杂的系统工程，在产业协同方面，行业面临总装厂与配套厂之间协作不足的问题，供应商缺乏快速响应能力，导致产品迭代速度慢、知识复用能力差、产业链协同效率低；在后市场服务方面，主机厂商欠缺产品跟踪能力，未形成数据驱动的服务闭环，无法满足产品超大规模运维需求。

基于工业互联网平台，推动总装厂与外部供应商、配套厂商开展协同研发，开展车辆运行监测、故障诊断和远程运维，成为解决交通设备行业发展痛点的重要途径（详见案例 15-19～案例 15-25）。

案例 15-19 航天二院——协同研发（航天云网）

应用企业简介		航天二院是航天防务装备研制生产总体单位，下设总体设计部、分系统研究所及专业总装厂等 10 余家单位
痛 点		航天装备产品研制周期长、技术要求高，需要同时开展多学科虚拟样机研制与生产，需要支付巨额协同成本
对比	传统解决方案	研发设计串行模式，多个部门之间确认时间长，外协研发生产也需要多轮沟通
	平台化解决方案	（1）建立基于统一平台的研发设计及工艺管理系统，实现统一的技术状态管理、统一的质量管理、统一的成本管控及物资供应 （2）基于 INDICS 平台 CAX、CPDM、CRP 等各类工业 App，通过企业内部与外协、外购企业的协同，实现研发设计并行和资源能力共享，基于多项目管理 App 实现项目精细化管控
成 效		减少设计更改 50% 以上，产品研发周期缩短 40%，资源配置率提升 50% 以上，生产率提高 33%，提高设备运行效率 10%，降低设备能耗 5% 以上

案例 15-20 中船——协同研发与协同制造（中船"船海智云"）

应用企业简介	中船集团是造船行业第一大集团，拥有一批实力雄厚的造修船企业和配套企业
痛 点	船舶产业链企业之间无法实现信息共享，产业链供需双方信息不对称，无法开展产业链协同，无法实现供应链成本优化及对纳期的有效控制

对比	传统解决方案	产业链企业独立设计，产业链节点企业制造能力负荷大，进度跟进在线下进行
	平台化解决方案	（1）基于"船海智云"工业互联网平台，开展船舶产业链在线可视化作业指导。面向产业链发布基于三维模型的工业作业指导文件，实现跨地域、跨企业的在线可视化作业指导及生产作业状态的在线反馈
		（2）依托行业影响力推广船舶工业物品编码体系，并打通供应链上下游，实现配套精准纳期，提升产业链整体效率
	成　效	缩短作业指导文件下发时间，有效促进产业链协同制造，设备纳期及时率提升30%，生产计划及时率提升20%，整体生产率提升15%

案例 15-21　一汽红旗厂——工艺优化（一汽）

应用企业简介		一汽红旗厂隶属中国一汽集团，红旗牌轿车是一汽集团的高端品牌，也是国家领导人和国家重大活动的国事用车
痛　点		设备资源利用率不高；各信息系统相对独立，缺乏对基层数据的集成分析；不能合理使用能源，能源浪费严重
对比	传统解决方案	（1）工业电机使用方法单一
		（2）人工导出导入数据，再对数据进行处理，导致数据不统一，易出错
		（3）在能源方面，手动控制设备开关来节约能源

续表

对比	平台化解决方案	（1）对焊接过程的实时监控与故障诊断、预警。采集分析焊接控制器的焊接参数，基于历史数据构建故障分析模型，利用远程监控 App 进行实时监控和诊断故障，降低故障发生频率 （2）对机器人伺服焊接焊点数量、焊接参数等进行监控调试。将焊装主焊线的约 20 台焊接控制器联网，采集焊点电流、焊接时间、焊接电压等焊接参数，通过工控机远程实现机器人焊点群控调试，检查有无漏焊，并将实际输出与设定范围比较 （3）焊接质量追溯与远程控制。将焊点数据进行云端存储，通过调用 App 可以实现焊接质量信息追溯，焊点质量数据分析，并远程修改控制焊接参数
成效		降低或消除数据输入时间 36%，研发周期缩短 20%，焊接质量提高 22%，次品率降低 8.5%，降低能源消耗 5.3%，节约综合成本 6.2%

案例 15-22　上海申通地铁——远程运维（中车青岛四方）

应用企业简介	上海申通地铁股份有限公司主要从事地铁经营及相关综合开发、轨道交通投资等业务，为乘客提供安全、快捷、舒适、优质的轨道交通服务
痛点	（1）拥有列车近 5000 辆，车辆运维压力大、成本高，单一规程触发的维护模式导致车辆维修存在滞后性 （2）列车数据采集不全面、不完整、不可用，导致运维人员无法全面掌握列车状态，运维作业操作烦琐、效率较低

对比	传统解决方案	配备近 3000 车辆维修人员，运维方式以计划维护和故障维修为主
	平台化解决方案	基于大数据智能运维平台，构建包含车联网、轨旁车辆综合检测、设备远程监控和车辆维护的专家系统。开展运行监测与故障诊断，通过轨道旁测实现列车不停车自动检测，采用机器视觉和深度学习相结合的方式识别车辆故障，实现基于无线通信技术的列车运行大数据采集、状态实时感知、故障预警和故障预判等功能
成 效		覆盖不低于 70% 的人工目视检查作业，减少约 39% 的人工检查工时，运维人车比下降 20%，列车可用率上升 3%，生产率提高 25%，生产成本降低 25%

案例 15-23 福特——供应链管理（Zebra Technologies）

应用企业简介	福特汽车公司（Ford Motor Company，NYSE：F）是一家生产汽车的跨国企业
痛 点	福特汽车公司需要随时随地了解供应链的情况，如供应链中有什么，都在什么位置。通常来说，这并不是件难事。但像福特这样制造巨头，供应链中有成千上万项物品需要管理，情况瞬间变得格外复杂。福特每年需要投入超过 100 万美元用于定位车辆和管理车辆
解决方案	（1）在 35 个生产厂部署无线追踪系统。福特在北美和欧洲的汽车生产厂内部署了 Zebra 公司的无线实时定位系统（RTLS）。该系统采用低功率射频标签和通信网络，可定位和追踪工厂内所有资产（误差在 10 英寸以内）（2）实施 VTMS 系统实现车辆定位及管理。VTMS 提供了从最终装配到运输的车辆可视化管理，使客户很容易立即找到特定的车辆，以满足经销商的定制订单，或者识别任何被搁置的汽车以进行质量控制

解决方案	（3）追踪零部件。零库存管理是福特实现精益生产的前提。RTLS 系统可追踪工厂内的所有物件，可帮助生产人员实现物件快速定位。工厂内的集装箱装有无线定位装置，零部件装入集装箱后，会生成一个与该零部件相关联的条形码。集装箱位置信息和存放的物料信息会在仓库管理系统上，物料信息每隔 4 分钟自动更新一次 （4）零部件自动补给。Zebra 和福特的子公司福特全球技术公司联合开发了一种特殊的呼叫设备——WhereCall，大大提高了传统物料补给过程的效率。福特现在将 WhereCall 设备放置在组装站。当某一特定部件的供应达到预定的补给水平时，生产线工人按下 WhereCall 按钮，该按钮发送信号以重新储存该部件。这一过程减少了工人领取零部件的补给时间、生产滞后时间及减少生产线上的零部件库存
成 效	（1）提高生产率 （2）每个工厂节约 20 万元~50 万美元的系统部署成本 （3）提高精益管理水平（可量化的提升）

案例 15-24　AMG——质量管理（SAP）

应用企业简介	AMG 是一家隶属梅赛德斯·奔驰的高端品牌厂商，位于德国阿法特巴赫（Affalterbach）
痛 点	引擎测试是一个昂贵且产生数据十分密集的过程。而且，大多数引擎故障都发生在几分钟内，而故障却要到整个测试完成后才能识别出来，浪费了大量的时间和资源
解决方案	AMG 与 SAP Active Global Support 合作，部署了一个结合 SAP 平台驱动的 SAP 业务套件和 Modern Horsepower 的传感器技术解决方案

成　效	（1）提高流程效率：采取集引擎测试、开发、质量认证为一体的通用平台
	（2）远程设备诊断：实时状态报告使维护人员能够远程诊断设备的状态
	（3）总持有成本降低：由于更高的测试能力降低了总资本支出，从而使总持有成本降低
	（4）超过76%的测试过程改进
	（5）由于实施中断功能（从50分钟缩减到几分钟）将不成功的测试驱动器的测试运行速度提高了94%

案例 15-25　汽车零部件生产商——状态监测与报警（Altizon）

应用企业简介	一家全球领先的汽车零部件制造商，主要从事钣金零件的生产，并为全球各大汽车公司提供零部件
痛　点	企业需要对其设备进行管理，则需要获得其运营数据（OEE），这些数据包括设备的运行状态、运行性能及运行质量。通常，装配线上的设备没有连网，则无法自动获取该设备的关键参数和运行性能数据。目前企业通过人工记录的方式手动获得数据，并用来计算OEE。目前该方法存在以下问题： （1）耗费大量的时间和人力成本 （2）数据有滞后，实效性不足 （3）数据不准确、且无法避免人为错误 （4）无法实时反映当前设备的运营情况 （5）无法预测未来的吞吐量趋势
解决方案	Alizon 在 Datonis 平台上为企业提供线上设备管理解决方案。Altizon 为企业装配生产线的设备安装传感器设备，实现"设备互联"。由于装配生产线的设备种类繁多，生产环境温度变化较大，环境比较恶劣，因此对传感器设备有较高的要求

成　效	（1）企业可以随时在各类终端查看设备运行数据
	（2）设备综合使用率提升 20%：企业能掌握设备实时运行状况，从而实现生产
	（3）设备故障分析：Datonis 可追踪设备实时运行情况，通过数据分析，快速分析设备故障
	（4）为企业总结出产能不足的主要原因
	（5）计算真正的 OEE：自动计算、更新 OEE，掌握设备整体运行情况

六、机械行业：市场饱和催促服务化转型

机械行业作为国民经济的基础产业，其发展直接影响到国民经济各部门的发展，也影响到国计民生和国防力量的加强，因此，各国都将机械行业的发展放在首要位置。机械行业具有市场规模大、覆盖范围广的特点，集中了大量的生产设备制造企业，是设备资产管理的主要需求来源。目前，全球机械行业信息化整体水平较好，信息装备技术、工业自动化技术、数控加工技术、机器人技术等高新技术成果开始在机械行业广泛应用，信息技术的发展为机械行业注入了新的活力，技术水平也成为其市场竞争取胜的关键。在此背景下，机械行业也自然而然地成为应用工业互联网平台最多的领域。

在行业向高端化转型的大背景下，机械行业市场竞争加剧，转型升级需求迫切。目前，机械行业面临的主要痛点问题包括：一是设备资产管理的人力成本较高，维护水平较低。设备使用企业需要对设备维护投入专业人员，定期维护模式成本高、效果差，备品备件的库存

成本高，设备一旦出现故障，如果无法及时维修将会导致更大损失。二是设备市场接近饱和，转型需求迫切。下游市场处于去产能过程中，设备购买力不足，设备制造商正在改变设备的销售和使用模式，扩大市场需求。

工业互联网平台为机械行业提供了"产品+服务"的应用模式，一方面基于设备的实时数据，为设备资产提供实时监控、故障分析、预测性维护、远程运维等服务；另一方面整合设备历史数据和实时数据，支撑设备制造企业开展服务化转型，基于设备运行数据探索高价值设备的贷后管理、保险等配套服务，赋能其他设备应用行业形成各具特点的创新模式（详见案例15-26～案例15-32）。

案例15-26 赢合科技——生产制造优化（华龙讯达）

应用企业简介		深圳市赢合科技股份有限公司是国内锂电设备龙头企业，是目前全球唯一一家能够提供动力电池智能生产线整线解决方案的企业
痛　点		锂电池的生产工艺复杂且工序繁多，由于生产设备整线管控范围大，难以实现全过程的集成式运营管理
对比	传统解决方案	管控局限于设备控制和管理
	平台化解决方案	采集生产现场"人机料法环"各类数据，多维度全方位管控锂电池从原辅料、参数、过程、工艺、质量、批次、在线、离线、人员、状态等信息，对数据进行建模仿真与大数据分析，在线预测、预警产品质量问题，提高均质生产能力和产品质量水平，以数据驱动企业运营的管理决策优化，进一步扩大产品产能
成　效		生产周期缩短26%，降低交接班记录67%，缩短生产提前期22%

案例 15-27　中铁建——资源调度优化（徐工信息）

应用企业简介		中国铁建股份有限公司是中国最大的工程承包商，承揽并建成大量代表性铁路、公路、城市轨道交通及其他工程项目
痛　点		集团内部的设备采购、租用需求和设备闲置信息分裂，部分工程局的设备闲置率高
对比	传统解决方案	集团公司对设备管理采用集中招标、分级管控的方式，资源信息共通难度大，下属工程局无法直接在线交易
	平台化解决方案	（1）闲置设备识别：实现设备的在线登记和监控，掌握和分析全球各类设备的动态运行情况和利用率 （2）设备供需匹配：提供闲置设备和设备需求的在线发布，实现供需对接 （3）社会化分享制造：拓展对外交易窗口，提升社会设备的整体利用率
成　效		（1）提高中铁建内部设备综合复用率。如：盾构机由 29.6% 提升至 40.9%，凿岩台车由 32.5 提升至 60%，道路机械由 58.6 提高至 73.8%，提梁机提升 20% 以上 （2）提高中铁建社会交易占比 7.7%，为企业节约近 1500 万元的成本

案例 15-28　江苏感恩机械——分享制造（智能云科）

应用企业简介		江苏感恩机械有限公司，以来料加工为主要业务，包括汽配压铸件、5G 基架、手环外壳、X-BOX 外壳等
痛　点		扩大产能和资金短缺之间的矛盾
对比	传统解决方案	企业购置设备、聘用操作人员和技术人员需要投入大量资金，设备的使用率不足会导致设备折旧和人力成本浪费
	平台化解决方案	企业基于 iSESOL 平台使用机床设备，在联网开机加工时才进行计时计费，不开机不计费；平台及时向用户推送费用及相应的账单信息，同时后台也支持拉取设备使用时长/费用明细数据；实现按需付费、即时结算
成　效		提高加工总效率 40% 以上

案例 15-29　久隆财产保险——产融合作（树根互联）

应用企业简介		久隆财产保险有限公司，国内首家聚焦装备制造业的专业保险公司，为客户量身定制专业化、智能化保险产品和服务
痛　点		设备分布分散，出险案值高，出险后需人工核查以防止假案，核查成本高，识别难度大，一旦遇到假案则理赔损失大
对比	传统解决方案	根据设备厂提供的历史维修数据设计保险定价，难以根据多种场景进行灵活调整。当保险欺诈案件发生时，保险公司和设备制造厂家联合派人去现场勘查，勘查成本高，欺诈识别率低
	平台化解决方案	为保险公司核保、定价等提供基于数据分析预测的客观、有力的参考，实现精准决策、个性化保费定价及高效假案评判 （1）保险产品设计：根据设备实时工况、寿命状况、用户画像等，基于装备制造、工业互联网、保险等多方面技术融合，为用户提供基于数据的动态保险定价 （2）智能核保决策：通过深度学习历史数据，建立智能核保分析系统，基于报案设备的运行数据，智能判断是否假案，提高赔付效率
成　效		3 个月内接到的近 1000 个案件中发现假案 13 起，节约损失数百万元

案例 15-30　CERTUSS——预测性维护（Software AG）

应用企业简介	CERTUSS 成立于 1957 年，是全球知名的蒸汽发生器制造商
痛　点	CERTUSS 生产的蒸汽发生器在生产过程中起着关键的作用，任何故障都会导致整条产品线生产质量的下降，对最终的产出产生较大的影响。CERTUSS 的客户需要确保蒸汽发生器的连续运行以保证生产。因此 CERTUSS 需要找到一种切实可行的办法避免蒸汽发生器在生产过程中出现故障

续表

解决方案	CERTUSS 在 Cumulocity 平台实现整合蒸汽发生器的运行参数，包括设备压力、温度、燃烧条件、水位等共计 60 个参数，通过对历史数据的分析及建模，实现对蒸汽发生器的预测性维护： （1）实时监测每台蒸汽发生器运行参数 （2）数据在线存储，并给 CERTUSS 提供业务分析系统 （3）完善故障检测和预防业务规则 （4）实现蒸汽发生器的远程配置
成　效	（1）提升服务品质：通过对设备故障预测及远程诊断，大大提高了 CERTUSS 的服务水平和品质 （2）节约运营成本：蒸汽发生器可以根据实际需求对设备运行情况进行调整，节省能源费用和停工损失

案例 15-31　页岩气设备制造商——预测性维护（Flutura）

应用企业简介	世界上最大的页岩气设备制造商和的天然气/柴油发动机制造商之一，总部位于美国休斯敦
痛　点	（1）将预测性诊断作为一项新的增值服务提供给企业的客户 （2）如何基于传感器自动触发备件请求，提高备件利用率
解决方案	在 Flutura 的 Cerebra 平台上整合了企业生产线上多种类型设备（如酸化装置、水力压裂泵、化学添加剂装置、搅拌机、大型发电机等）的实时数据，分析压力信号、油温信号、马力信号、转速信号、放电压力信号等，通过建模实现设备预测性维护
成　效	通过 Cerebra 平台分析设备数据，实现设备的预测性维护。该增值服务已成为企业新的收入来源，在前 3 年为企业创收 1.2 亿美元

案例 15-32　工业水泵制造商——产品全生命周期管理（Altizon）

应用企业简介	全球领先的工业水泵百年老店
痛　点	企业无法了解其生产的水泵的实际运行情况，这给企业在维护、维修及管理产品方面带来许多挑战。通常企业只能在水泵发生故障之后，才会派工程师去现场进行查看和初步诊断，否则无法了解水泵的运行情况和产生故障的原因。企业更加无法了解水泵的使用环境和操作是否与设计要求相符。比如水泵在操作过程中可能超出了设计时的阈值，从而加速水泵的损耗，降低设备的使用年限。企业希望通过全方位了解产品的安装、运行、维修情况，从而设计出更好的产品
解决方案	Altizon 将企业的产品装上可以测量关键参数的传感器，并且将所有数据全部传输到 Datonis 平台上。这样，即使水泵被安置在偏远地区，运行环境较为恶劣，水泵的运行数据也能被上传到平台上
成　效	（1）实现产品全生命周期管理：能随时随地地查看产品的实时运行参数（产品是否在正确的阈值范围内工作等），可对历史数据进行分析，构建产品故障预测、诊断模型 （2）实现停机警报：重要操作参数超过阈值或发生了故障将发出警报，帮助维修工程师诊断故障原因 （3）设计优化：了解产品实际使用、运行情况，优化产品设计

七、家电行业：高端化、服务化、智能化

家电行业与民生息息相关，具有市场竞争激烈、产品差异化要求高、技术创新迭代速度快等特点。随着全球经济一体化进程的加快，家电行业的竞争逐渐打破国与国的界限，大型家电制造企业开始在全

球范围内进行生产和市场的战略性部署。目前，全球家电行业信息化整体水平较其他行业更高，智能化、系统化成为家电行业现阶段的技术发展目标。

近年来，家电产品高端化、服务化、智能化需求不断提升，然而线下零售、集中销售方式缺乏对市场需求的精准把握，导致产品同质化严重，传统研发和生产方式也不足以满足快速迭代的消费需求。

家电企业基于工业互联网平台整合消费端、生产端和供应链资源，实现设计研发、生产制造、物流配送、售后服务等各环节的数据闭环，可以开展大规模个性化定制生产，并能有效缩短交付周期，满足用户需求（详见案例15-33～案例15-36）。

案例15-33　海尔集团沈阳冰箱互联工厂——按需定制（海尔集团）

应用企业简介		海尔集团沈阳冰箱互联工厂是全球白色家电行业智慧智造、绿色环保的标杆工厂
痛　点		企业面临库存压力大、产品同质化严重、过度营销、产品缺乏创新等问题
对比	传统解决方案	产品采取先调研后研发的设计生产模式
	平台化解决方案	（1）交互环节：吸引510万用户参与社群交互，通过大数据、AI等技术分析挖掘用户数据，提取需求 （2）设计环节：并联全球4000多家供应商资源提供解决方案，通过虚拟仿真验证方案后再开模，减少了开模成本 （3）生产环节：模块化、智能化技术支持小批量多批次生产，通过图像识别、噪声检测等实现出厂产品零缺陷

对比	平台化解决方案	(4) 物流环节：产品出厂后直接精准配送，去库存、去中间环节 (5) 智慧服务：冰箱利用智能模块检测冰箱里食物的农药残留、保存期等，也可以链接第三方健康数据，为用户提供食谱等 (6) 产品迭代：海尔全空间保鲜冰箱是用户全流程参与的大规模定制的产物，目前已迭代到第三代
成 效		产品定制占比 76%，研发周期缩短 50%，交付周期缩短 50%，用户口碑提升 30%

案例 15-34 美的集团——按需定制

应用企业简介		美的是一家主营消费电器、暖通空调、机器人与自动化系统、智能供应链（物流）的科技集团
痛 点		(1) 受电商冲击，传统大规模制造模式和销售模式难以为继，企业无法及时把握和响应市场需求，企业库存攀升 (2) 各业务环节存在信息孤岛，未打通用户、制造、采购等环节数据 (3) 产品研发周期长，创新能力较弱
对比	传统解决方案	(1) 经销商集中采购，分散销售 (2) 通过自动化改造和信息化升级，提升企业生产和管理效率 (3) 集团各主体在分权手册指导下自行定义经营活动和流程。企业依据外部数据，靠人工分析输出市场机会
	平台化解决方案	(1) 数字化运营平台：统一数据标准和业务流程，打通研发、设备、生产、供应商、物流和用户端，推动实现零库存和 C2M 个性化定制，基于 SCADA 联机平台推进上下游企业相关业务的实时在线管理

续表

对比	平台化解决方案	（2）数字化工厂：基于 Visual Components 仿真平台和数字孪生技术，开展工艺、物流仿真、装配干涉等校验，实现可复制推广的原材料、部件加工、总装和物流及销售等环节的整体解决方案 （3）工业大数据分析：基于工业大脑（AI）平台，利用深度学习、图像识别等技术，实现智能质检、工艺参数调优、智能物流、设备故障预警，推动决策数字化 （4）产品与服务创新：将 AI 技术应用于高端家电，通过图像识别、深度学习、大数据专家系统为用户提供个性化的服务体验
	成　效	制造综合效率提升 33%，零部件通用化率提升 30%，计划效率提升 83%，采购效率提升 14%，原材料、在制品库存降低 90%，生产损耗降低 68%，物流效率提升 60%，形成高端家电子品牌 COLMO

案例 15-35　Zimplistic——产品全生命周期管理（Amazon）

应用企业简介	Zimplistic 是一家总部位于新加坡的初创公司，它生产一款名叫 Rotimatic 的智能面包机
痛　点	Rotimatic 受到追捧主要因为 Zimplistic 有以下几个优势： （1）Zimplistic 在 Rotimatic 出现错误时，可以及时帮助用户进行软件更新 （2）Zimplistic 通过收集用户的使用情况，改进设计 （3）Zimplistic 快速推出新功能，使 Rotimatic 越来越智能 而这些优势的前提是 Zimplistic 需要一个强大的 IT 基础设施来处理 Rotimatic 设备的数据。对于初创企业来说，这笔投入过于巨大
解决方案	Zimplistic 选择使用亚马逊物联网云平台（Amazon Web Services，AWS）。AWS 云平台可支持 Zimplistic 用任何软件语言进行二次开发。Zimplistict 利用 AWS 物联网核心（AWS IoT Core）能实现 Rotimatic 的运行检测以及 Rotimatic 与云平台的交互

续表

成　效	（1）实现智能面包机的"自愈"：智能面包机如果出现错误，会联网进行自我诊断和修复，客户不用再将面包机送去维修站 （2）提高客户满意度：通过了解客户使用情况，了解客户实际需求，不断改进产品，推送新的配方

案例 15-36　Victor——产品全生命周期管理（Exosite）

应用企业简介	Victor 是鼠害防治领域的全球领导者，企业成立已有一百多年
痛　点	从宠物和儿童安全陷阱，到免触碰和即时捕捉的鼠害防治解决方案，Victor 一直致力于开发更好、功能更强大的产品来满足当今鼠害防治专业人员的各种需求。在这样的环境下，如果要定期进行捕鼠夹状态监测，就需要每天派遣人员分时段进行几次检查，这是一件难度大、而且特别耗时的工作。基于这些目标和困难，Victor 正在寻找一个创新的解决方案，通过应用现有技术，提高操作和运营效率
解决方案	Victor 与 Exosite 合作开发了世界上第一个无线捕鼠器，这在鼠害防治领域上是史无前例的。无线捕鼠器通知系统采用无线技术，在捕捉到老鼠时自动通知捕鼠夹使用者。在线控制中心为用户提供跟踪捕鼠器和优化鼠害防治系统的服务 捕鼠夹具体工作流程： （1）捕鼠夹通过高压电击来实现灭鼠功能 （2）捕鼠夹通过低功率的无线电信号向 USB 设备发动警报，然后 USB 设备将数据发送到 Exosite 平台 （3）Exosite 平台接收信号后通过短信或电子邮件方式为用户发送通知 （4）基于 Exosite 平台建立的用户控制中心将捕杀记录进行记录和存储，允许用户随时下载数据 （5）结合系统数据和存储在控制中心的数据，可帮助用户优化捕鼠夹摆放位置，实现空间无鼠化

成　效	（1）彻底颠覆了一个百年产业：无线捕鼠器远程通知系统彻底革新了现代害虫防控行业，改变处理鼠害的方式 （2）节省时间和成本：无线捕鼠器远程通知系统会在捕鼠夹需要检查和维护时通过短信或电子邮件方式通知用户，不再需要专门派遣人员进行日常随机检查 （3）提高操作和运营效率：独特的产品设计实现捕鼠夹的二次利用。在线控制中心利用 Exosite 平台的陷阱跟踪功能，识别出老鼠经常出没的地点，进行捕鼠夹位置摆放的优化 （4）提高捕鼠夹的安全性：整个捕鼠夹设计采用高压电击进行灭鼠，不再使用化学物品或毒药，这个新的设计实现了无接触灭鼠处理

八、服装行业：小批量、多品种、快迭代

随着全球经济一体化的深入推进，服装行业竞争日益激烈，行业逐渐向科技化、健康化等方向发展，这也对服装行业的发展提出了更高要求。由于服装行业属于典型的中小企业主导、劳动密集型行业，同时也是成本敏感型行业，依靠服装科技生产力的跨越式进步、大幅解放生产力成为现阶段服装行业发展的主要目标之一。目前，全球服装行业信息化整体水平较低，大部分中小型服装制造商仍处于信息化起步建设阶段，虽然部分行业龙头企业已经在传统服装制造的基础上进行智能化改造，如加装传感器等智能设备实现对人体心率、温度等信息的采集，但大部分企业智能化转型之路仍十分漫长。

近年来随着竞争格局的变化以及市场需求的升级，服装行业正面

临着前所未有的转型压力。一是用户需求多元化程度加深，服装行业订单小批量、多品种趋势越来越明显，传统按库存生产模式无法满足市场多元化需求，并造成大量库存积压，因此服装企业需要快速适应市场需求变化，保质保量满足客户个性化需求。二是受原材料、人工等资源要素价格上升的影响，服装行业利润空间遭受持续挤压，需要整合供应链上下游资源，通过动态协作，降低总体成本。

基于工业互联网平台可整合消费者、服装生产企业及配套企业资源，为客户提供个性化定制服务（详见案例15-37～案例15-40）。

案例15-37 缔一智能——按需定制

应用企业简介		山东缔一智能服装科技有限公司（拉峰服装）是一家集生产、研发、策划、营销、服务于一体的大型服装企业
痛　点		库存积压严重，利润难保障，个性化定制可以解决库存问题，但生产单件产品要定位其进行到哪一道工序需耗费大量时间、精力，人力成本过高
对比	传统解决方案	（1）预估市场需求，制定生产计划，然后加工生产 （2）人工统计
	平台化解决方案	（1）数字化生产线用数据打通了零售端和生产端，去除了中间环节，实现了两端同步，客户订单秒变生产订单，并且在生产完毕后可立即按客户订单发货 （2）引进RFID技术，每件服装加带RFID芯片，既定位服装位置，又统计单件工时
成　效		按订单生产，降低库存；定制订单量每年以30%的速度快速增长；每条生产线减少2名统计人员，工时准确率提升38%，每年直接给公司节省100万元

案例 15-38　报喜鸟——按需定制

应用企业简介		报喜鸟控股股份有限公司是一家以服装为主业，涉足投资领域的股份制企业
痛点		高库存意味着资金占用高、利用率低；个性化定制管理范围宽，管理成本高
对比	传统解决方案	除通过内购、特卖外，主要依靠剪标团购的方式处理老旧库存，虽然库存有效降低，但资金收益低下
	平台化解决方案	（1）通过大规模个性化定制平台，可以实现面料、款式等选择多样性，进而实现按需定制，减少库存积压问题 （2）通过 3D 试衣系统实现成衣实时渲染，降低样衣成本；柔性智能制造平台降低人员、能耗、物耗成本，提高生产率
成效		私人定制业务占总体业务的 40%，成本降低 10%，生产周期从 15 天缩短到 7 天，合格率提高至 99.8%

案例 15-39　鲁泰纺织——协同制造

应用企业简介		鲁泰纺织股份有限公司是目前全球高档色织面料生产商和国际一线品牌衬衫制造商，拥有从棉花育种与种植到纺织、染整、制衣生产，直至品牌营销的完整产业链
痛点		鲁泰在海外有三大重要生产基地，面料接单向小批量、短交期、多花色、个性化发展，对跨境协同要求较高
对比	传统解决方案	（1）利用国际长途电话与海外进行沟通，既不方便，也增加了通信成本 （2）各企业分别有销售人员和设计人员，增加了人力成本，订单交期较长

续表

对比	平台化解决方案	（1）集团与海外工厂基于工业互联网平台实现数据实时互传，数据传输安全性及效率得到大幅提高 （2）集团总部统一进行面料接单，基于工业互联网平台进行花色、花型设计，并将设计完成的纹版图自动发给海外工厂进行生产，减少了海外设计人员和沟通环节，加快了订单生产进度
成效		通信及人员费用减少，每年降低成本 200 万元；海外 60%的订单交货周期缩短 7 天以上

案例 15-40　Owlet Baby Care——状态监控与报警（Ayla Networks）

应用企业简介	Owlet Baby Care（Owlet）是 2013 年创立的世界上第一款可穿戴式婴儿监视产品 Owlet 智能袜子的制造商。这款智能袜子使用先进的医用脉搏血氧仪，实时收集婴儿的身体状态数据，如心率、睡眠质量、血氧含量和皮肤温度，通过数据传输和提醒功能，与婴儿父母的智能手机或其他智能移动终端相连接，实现父母对婴儿状态的实时监测
痛点	Owlet 希望将整体业务迁移到云端，通过云集成，为客户提供更加安全可靠的连接，使客户可以随时随地获得新的数据分析和数据隐私功能 Owlet 希望使用基站和云技术，让智能袜子通过蓝牙技术直接与智能手机 App 进行数据对话。但是作为一个初创企业，Owlet 在云技术方面并不擅长。起初，Owlet 考虑用 10 万美元左右来建造一个云端，但是这必须做大量的测试，这是一个小型初创企业无法负担的成本
解决方案	Ayla Networks 与领先的无线芯片和模块供应商的战略合作关系，使得 Agile IoT Platform 成为解决方案提供者之一。借助 Ayla 的平台，Owlet 可以快速改良产品设计并快速扩展生产，无须担心互操作性和可靠性的问题。通过使用 Ayla Agile IoT Platform，Owlet 能够实现：

续表

解决方案	（1）提供智能袜子从产品、到云端、再到婴儿父母智能手机的端到端连接；通过蓝牙和 Wi-Fi 技术实现数据传输，以便产品与基站和移动设备之间进行通信 （2）产品内置数据分析功能 （3）实施强大的无线连接、警报通知、数据管理功能 （4）提供企业级安全功能，保护整个 Owlet 解决方案中涉及的数据，让客户高枕无忧
成　效	对 Owlet 来说： （1）通过使用 Ayla Agile IoT Platform 技术，Owlet 能够更快地进入市场，无须投入内部资源用于开发物联网技术 （2）Owlet 可以专注于巩固其核心竞争力，优化智能袜子和开发更多创新型产品 （3）Owlet 能够实现其在性能、价格、安全性和规模经济方面的目标 （4）通过互联软件的无缝结构实现高度灵活性，实现软件跨设备、云和应用程序运行 对 Owlet 产品使用者来说： 智能袜子的可穿戴式技术，可以让父母随时随地监测婴儿状态，让父母获得极大的安心。同时，智能袜子提醒父母或看护人注意潜在的与健康有关的危险信号，如婴儿突然停止呼吸或突然出现心脏异常跳动，父母或看护人能够在疾病和危险发生前，采取必要行动，防止危险发生，产品推出 9 个月内，成功救助 20 多名婴儿

九、电子行业：快速响应和多元化创新

电子行业是全球性战略竞争产业，其发展与世界经济形势息息相关，行业具有高技术含量、高附加值的特点。随着经济与技术的发展，传统消费类电子产品市场逐渐被新的物联网概念产品所替代，产业设

备与消费产品相互交融，全球正逐步进入以物联网引领的电子时代，产业运营模式从过去单一产品和技术导向发展模式，迈向多元化应用和系统整合发展模式。目前，全球电子行业信息化水平较高，以我国为例，工业云平台使用率已达到 49.7%，位列行业第一。整体看来，电子行业具备较强的工业互联网平台应用推广基础。

纵使电子行业的生产设备比较先进，但设备种类纷繁复杂，通信方式各异，设备调机主要依靠有经验的工程师，耗时很长；同时，由于生产流程长、工序多，工序之间衔接响应时间长，很多环节仍需人工干预。

面对这些问题，工业互联网平台帮助企业实现设备互联，并通过数据建模和分析，实现远程运维和生产制造优化（详见案例 15-41～案例 15-45）。

案例 15-41　东莞新技电子——生产制造优化（广东盘古信息科技）

应用企业简介	东莞新技电子有限公司隶属于技研新阳集团，主营业务包括 PCBA、汽车电子、机器人/智能设备、PCB 塑胶注塑、液晶模组及其他电子零配件等
痛　点	（1）同时面对超过数百家客户和供应商，订单及物料标示规范及信息共享困难 （2）人工管理产品工艺和计划排程，生产进度缺乏实时数据 （3）平均每条 SMT 生产线换线 8～10 次/天，70%物料共用特性，生产率低下，且极易用错物料

续表

对比	传统解决方案	(1) 人工现场记录数据、跟踪订单、物料流程
		(2) 设置线边仓
		(3) 靠人工在现场来确保换线/换模的准确性及压缩换线时间
	平台化解决方案	(1) 基于平台打通供应链上下游的信息交互窗口，规范物料标示共享
		(2) 通过设备联机平台，自动获取现场生产数据，利用物料 RFID 唯一特性进行虚拟现实结合的物料齐套锁定运用，取消车间中间仓，实现 JIT 供料，通过实时生产数据智能分析报表系统，为营运决策提供依据
		(3) 监控物料在生产线上的使用情况，结合数据优化算法，系统提供效率最大化智能转产方案，自动交互物料及工单信息
成效		(1) 缩短前置时间（LT），生产综合效率提高 13%，全年新创产值近亿元
		(2) 自购料库存降低 30%，车间生产管理（Working In Progress，WIP）成本减少近 6000 万元
		(3) 优化 70%共用料重复出入库等作业，计划管理工作量降低 60%以上，直接人力降低 28%，人工成本节省 1630 万元/年

案例 15-42　上海剑桥科技——生产制造优化（元工国际）

应用企业简介	上海剑桥科技股份有限公司是以高端通信电子设备研发制造为核心的高新技术企业
痛点	(1) 工厂生产设备自动化程度较高，但对外通信方式各异，设备巡检等环节仍需大量人工干预
	(2) 生产过程中工序衔接判定、质量判定等对数据实时性要求高、延时敏感度高，需要一个或多个信息系统交叉判断，响应时间长

对比	**传统解决方案**	（1）每台设备的运行状态只能靠人工现场巡检获得 （2）工序衔接采用条形码管理，减少输入时间，但随着生产节奏加快，系统响应时间成为瓶颈
	平台化解决方案	（1）将所有设备接入元工MQX总线，实现设备实时采集、统一管控，实现人与设备、设备与设备协同操作 （2）引入雾计算技术，完成边缘计算，使用内存数据库技术，满足数据实时性和延时敏感的需求
成效		（1）减少生产过程中的人工干预，工厂在产能稳中有升的前提下，月均用工人数相对之前降低了25% （2）现场工序交接、质量判定等响应时间由之前的平均15秒降为平均0.3秒

案例15-43　深圳富桂精密——远程运维（富士康）

应用企业简介		深圳富桂精密工业有限公司是以智能电子通信、多媒体系统及硬件研发为核心的高新技术企业
痛点		（1）设备核心部件损耗难以预测，设备机器不能联网，数据难以采集 （2）制造设备调机时间长，超规补偿动作频繁，补偿依靠经验
对比	**传统解决方案**	（1）增加人力投入，优化人员管理方案，依靠人力加强工站之间、产线之间的信息传递效率 （2）培养、高薪聘请有经验的工程师负责调机调参
	平台化解决方案	（1）通过研发搭建边缘运算物联网平台Corepro，连接海量设备与机器，将采集到的数据安全、高效地上传至富士康云进行处理 （2）通过各类传感器采集数据，结合测量、补正、机台状态数据等进行筛选与分析。运用大数据技术，对调机参数变化信息和加工程序之间的对应关系进行分析建模，再通过人工智能进行决策并远程控制执行系统，实现智能调机调参，从而提高生产率和产品质量

成　效	（1）通过智能系统的分析，对可能出现的不良情况进行预警，从而实现设备稼动率提升 10%，直通良率提升至 99.5%，资源综合利用率提升 30% （2）降低生产现场对人工的依赖，实现自动调机、自动生产、无人工厂，减少 88% 的现场操作人员，降低 60% 的平均调机时间

案例 15-44　Sato——产品全生命周期管理（LogMeIn）

应用企业简介	Sato 成立于 1940 年，总部位于日本东京，是著名的工业打印机制造商。在 1981 年生产出全球第一台热感打印机，并于 2003 年率先推出首台 RFID 打印机
痛　点	随着 Sato 的发展，它面临着全球运营企业所面临的共同挑战。Sato 根据销售地区的不同，采用不同的售后服务提供方式：自营和外包。但不管是什么方式，售后团队都必须熟悉 Sato 生产的数百种打印机，包括针对某些行业或客户的定制版本。由于售后团队对打印机的使用情况了解非常有限，如果打印机出现故障，维修工程师必须到现场查看才能确定打印机的问题所在。这种服务模式对工程师个人经验和能力要求很高，运营成本居高不下，且效率低下
解决方案	Sato 采用了 LogMeIn 的产品全生命周期的解决方案。LogMeIn 利用 Heroku 和 Salesforce.com 开发针对 Sato 和打印机使用者的 App，使用者登录 App 能够监控和远程控制每台打印机。Sato 在 LogMeIn 的平台上，可以实时跟踪和监控每台打印机的运行情况，包括打印机的使用情况、出现了什么错误、出纸或出墨的情况、是否启用了某些附件及其他增值功能
成　效	（1）可实时监测打印机运行，以便在出现故障之前诊断原因 （2）维修工程师可在到达现场前了解打印机问题，减少维修时间，提高维修效率 （3）通过分析历史数据，实现预测性维护，减少使用者计划外停机时间 （4）深入了解使用者偏好，与使用者进行互动，不断改善产品设计 （5）为用户提供增值服务，如在出现常见错误时进行提示（如打印机缺墨粉等）

案例 15-45　Diebold——产品全生命周期管理（PTC）

应用企业简介	Diebold 是全球最大的自助服务产品供应商和服务商之一，开发、安装世界上最先进的自助服务和安全防范系统并提供相关服务。其核心产品自动柜员机（ATM）的市场占有率在全球一直名列前茅
痛　点	Diebold 产品数据多、分布较广，产品售后服务的成本较高、效率较低
解决方案	在一款新系列的 Opteva ATM 中加入远程监控和诊断功能： （1）Diebold 使用 PTC Axeda 远程服务管理应用程序 Opte View®，支持操作员使用远程诊断功能，减少现场服务数量，并提高 ATM 的首次修复率 （2）采用 ThingWorx 平台和 PTC Axeda 应用程序，Diebold 能够扩大其服务范围，加入预见性维护、软件版本控制和远程监控
成　效	（1）Opteva 产品系列的故障总时间减少 15% （2）故障解决时间从平均 1~3 小时降低到 0.5 小时以内 （3）17%的问题可远程解决，无须现场服务，能够节约时间、降低成本

趋势篇

搭载平台之舟，顺工业互联网之潮乘风破浪

　　经过数年的发展，工业互联网平台已经取得了初步的成效，然而，万里长征才走完了第一步。当前，工业互联网平台发展仍然存在诸多障碍，既有传统利益壁垒的阻碍，也有新价值带来的挑战，在发展之中依然是不进则退。

　　工业互联网平台发展已经从理论研究迈入产业实践，并进入了快速发展期，可以预见的是，工业互联网平台发展将为工业企业带来一场深刻的数字化革命，新一代信息技术则是这场革命的排头兵，在工业互联网平台掀起的浪潮中，新的产业体系正在浮现，新的治理体系也在孕育，人才培育将变得更加复杂化、高端化、体系化，由此必将带来更加深刻的社会变革。

第十六章 打破旧壁垒，
迎战平台障碍与挑战

一、薄弱点：工业企业数字化基础弱

虽然全球制造业数字化转型稳步推进，但由于数字技术革命从实验室孕育到产业应用不过几十年，数字经济在各领域的渗透程度和发展路径呈现差异，制造企业数字化发展不充分、不平衡问题依然突出，多数制造企业尤其是中小企业的数字化水平较低，工业数据采集和应用能力基础薄弱，深度应用还需长时间发展。

1. 制造企业数字化发展不平衡

工业企业存在数据采集难、成本高、效率低等问题。由于工业门类复杂，设备种类繁多，通信协议和标准不统一，导致设备设施和信息系统的改造、集成难度大，工业数据分布散、数量少、质量不高现象普遍存在。从行业来看，先进制造业往往数字化水平较高，如汽车整车制造、高端电子制造等，应用工业互联网平台水到渠成；而大部分传统制造业数字化发展较迟缓，企业对工业互联网平台的认识水平、应用意愿、部署能力相对不足。

2. 工业技术与信息技术融合发展不充分

工业企业的数字化进程落后于信息技术创新速度。随着以大数据、人工智能等为代表的新一代信息技术快速更迭，企业数字化的内涵、边界不断拓展，然而，工业企业对新技术的理解、学习和应用速度较慢，难以适应当前数字化发展要求。从企业规模来看，目前应用工业互联网平台的企业几乎都是具备一定资本的大企业，多数中小企业尚未实现数字化改造。中小企业占工业企业数量的90%以上，受资金、技术、人才等门槛限制，中小企业的数字化在全球范围都是难题，数字基础薄弱成为制约工业互联网平台大规模应用推广的重要瓶颈。

二、管理面：企业管理变革相对滞后

工业互联网平台发展不仅是数据应用和技术融合的问题，更是战略、组织、流程和业务模式等各方面的全面转型，是一项需要自上而下逐级推进的复杂系统性工程，通常涵盖大量的创新实践。当前，部分企业尚未达成内部战略共识和协调统一，传统管理机制、业务流程和人才结构无法满足工业互联网平台的发展和应用要求，组织动态协调能力急需提升。

1. 企业内部缺乏战略共识，现有组织结构和业务流程无法满足工业互联网平台的发展要求

一是目前多数工业企业将工业互联网平台当作业务工具，重视技术实现，未从企业战略和规划层面进行全局统筹，主要由 IT 部门推动工业互联网平台建设，影响了平台的建设进度和应用效果。二是部分企业忽略了同步开展企业组织结构、业务流程等方面的优化变革，流水作业式的僵化管理、高度集中决策、职能型组织壁垒制约了企业内部、组织之间以及组织与用户之间的动态协同和资源整合。三是由于组织架构调整涉及复杂的人事变动和利益调整，企业内部各部门、分/子公司难以在战略层面达成共识，在开展平台化转型时未能获得各部门、人员的全力支持与协同推进，使得工业互联网平台在工业企业落地时阻力重重。

2. 高素质复合人才供给不足

一是复合型人才缺口较大，难以满足产业发展需求。对工业企业来说，工业互联网相关的网络改造、平台建设与部署应用属于技术含量高、研发投入大的基础工程，需要集中专业人才将工业技术、IT、运营管理、测试和部署等方面的知识融会贯通。目前，各类单一专业人才沟通成本高，复合型人才缺口较大。二是现有人才普遍分散在各个封闭组织中，难以最大限度发挥人才作用。由于企业人才培育周期长、成本高，人才一旦流失将给企业带来较大损失，在缺乏人才流动、集聚、合作与分享机制的情况下，分散在各个封闭组织中的人才难以实现跨界培育与通力合作。

三、供应力：平台应用供给能力不足

当前工业互联网突出的矛盾和问题是工业互联网平台的供给能力不足，缺乏自我造血的能力，工业互联网平台的推广和应用不尽如人意，商业模式仍在探索，难以满足制造业数字化、网络化、智能化转型的需要。

1. 工业大数据分析能力和工业机理模型沉淀不足

一是工业大数据建模分析基础薄弱。工业大数据建模分析通常涉及跨学科、跨行业、跨领域知识，同时，受机械构造、运行状态、环境变化等因素交织影响，导致现有工业互联网平台建模分析难度大。

二是工业机理模型沉淀少。当前，平台工业软件、工业 App、微服务组件等质量和数量不足，算法库、模型库、知识库等行业机理模型缺失，工业技术、知识、经验的沉淀不够，工业互联网平台赋能潜力尚未完全发挥。

2．工业互联网平台应用仍以定制化为主，尚未形成平台级服务能力和通用性解决方案

当前，工业互联网平台应用主要仍是一对一的解决方案，平台汇聚的数据资源具有专用性、定制化等特性，平台汇聚的机理模型、微服务等开发工具服务于特定行业或应用企业，普遍缺乏可复制、可推广的经济价值，难以在更大范围规模化应用。虽然目前已出现一批通用应用，但由于经济价值低于定制化应用，很难形成可以快速部署实施的撒手锏级应用。

3．工业互联网平台运营机制、商业模式不清晰

工业互联网平台是新生事物，需要新的商业模式来解决各类主体如何协作、如何推广、如何盈利等问题。当前工业互联网平台正处于高研发投入、长周期回报的产业培育期，大部分平台企业在投入建设时并未建立清晰的运营机制和盈利模式。虽然工业互联网平台已经成为共识，各级政府也陆续出台了发展支持政策，但由于解决方案成本较高、风险依然较大，大多数工业企业仍持审慎态度，平台应用积极性较弱。

4．缺乏开放合作机制，制约工业互联网平台生态培育

一是平台建设合作落地难。由于缺乏有效的合作机制和商业模式，部分平台间合作仅停留在战略层面，落地执行尚需时日。二是平台应用生态尚未形成。由于缺乏对工业领域业务需求的深入了解，大部分平台在建设过程中选择全面铺开，难以形成专业领域深耕细作的应用生态。三是开源体系不成熟。当前，通过平台汇聚的开发和应用群体数量没有出现指数级增长，并且资源仍然局限于用户自开发自用，未能形成基于平台的网络效应和规模效应。

四、防护线：平台安全风险形势严峻

海量工业互联网终端设备的接入，使得工业互联网遭受的攻击面被无限放大，安全风险成为体系化的复杂问题。在工业互联网环境中，任何安全问题的暴露都有可能威胁到整体网络，当前，工业互联网平台安全保障体系尚未形成，存在安全管理体系不完善、安全技术防护能力较弱、数据安全风险隐患凸显等一系列安全问题，平台安全风险形势严峻[91]。

1．工业互联网平台安全管理体系尚不完善

在工业互联网平台安全领域，针对如何明晰各方安全责任、如何规范管理平台安全、如何指导平台企业做好安全防护，还没有明确的管理政策或技术标准。平台安全建设指南、设备接入安全规范、

应用安全检测标准、服务提供商资质审查等一系列安全规范文件也尚未形成。

2. 工业互联网平台安全技术保障能力不强

对政府来说，缺乏平台安全运行情况监测手段，不能随时掌握平台安全运行情况，平台安全问题对工业生产乃至国民经济的影响难以被限制在可控范围内。对平台来说，在平台建设和维护上，多数平台仍采用传统信息安全防护设备和技术来构建安全防护体系架构，尚无面向工业互联网平台安全的专用防护设备，整体安全解决方案不成熟。在平台应用上，设备接入认证与管控技术不成熟。平台应用安全检测技术匮乏、敏感数据传输得不到保障等安全问题仍未解决。

3. 工业互联网平台数据安全风险挑战艰巨

工业互联网平台上流通的数据资源具有典型的大数据特征，数据规模大、数据种类多、数据流转快等特点，还有数据流动路径复杂、安全需求不一致等特点，使得数据面临安全责任主体边界模糊、分级防护难度加大、安全事件追踪溯源困难等挑战。此外，工业大数据分析技术的突破和广泛应用使得数据大量汇聚、责权不清晰等问题交杂，也带来新的安全挑战。

五、治理网：数据治理机制急需完善

工业互联网作为一个新生事物，具有开放、互联、跨域的特点，打破了以往相对明晰的责任边界，一项历史性的变革，需要一套新模式、新标准和新管理方法。目前，针对平台的标准和法规尚在探索制定中，平台创新发展环境急需优化。

1. 工业互联网平台标准体系不完善制约平台资源开放共享

一是数据管理和使用缺乏统一标准[91]，影响多主体之间的共享协作。由于设备、数据、技术、分类、管理等标准不一，平台汇聚的机理模型、微服务等内容难以在平台之间直接调用。二是平台应用中涉及多主体基于平台合作产生的工业数据，权属不明确，工业企业、平台、服务商等各类主体在数据归属方面的权利认定存在制度空白。三是缺乏工业数据交易标准、交易规则，当平台数据被再次开发使用时，各权利主体应如何分配收益没有达成共识。目前，还没有任何机构和组织制定跨区域、跨行业的工业数据交易标准、交易规则，数据无法流通将导致平台发展严重受阻。

2. 工业数据缺乏全流程可信认证和管理

数据驱动是平台的核心，工业数据从工业现场到云端汇聚，再经过平台开放分享的全流程跨越了组织界限，需要全流程保证数据可管理、可控、可信，任何环节的数据不能被可信管理就会带来全流程的风险，将导致工业互联网的整体业务受损，并威胁到各类主体的权益。而目前，单独的技术很难支撑工业互联网数据可信认证机制的建立和管理，需要分布式管理、标识解析、数据认证等技术的有机结合。

第十七章　迈入新征程，
洞察产业发展新趋势

一、工业数字化转型从单点突破迈向全局变革

据中科院和德国可持续发展研究所的合作调查表明，绝大多数工业互联网参与者都意识到数字化和互联性对于企业具有重要影响。近年来，全球范围内一些行业领先企业已顺利进行工业数字化转型，工业数字化实践已初见成效。

从数量上看，工业互联网平台已经进入全面爆发期。根据咨询机构 IoT Analytics 的统计，目前全球工业互联网平台数量超过 150 个，占物联网平台总数的 32%，是第一大细分平台类型。企业对平台的布

局自 2015 年以后明显加快，多个行业领先企业依托自身的制造能力和规模优势，或者率先推出工业互联网平台服务，并逐步实现由企业内应用向企业外服务的拓展；或者基于自身在自动化系统、工业软件与制造装备等领域的积累，进一步向平台延伸，尝试构建新时期的工业智能化解决方案。随着不同行业和领域的企业不断加深跨界合作，工业互联网生态化发展的特征日益突出，全球工业数字化转型从单点突破迈向全局变革。

二、技术创新引领工业互联网发展新格局

工业互联网平台是 IT 和工业技术融合的产物，未来发展方向很大程度上取决于创新速度最快的部分。新一代信息技术还在不断地发展，其创新迭代的速度远超工业技术的发展。工业互联网涉及的技术门类包括工业网络、工业传感和控制、大数据、云计算、网络安全等，涵盖工业生产过程的不同方面，包括分析、存储、传感、连接、自动化、人机交互等，这些技术创新将会引领工业互联网进入发展的新格局。

如果说在网络的画布上，用大数据的画笔和颜料勾勒出工业互联网之龙，则点睛之笔少不了人工智能。工业生产过程复杂多变且生产流程长，需要通过灵敏感知、精细化操作、智能分析以及敏捷决策来应对工业生产中出现的种种变化和严苛要求。

同时应该看到，技术创新给世界带来更多的不确定性，工业互联网平台作为传统与创新的纽带，也将承担这一份不确定性带来的风险，而人类社会正是因为勇于冒险、开拓进取，经济、社会、文明才能不断发展，历次工业革命就是以颠覆式的创举来推动进步的，而在一次又一次的浪潮中，只有迎难而上才能在充满不确定的未来中成为胜利者。从这个意义上来看，工业互联网平台必将为人类社会写下更加浓墨重彩的篇章。

三、围绕工业数据流通的产业体系即将形成

数据日益成为独立的生产要素，我国大数据整体应用仍处于初级阶段，条数据采集应用较为广泛，块数据应用较为缺乏，行业内部数据和外部数据整合应用不足，跨行业的互动聚合效应尚未显现。尤其是在工业企业内，数据处理和应用在多数情况下仅限于统计、查询和报表展现，数据中蕴含的潜在价值远远没有被挖掘出来。

随着工业互联网平台的发展，物理设备所产生的数据越来越多，对数据存储、分析、应用、保护等方面也提出了更高的要求，并逐步呈现出围绕工业数据流通的产业体系雏形。在产业层面，工业互联网平台成为数据采集、流通、利用的最大载体，海量工业数据如果不能流动起来，其价值也只能被封锁在企业内，不能发挥出应有的价值，围绕数据价值挖掘，工业企业与一系列数据采集服务商、数据分析服

务商、软件服务商等纷纷入局，探索合作模式。而在发展中人们发现，仅仅依靠单一企业还不足以制定产业规则，因此，产生了国家层面的数据公共服务，如美国的数字制造社区、德国的工业数据空间，提供某一方面的公共服务，如数据分析工具共享、数据联结，帮助数据产业体系的健全发展。

四、平台治理将成为政府施策的重要考虑

工业互联网平台已呈现出平台生态化的趋势：工业互联网平台不仅包括不同产业的众多企业，也包括生产同一产品的众多企业；不仅包括生产制造企业，也包括产业链的其他相关企业；不仅包括企业，也包括产品和服务的最终需求者以及各类服务型机构。网络效应将使得工业互联网平台成为组织全社会甚至是全球各类生产要素资源配置的复杂网络，平台治理必然成为政府施策的重要考虑。

工业数字化转型为整个工业生态层面的可持续性和相关企业的创新力提升都提供了巨大机遇，同时也构成了相应挑战。因此，这一转变应从可持续性的角度得到更多的关注，并嵌入政府的政策实施中，以确保利用适当机会、识别潜在风险和制定相应对策。

五、人才培养体系趋向复杂化、多元化

工业互联网带来工业领域的巨大变革，一方面传统企业内部人员面临结构调整，机器取代人的步伐加快，尤其是恶劣工作环境下的劳动，一直以来都是工业企业急需解决的问题，而工业互联网将加速这一过程；另一方面无论传统企业的转型升级，还是工业互联网产业的发展都会带来新的就业机会，当前已经出现了人才稀缺的状况。目前，人才需求的复杂化、多元化趋势已经十分明显，工业互联网发展急需具备工业技能的人才，现有的大量人才并没有充分发挥作用，跨组织、跨领域的人才应用体系将依托平台逐渐建立，如 MANNA 基于工业知识的应用建立的平台实现了人才灵活应用。

十年树木，百年树人。人才培育通常周期长、见效慢，并且往往无法由企业来承担，因此，各国政府都重视人才培养，积极推进职业教育，完善培训体系，及时更新培训知识，对现有人才进行再培训，建立健全人力资源的知识和技能优势。在人才培养体系构建方面，政府、行业企业、大学、科研单位和客户之间的相互合作等方面已取得诸多进展。

参考文献

[1] 2019 政府工作报告. 中国政府网.

[2] 邬贺铨. 工业互联网平台发展态势、特征及建议[N].中国电子报,2018.

[3] 苗圩. 在 2019 工业互联网峰会开幕式上的致辞.

[4] 习近平. 共担时代责任 共促全球发展. 世界经济论坛 2017 年年会开幕式.

[5] 世界银行. https://data.worldbank.org.cn/.

[6] 尹丽波，周剑，肖琳琳. 以开放价值生态替代封闭技术生态，实现工业互联网平台换道超车.

[7] 李颖.深化新一代信息技术与制造业融合 加快产业数字化转型[N]. 中国电子报,2019-01-30.

[8] Accenture. Industrial Internet Insights Report.

[9] 陈肇雄. 深入实施工业互联网创新发展战略[J]. 行政管理改革,2018(6).

[10] 任利华. 依托工业互联网平台 打造制造新生态（在 2018 年 11 月 9 日第十四届中国工业论坛上的讲话）.

[11] 周剑，肖琳琳. 工业互联网平台发展现状、趋势与对策[J]. 智慧中国,2017(12).

[12] 尹丽波,周剑,田玉鹏,陈杰,肖琳琳. 关于工业互联网平台作用机理和发展路径的思考.

[13] 习近平在中共中央政治局第二次集体学习时强调：审时度势精心谋划 超前布局力争主动 实施国家大数据战略加快建设数字中国. 央视网.

[14] 国务院关于深化"互联网+先进制造业" 发展工业互联网的指导意见.

[15] 《关于深化"互联网+先进制造业"发展工业互联网的指导意见》解读.

[16] 王建伟. 工业赋能:深度剖析工业互联网时代的机遇和挑战[M]. 北京: 人民邮电出版社,2018.

[17] 工信部信息化和软件服务业司. 打造平台体系 促进工业互联网发展 [N]. 中国电子报,2018(2).

[18] 工业互联网平台建设及推广指南.

[19] 信息化和软件服务业司. 《工业互联网平台建设及推广指南》解读.

[20] 工业互联网 APP 培育工程实施方案（2018—2020 年）.

[21] 信息化和软件服务业司. 《工业互联网 App 培育工程实施方案（2018 —2020 年）》的解读.

[22] 余晓晖. 推动工业互联网高质量发展[N]. 学习时报,2019-01-18.

[23] 杨春立, 袁晓庆, 王珂飞. 突破"空心化"，构建大生态[J]. 通信产业报,2019(1).

[24] 李颖.全球工业互联网发展实践及启示[N]. 中国工业报,2019-02-19.

[25] IDC Future Scape：2018 年全球物联网十大趋势性预测.

[26] IIC. Industrial Internet Reference Architecture V1.8.

[27] 工业互联网产业联盟. 《工业互联网平台白皮书（2017）》.

[28] 肖琳琳. 国内外工业互联网平台对比分析研究[J]. 信息通信技术,2018(1):27-30.

[29] http://news.idcquan.com/news/150975.shtml.

[30] 中国移动发布 2017 年可持续发展报告.

[31] http://articles.e-works.net.cn/cae/Article136976_1.htm.

[32] IDC. 全球半年度认知和人工智能系统支出指南.

[33] WEF. Future of Digital Economy and Society System Initiative: Internet of Things Guidelines for Sustainability.

[34] 国家工业信息安全发展研究中心. 《工业互联网平台创新发展白皮书（2018）》.

[35] 国家工业信息安全发展研究中心. 《数据驱动 转型致胜——全球工业互联网平台应用案例分析报告》.

[36] https://www.sierrawireless.com/resources/#/q=Case%2520Study&p=16.

[37] https://cdn2.hubspot.net/hubfs/246745/Lorentz%20Case%20Study.pdf?__hssc=36218495.14.1550629814735&__hstc=36218495.41fe0ced41bc35c3a515d6169de9e4e9.1536079202885.1550607473183.1550629814735.58&__hsfp=2263628347&hsCtaTracking=5caae9a7-29dc-4c54-83a9-72edad5d2f28%7Cc5d5895a-7d94-475a-a8ae-cc72ede1bab2.

[38] https://www.actility.com/customer-stories/salonit-anhovo-slovenian-cement/.

[39] https://www.flutura.com/case-study-heavy-machinery.

[40] https://www.aylanetworks.com/newsroom/press-releases/Ayla-Networks-and-China-Unicom-Form-Strategic-Partnership-to-Deploy-Connected-Products-and-Other-IoT-Products-Worldwide.

[41] https://www.nokia.com/en_int/news/releases/2017/11/27/nokia-collaborates-with-starhub-to-spearhead-iot-ecosystem-development-in-singapore.

[42] https://www.aeris.com/news-post/aeris-mapmyindia-forge-partnership-tap-internet-things-market-india/.

[43] https://www.ktmine.com/honeywell-partners-with-skf-to-bolster-industrial-iot-patents-portfolio/.

[44] https://www.samsung.com/us/ssic/press/samsung-artik-smart-iot-platform-and-thingworx-unite-to-simplify-industrial-iot-asset-monitoring/.

[45] https://www.telit.com/press-release/telit-partners-with-siemens-to-accelerate-industrial-iot-integration-and-time-to-market/.

[46] https://altizon.com/altizon-partners-snic-leading-channel-partner-siemens-rockwell-automation-products/.

[47] https://www.sierrawireless.com/company/newsroom/pressreleases/2017/10/2017-10-04_sierra_wireless_announces_us_distribution_agreement_with_ingram_micro_for_airlink/.

[48] 观研天下.2018 年中国工业互联网行业分析报告-市场深度分析与投资前景预测.

[49] 白文亭.施耐德发布"数字化领导者"和"行业应用专家"两大转型举措助力产业升级与转型[J].电气时代,2017(5).

[50] 物联网智库.西门子基于云的开放式物联网操作系统 MindSphere.

[51] http://m.ccidnet.com/pcarticle/10360390.

[52] 刘耕睿.亚马逊、阿里的物联网领域动向及布局分析.

[53] https://aws.amazon.com/cn/partners/.

[54] http://www.ayla.com.cn/partners.

[55] 工业富联与中国人保等战略合作,合筑工业互联网屏障.

[56] 阿里宣布全资收购中天微,力主研发 AI "中国芯" [J].浙江经济,2018(8).

[57] https://techcrunch.com/2015/12/09/cloudendure-disaster-recovery-service-secures-7-million-investment/?ncid=rss.

[58] https://www.geekwire.com/2018/amazons-acquisition-ring-means-smart-home-market/.

[59] https://forum.huawei.com/enterprise/ru/forum.php?mod=viewthread&tid=383585.

[60] 余文.华为携手石化盈科,落地新一代工业互联网平台.

[61] https://digi.tech.qq.com/a/20171102/045981.htm.

[62] https://www.iyiou.com/p/78738.html.

[63] https://blog.csdn.net/lihongzhai/article/details/80447311.

[64] http://market.xinnet.com/wd/t2348.html.

[65] McKinsey . Making sense of Internet of Things platforms.

[66] Gartner. Magic Quadrant for Industrial IoT Platforms.

[67] Gartner. Hype Cycle for the Internet of Things.

[68] IDC Perspective: A Vertical View of the IoT Platform and Solution Market.

[69] IDC. IoT Readiness of Manufacturing in Asia/Pacific.

[70] Forrester Wave. Forrester Wave IoT Software Platforms Report Q4 2017.

[71] Accenture. 发现新动能-中国制造业如何制胜数字经济.

[72] 董碧娟,熊丽.降成本仍需加力[N].经济日报,2018-08-26.

[73] 国家工业信息安全发展研究中心. 两化融合管理体系贯标评定成果报告（2016）.

[74] http://industry.inspur.com/EPContents/a389a6b0-cc43-4751-ac8e-37794c2 0627c.html?type=2.

[75] 和利时助力井神盐化打造智能车间[J].自动化博览,2018(4).

[76] Xively customer success story.

[77] https://cosmoplat.com/solution/micro/?solutionId=87.

[78] 吴建会.工业互联网平台探索与实践——"启明星云"汽车工业互联网平台. 工业互联网峰会

[79] https://tgc.1688.com/.

[80] http://www.aii-alliance.org/index.php?m=content&c=index&a=show& catid=23&id=242.

[81] http://www.proudsmart.com/industry_interconn#product-promote.

[82] http://blogs.windriver.com/wind_river_blog/2017/05/wind-river-helps-waterous-lead-digital-transformation-of-fire-trucks.html.

[83] https://www.iotone.com/casestudy/monday-motorbikes-manufactures-100-electric-bikes/c621.

[84] http://www.sysware.com.cn/case_detail--4.html.

[85] https://customers.microsoft.com/en-us/story/rollsroycestory.

[86] https://et.aliyun.com/brain/industry?spm=5176.8142029.388261.85.63f3 6d3eSbeIS6.

[87] https://www.networkworld.com/article/3125092/internet-of-things/no-iot-project-

is-an-island-oracle-connects-iot-to-mainstream-enterprise-apps.html.

[88] https://www.ge.com/digital/stories/rio-tinto-kennecott-mitigates-risk-and-increases-productivity-apm.

[89] https://www.iotone.com/casestudy/airbus-soars-with-wearable-technology/c821.

[90] http://pages.maana.io/rs/826-KPM-737/images/9-AI-Driven-Apps-Accelerate-oil-gas.pdf.

[91] 德勤. 从"后知后觉"到"先见之明"——释放物联网工业领域价值.

反侵权盗版声明

电子工业出版社依法对本作品享有专有出版权。任何未经权利人书面许可，复制、销售或通过信息网络传播本作品的行为；歪曲、篡改、剽窃本作品的行为，均违反《中华人民共和国著作权法》，其行为人应承担相应的民事责任和行政责任，构成犯罪的，将被依法追究刑事责任。

为了维护市场秩序，保护权利人的合法权益，我社将依法查处和打击侵权盗版的单位和个人。欢迎社会各界人士积极举报侵权盗版行为，本社将奖励举报有功人员，并保证举报人的信息不被泄露。

举报电话：（010）88254396；（010）88258888

传　　真：（010）88254397

E-mail： dbqq@phei.com.cn

通信地址：北京市万寿路 173 信箱

　　　　　电子工业出版社总编办公室

邮　　编：100036